甜與權力

糖——改變世界體系運轉的關鍵樞紐【飲食人類學之父西敏司畢生壓卷之作】

The Place of Sugar in Modern History

Sweetness and Power

西敏司——著 李祐寧——譯

Sidney W. Mintz

CONTENTS

「我不知道對歐洲人而言，咖啡和糖是否為幸福的根基，然我明確地知道此兩產品已然成為全球兩大區域人口的不幸根源：因擁有土地並種植咖啡和糖而導致人口銳減的美國，還有被迫種植咖啡和糖而導致人口流失的非洲。」

——摘錄於J·H·貝爾納丹·德·聖皮埃爾（J. H. Bernardin de Saint Pierre）的《好望角……國王使者的自然及人類新發現》（*The Cape of Good Hope...With New Observations on Nature and Mankind by an Officer of the King*）（一七七三年）

此幅委請威廉·布萊克（William Blake）創作的版畫作品〈非洲與美洲支撐的歐洲〉（*Europe Supported by Africa and America*），出自J·G·斯特德曼（J. G. Stedman）作品末頁《征伐反叛蘇利南黑人的五年敘事》（*Narrative of a five years' expedition, against the Revolted Negroes of Surinam*）。（倫敦：J. Johnson & J. Edwards，一七九六年）

拍攝者為理查和莎莉·普萊斯（Richard and Sally Price）

懷著愛與感激之心

獻給 Jackie

Acknowledgments

致謝

這本書有一段漫長的由來。早在非常多年以前，我就在非刻意的狀態下，開始蒐集許多相關資料；而寫作同樣也花了不少時間。一九七八年，在獲得美國國家人文學術基金會（National Endowment for the Humanities）的研究基金後，我有了機會動筆草擬初稿。感謝賓州大學人類學系在我拜訪費城的頭一年，給予我訪問學者的身分。也謝謝威廉・H・達文波特教授（William H. Davenport）除了與我相伴，還將一半的辦公室借給我，讓我隨心使用。

在一九七八年的春天，謝謝普林斯頓大學人類學系、克里遜・高斯講座委員會（Christian Gauss Lecture Committee），及雙方的系主任與主席——詹姆士・費南德茲教授（James Fernandez）與約瑟夫・法蘭克教授（Joseph Frank）的招待，讓我有機會在思想敏捷的觀眾面前，實驗自己的想法。而來自娜塔麗・Z・戴維斯（Natalie Z. Davis）、史丹利・史坦（Stanley Stein）和維克多・布朗伯特（Victor Brombert）等教授的啟發性指教，更讓我獲益匪淺。

一九八〇年的夏天至一九八一年間，我因為獲得大英圖書館（British Library）的學術研究基金，而前往麥加。溫納・葛林基金會（Wenner-Gren Foundation）和其研究主任麗塔・奧斯曼森（Lita Osmundsen），讓我有機會在其中一年的暑假，飛到英國做研究。而在已故的約翰霍普金斯大學院長喬治・歐文博士（Dr. George Owen）的斡旋下，我獲得了另一筆研究經費。

我必須向那些幫助我蒐集素材、複本，並協助將引用、文獻、參考資料排序，以及鍵入修訂後手稿的人，獻上由衷的謝意。尤其感謝伊莉絲・盧康特（Elise LeCompte），她在進入研究所以前，懷著與我本人一樣的熱誠來看待這本書。而瑪姬・柯利尼翁（Marge Collignon）以敏捷而熟練的速度，為我鍵入最後一版的草稿。蘇珊・羅薩萊斯・尼爾森博士（Dr. Susan Rosales Nelson）順暢且有效率地整理了本書的索引。

還要感謝范・佩爾特圖書館（Van Pelt Library，賓州大學）、大英圖書館、惠康研究所醫療圖書館（Wellcome Institute of Medicine Library）、燧石圖書館（Firestone Library，普林斯頓大學）、巴爾的摩的伊諾克・普拉特免費公立圖書館（Enoch Pratt Free Public Library），以及最重要的——米爾頓・S・艾森豪爾圖書館（Milton S. Eisenhower Library，約翰霍普金斯大學）的圖書館館員，給予我無盡而親切的幫助，我的感激之情溢於言表。我更要對艾森豪爾圖書館的跨館借閱部門致上額外的謝意，他們的服務、付出和效率確實無人能及。

在不同的準備階段裡，許多好友閱讀了不同部分的草稿，並給予我寶貴的批評指教。其中，我尤其必須提到我的同事阿什拉夫・加尼教授（Ashraf Ghani），還有悉尼・康特爾博士（Dr. Sidney Cantor）、費德烈克・戴蒙教授（Frederick Damon）、史丹利・恩格曼教授（Stanley Engerman）、史考特・古根漢博士（Dr. Scott Guggenheim）、漢斯・梅迪克博士（Dr. Hans Medick）和理查・普萊斯教授（Richard Price）。而吉拉德・海格伯爾先生（Gerald Hagelberg）、凱羅・海因教授（Carol Heim）、凱斯・麥卡蓮先生（Keith McClelland）、盧貝卡・J・史考特教授（Rebecca J. Scott）、肯尼斯・夏普教授（Kenneth Sharpe）和威廉・C・史特文特博士（Dr. William C. Sturtevant），閱讀了全部手稿，並提供我詳盡而豐富的評論。儘管我無法妥善處理所有的建議與批評，但他們的協助——或許遠超乎他們所察覺到的——增益了本書內容。此外，我還要由衷感謝來自「巡迴製糖技術人員協會」（sugar tramp fraternity）的資深成員——喬治・格林伍德先生（George Greenwood）自願性的幫忙。此外，我也想要感謝系上所有的教職員與學生。大家在我們相識的頭十年裡所給予的鼓勵和支持，重新詮釋了「同僚性」（collegiality）的字義。我也為我的責任編輯伊莉莎白・希福頓（Elisabeth Sifton）的才華深深折服，更衷心感佩她的熱情。我必須獻上自己最誠摯的謝意。

倘若有任何一個人因為這本書吃了比我還要多的苦，絕對是我的伴侶——賈桂琳，我要將全部的愛與感激獻給她，而這本書也是我們二十周年紀念日的遲來之禮。

——西敏司

Introduction

形塑人類發展軌跡的糖

這本書的誕生過程相當特別。儘管本書確實是在近期與長久以來的寫作習慣下催生而成，但多數內容都是來自於長年閱讀、研究所積累而成的朦朧浮沫與印象。而本書的主題就修辭意義來看，也算是一種返鄉行為（homecoming）。我畢生的職業生涯，幾乎全部投注在研究加勒比海區域歷史及熱帶商品——主要是在歐洲割據時期下，與該區域「發展」息息相關的農作物。不過，並非所有的產品都起源於新世界（New World），而這些產品——包括土生土長的原生產物，甚至一直要到十五世紀晚期，才在世界貿易中占得一席之地。自此之後，這些產品幾乎都是為了歐洲與北美洲而生產，此現象讓我不禁開始好奇歐洲人與北美洲人是如何成為消費者。在尋溯生產過程、開始抽絲剝繭地審視消費發生的地點與時機時，也就自然而然地踏上我所謂的「返鄉」之旅。

這些居住在加勒比海地區、為美洲原住民及來自歐洲、非洲、亞洲移民者的後代，其生活區域與型態多以農村和務農為主。在他們周圍工作，就意味著在鄉村田野裡工作。而對他們感興趣，也意味著好奇他們能透過勞力生產哪些成果。由於我長期生活在這些人群的周圍——試著去理解他們及其因生活環境囿限所締造出來的生活樣貌——讓我無可避免地，渴望更多關於糖、蘭姆酒、咖啡及巧克力的知識。自一四九二年起，該地區就遭眾帝國強據，並周旋於阿姆斯特丹、倫敦、巴黎、馬德里等其他歐洲或北美洲世界強權的手中——加勒比海地區人民的生活再也脫離不了外界的糾纏。我認為那些在島嶼社會小規模農業下工作的人們，總會無可避免地視此種控制網絡與依賴，能為加勒比海地區帶來幫助。但我們應該試著超脫並抽離當地的生活，而不是選擇陷入或沉浸於此。因為此種內部看法也具有某些不利的影響，正如同早期觀察者所帶有的固執歐洲觀點，認為地球上那些廣大、被奴役的非歐洲世界，都不過是偏遠、鮮為人知且拙劣的歐洲延伸罷了。而此種排除殖民母國與殖民地之間的關聯、片段採取單一觀點而忽視其他觀點的作法，必然是殘缺不全的。

研究加勒比海社會基礎層面者，會忍不住去思考：在該社會與歐洲那顯而易見的相互連結與環環相扣的表象以外，還藏著些什麼？在赤裸裸的武力和經濟因素所串起的緊密相互依賴關係之下，還存在哪些力量？而相較於權力的流動，利益又是如何移轉？尤其，當我們想了解殖民地為殖民母國提供這些產品的淵源由來時，上述問題將格外有意義。就加勒比海的情況而言，熱帶食品長久以來為主要產品：香料（如薑、多香果、肉豆蔻和豆蔻香料）、飲料基底（咖啡和巧克力），還有最重要的——糖與蘭姆酒。曾有那麼一段時間裡，染料（像是靛藍、胭脂樹紅 [annatto] 和黃木 [fustic]）非常重要；各式各樣的澱粉、澱粉食品與基本食品（像是製作木薯澱粉的木薯、葛鬱金、西米和不同品種的蘇鐵），也出現在出口貿易中；而少數幾種工業用原料（如劍麻）和不可或缺的油類（如香根草），同樣占據了重要地位；鋁土礦、瀝青和石油至今則依舊重要。就連某些水果如香蕉、鳳梨和椰子，也不時出現在全球市場上。

但就整體來看，市場對加勒比海地區的需求主要、且多數時候都集中在糖的供給上，就連在糖的地位正遭受許多甜味劑威脅的當代，也依然如此——未來很可能也不會有太大的改變。儘管綜觀糖的歷史，加勒比海區域並不是歐洲的唯一供給源，而全球各地對於糖的需求也穩定成長（且它們不會在意糖的產地），但加勒比海地區在數世紀以來，確實扮演了極為重要的角色。

漂浮蔗糖海的波多黎各田野經驗

當我們開始思考這些熱帶產品送往何處、供誰使用、使用目的、人們又願意以何種代價來換取產品（且為了擁有這些產品，他們願意放棄什麼、付出多少價格）時，就意味著我們想要了解這個市場。此問題也同時透露出我們對權力中心——殖民母國的興趣，而不只是受權力所支配的依附性殖民地。當我們試著結合消費與產出，或讓殖民地去配合殖民母國時，就容易偏向單一立場——「中心」（hub）或「外緣」（outer rim）立場，從而失去焦點。倘若我們從偏向於歐洲的角度出發，將殖民地理解為製造者、歐洲為消費者（反之亦然），雙方關係中的另一面將變得較為模糊。儘管殖民地與殖民母國間存在著最直接而鮮明的關係，但就另外一種意義而言，這份關係卻也是神祕的。

我認為自己在此領域所累積的經驗，也影響了我對此一中心／邊陲關係的看法。一九四八年一月，當我為了展開人類學田野調查而抵達波多黎各時，我選擇了一個南邊沿海自治市為落腳處。該城市幾乎全部種植甘蔗，而所有的收成都交給一間以供應北美市場為主的糖廠。該城市大多數的土地，都被北美一間企業及其持有土地的關係企業所買下或承租。短暫在此城市停留後，我轉移到一個農村地區（barrio）。在那裡，我和一名年輕的甘蔗工同住在一間簡陋的小屋裡，待了超過一年的時光。

毫無疑問地，當時的哈尤亞區（Barrio Jauca）、甚至是整個聖伊沙貝爾自治市（Santa Isabel）最令人驚異的一點，莫過於此區在甘蔗產量上的驚人貢獻。在哈尤亞區，你可以看到一整片在過去某條大河堆積運動下，所創造出來的寬廣沖積平原，那是一塊扇形沃土——從山坡上一路延伸、形塑了波多黎各南邊海岸的加勒比海海灘。儘管當你背離海岸、朝北往山上而去時，可以看到地表沿著低矮的山麓起起伏伏，但沿海區域卻是無比平坦。現在的這裡，有一條從東北伸向西南的高速公路出現，但如果我們將時間推回到一九四八年，當時那裡僅有一條沿著海岸的東西向柏油馬路，串聯起道路兩旁如阿羅約（Arroyo）、瓜雅馬（Guayama）、沙利納（Salinas）、聖伊沙貝爾等當時那些龐大且屬於發展完善甘蔗產區的城鎮與村落。而根據我後來所得知的，早在一八九八年之前，這附近的波多黎各人的人生，早已被北美人徹底滲透。城鎮之外的房子，多半是座落在道路兩旁路肩上的簡陋小屋。有些時候，這些小屋會群聚成一個外加一、兩間商店或小吃店（除此之外也別無其他商店）的村落。偶爾地，我也會瞥見一些因土壤鹽化而無法耕作的土地，上面還有幾隻鬱鬱寡歡的羊兒低頭吃草。但除了那些綿延在道路兩旁的村落和零星散落的貧瘠土地外，從山坡到海岸線之間，放眼所及竟全是滿滿的甘蔗。就連道路兩旁與房子門廊下，也都擠滿了甘蔗。長大的甘蔗，最高可以向上延伸至離地十五呎。因此，當所有的甘蔗都成熟時，這裡就會變成一個炙熱、密不透風、僅有幾條小巷（callejones）和灌溉溝渠（zanjas de riego）穿梭其中的特殊叢林。

停留在哈尤亞區的那些日子裡，我感覺自己就像是身處在一個漂浮於甘蔗海之上的小島。當時的工作需求讓我必須定期深入田野間，尤其是（但不限於）收成（zafra）的日子。當時，多數的工作依舊仰賴人力完成，而不是使用機械。因此砍下「種子」、播種、栽種、耕作、施肥、挖溝渠、灌溉、收割、運送甘蔗（在甘蔗落地前，還必須搬上、搬下兩次），全都需要勞力。有些時候，我會站在一整排的甘蔗收割工人身旁，看著他們在酷熱與龐大的壓力下工作，與此同時，工頭（和農場總管［mayordomo］）則站在他們的身後。倘若你曾經讀過波多黎各與糖的歷史，那麼你很容易就能聯想到在早期島嶼時代下，那幅由動物低鳴、農場總管叫罵聲、邊喘息邊揮動著大砍刀的工人，所交織而成的充滿汗水與塵土的喧囂景象。唯一消失的，只有鞭子舞動的聲音。

想當然耳，這些糖並不是為了波多黎各人生產。他們的消費量，不過占產出量的一小部分而已。四個世紀以來，波多黎各一直扮演著甘蔗（與某些種類的糖）產地的角色，且主要都是為了異地——塞維亞（Seville）、波士頓或其他地方的消費者。要不是那些既存的異地消費者，也不會有如此大量的土地、人力和資金，被注入到此一最初發現於紐幾內亞、後於印度加工處理，並被哥倫布首次帶到新世界的作物上。

儘管如此，我也見到了當時身邊的人如何使用糖。他們會咀嚼甘蔗——若論及哪個蔗種最適合咀嚼、又該如何咀嚼（這件事並不如我們所想得那樣簡單），他們人人都是專家。為了咀嚼，你必須先削掉甘蔗外皮，並將蔗髓部分切成適宜咀嚼的大小。在咀嚼後，甘蔗會滲出一種黏稠、甜美、微微呈灰色的汁液。（透過機械大量碾磨的甘蔗汁之所以呈綠色，是因為裡面充斥了大量的細小甘蔗微粒。）當地的公司用盡各種看似極端的手法，試圖阻止人們私自取走或嚼食甘蔗（畢竟有如此多的甘蔗！），但人們總能想出辦法摸走部分收成，並在一砍下來、甘蔗最香甜的瞬間，放進嘴裡享用。這幾乎成為孩童攝取每日營養的主要來源，對他們而言，搶先撿起從牛車或卡車上掉下來的甘蔗，就是最大的樂趣。多數人也會在自己的咖啡（波多黎各人的日常飲品）中，加入顆粒狀粗砂糖（有白也有紅）。（飲用不加糖的咖啡被稱為「café puya」——趕牛棒咖啡。）

儘管甘蔗榨出來的汁與砂糖都是甜的，兩者卻看似沒什麼關係。廚房中用來幫咖啡或芭樂、木瓜、苦橙果醬、芝麻與羅望子飲品（波多黎各工人階級經常飲用的飲品）增加甜味的砂糖，和從甘蔗纖維中提煉而得的灰綠色汁液（guarapo），此兩者的共通處只在於甜味。沒有人想過我們是如何將那在上千畝土地上恣意生長的巨型纖維狀甘蔗桿，製作成精煉、細緻、純淨、被我們稱之為糖的白色細小顆粒狀食品和調味料。當然，我們有機會能親眼目睹產製過程（或至少在家鄉的糖廠目睹最後一道、且最具獲利價值的步驟——將糖從棕色提煉成白色的過程）。在南邊沿海地帶如瓜尼卡（Guánica）、闊塔達（Cortada）、阿吉雷（Aguirre）或麥瑟迪塔（Mercedita）等的大型廠房裡，你可以看到為提取糖液而粉碎植物纖維的現代機械；目睹純化、濃縮、加熱生成水蒸氣、冷卻、進一步結晶的過程；看見準備運往北方以再精煉的離心分蜜紅糖。然而，我卻不記得自己曾聽到別人談論糖的產製，或質疑過這麼大量的糖到底要給誰使用。當地人敏銳意識到的是糖的**市場**——儘管有一半、甚至過半的人口不曾接受過教育，但他們對於全球糖價有著合理而積極的興趣。那些年紀較長、還記得一九一九年至一九二〇年間發生的「百萬之舞」事件（Dance of the Million，當時全球糖價一口氣沖上令人暈眩的高點，又迅速崩跌到近乎為零，堪稱以稀少性為基礎的全球資本主義市場下，典型的供過於求與投機行為的展現）的人，都能深刻地體悟到自身命運是如何深受那些掌權的外國人所操控（儘管此情況令人不解）。

在我於幾年後重返波多黎各時，又更充分地認識了加勒比海的歷史，其中也包括了莊稼種植史。我學習到，儘管甘蔗的產量曾受到其他作物的收成，如咖啡、可可（巧克力）、槐藍屬植物（靛藍染料的原料）、菸草等威脅，但最終其重要性仍超越所有作物，並存續得最久。事實上，五個世紀以來，全球糖的產量不曾連續下跌十年以上。而有史以來最嚴重的產量下滑，應該屬一七九一年至一八〇三年間發生、使全球最大殖民產地消失的海地革命（Haitian Revolution）。然而，即便是如此劇烈而嚴重的失衡，市場也很快就回歸平衡。但在那些關於黃金與靈魂的討論中，[1]這些主題卻如同消聲匿跡般——我們更熟悉的，往往是那些反覆說著歐洲征服新世界英勇事蹟的歷史學家（尤其是鑽研西班牙成就的歷史學家）！就連那些被奴役的非洲人所接受的宗教教育，或那些帶著甘蔗與其他作物去到加勒比海的歐洲契約工們（其生活狀況和當時那些西班牙帝國政策普遍盛行的描述，如：基督教精神或提升印第安人生活等，大相徑庭），也同樣無人聞問。

我一直沒有深入思考過，為什麼對糖的需求會成長得如此劇烈且能持續數世紀之久？又為什麼甜味是人人渴望的味道？我以為上述問題的答案顯而易見——誰不喜歡甜？然此刻的我察覺到，我這種缺乏好奇心的表現，無疑也是一種愚昧。我將需求視為理所當然。而這裡的需求，不僅僅是抽象意義上的「需求」——過去數世紀裡，全球市場的蔗糖生產曲線遠比任何主要食品上升得更顯著，且仍在持續成長中。直到我學到更多關於加勒比海地區的歷史，且對殖民地上的種植園所有者、銀行家、企業家，及殖民母國內各式消費團體之間的關係有了更深入的了解後，我才開始疑惑「需求」的真正意義——在何種程度內的需求才算「正常」？而「味道」、「偏好」甚至是「好」，究竟又意味著什麼？

來自牙買加與海地的田野反思

在我到波多黎各進行田野調查後不久，我有了一個在牙買加暑期研究的機會。在那裡，我住在一個位於高地村莊內的小屋裡。該區的房子是由浸信會宣道會（Baptist Missionary

Society）在解放前夕所建立的，供重獲自由的教會成員居住，至今（約莫一百二十五年後）也依舊給那些自由人的後代使用。儘管高地上的農業活動多數都是在規模很小的土地上進行，也不存在大面積的種植園，但從那高聳的村莊向下眺望，卻可以清楚看見綠油油的北海岸——那片由大面積甘蔗田縱橫交織而成的翠綠色棋盤。就如同波多黎各南海岸的種植園，這些甘蔗田為白砂糖的產製帶來龐大貢獻。除此之外，如同波多黎各，最終的純化作業也是在異地——殖民母國、而非殖民地所完成。

當我在鄰近城鎮的繁忙市場裡，觀察小規模的零售行為時，我生平第一次看到那種粗糙、尚未精煉的糖。此種糖可溯源至好幾個世紀之前——那些矗立在波多黎各南方海岸的大莊園（這些莊園後來在北美巨型企業的入侵下被併吞），曾經製造過此種糖。在牙買加聖安區（St. Ann Parish）布朗鎮市集（Brown’s Town Market）營業的日子裡，都會看到那些由一、兩隻騾拖著的車輛，上面載著壓製成「錐形」或「圓形」的硬紅糖。此種紅糖是由製糖者利用古早的研磨與煮沸工具，採取傳統工法製造而成。這種含有大量糖蜜（molasses）和雜質的糖，是利用陶製模具或錐形器皿來瀝乾糖蜜，使其更堅固，從而製造出深褐色、結晶狀的圓錐形糖塊。幾乎只有生活在農村且貧窮的牙買加人，才會食用此種糖製品。確實，我們往往會發現在那些住在發展相對落後、且經濟貧困的人口，往往是最「傳統的」一群（就

---

①【編注】在大航海時代，歐洲征服者奮不顧身地投入探險行列，冀望淘金致富、升官晉爵——追求黃金與靈魂的救贖可謂他們的主要驅動力。哥倫布便曾高喊黃金可以「幫助靈魂進入天堂」（lift souls up to Paradise）。

各方面而言，皆是如此）。那些貧困者所接觸的食物（因其已經習以為常且別無選擇），則時常得到從未接觸過那些食物的富人稱讚。

第二次見到那種糖，已經是幾年後了，而地點則是在海地。同樣地，那些糖依舊是出自於小範圍的耕地、利用古早製法來生產、主要消費者為窮人。在海地，幾乎所有人都處於貧困中，因此大家都是食用那種糖。但海地的糖的形狀不大一樣：更像是小小的木柴，並以香蕉葉包裹著，克里奧爾語（Creole）稱之為「rapadou」（西班牙語則稱為「raspadura」）。從那一刻開始，我才發現全世界許多地方都存在那種類型的糖，包括可能早在兩千多年前就製造出糖的印度。

在那些利用古早木製器械與鐵鍋來煮沸一定量的糖、製作成別具一格的糖晶體以賣給鄰人家庭，和利用大量人力與器械以栽種可供出口至他處的上千噸甘蔗（最終目標當然是製糖）的現代大型農場間，存在著極懸殊的差異。而這種差異，正是加勒比海歷史上不可或缺的特徵。其不僅僅出現在各個小島或不同歷史時期間，更可能同時出現在單一社會之下（如前述的牙買加與海地）。作為早期技術與舊社會時代遺留物而被少量製作出來的紅糖，儘管它的經濟重要性已降低，但我們可以肯定紅糖仍會繼續存在——畢竟，無論是對生產者抑或消費者而言，它都具有文化與情感層面的意義。[1] 加勒比海地區的糖產業隨著時代而逐漸改變，而觀察其如何從古老形式遞嬗成如今樣貌，能讓我們看到現代社會歷史上極有意思的一面。

勞動疏離的世界

在稍早的段落中，我提到自己首次去波多黎各田野調查時，住在甘蔗工的村落裡，那也是我離開美洲大陸的初體驗。儘管我從小就住在鄉村間，那次卻是我首度和一個幾乎所有人都以務農維生的社群長期接觸。那群人和那些將農產品生產視為一門生意的農場主不同，而其獨有的生活方式，也意味著他們與可以耕作自己土地，或擁有可視為自己土地的農人相異。他們是農業勞工，既不具有土地，也沒有生產工具，只能靠販售自己的勞力來換取收入；他們是雇傭勞動者，就如同工廠工人，只不過工廠移到了田野間；他們從商店購買日常所需物資，而那些物資幾乎全都來自外地：布料、服裝、鞋子、筆記本、米、橄欖油、建築材料、藥物。且毫無意外的是，他們也消費由他人生產的資源。

自人類有歷史以來，我們之於大自然的關係，似乎總是建立在利用化學與機械性的轉換，徹底扭轉物質原始型態，進而製作出得以為人類使用、卻同時讓那些熟識物質原始狀態者感到陌生的產品。確實，或許有人會指出，正是這種轉化，界定了人類的人性。而讓轉化得以實現的勞動分工，似乎為整個技術過程更添幾分神祕色彩。當我們以時間和空間來區隔生產地與使用地時、當製造者和消費者對於彼此的存在及商品的產製／消耗過程皆感到陌生時，也會進一步強化此種神祕感。我們或許能透過一則故事，來表述此論點。

已故的查理斯．羅薩里歐（Charles Rosario）、也是我在那片田野間的好夥伴與師長，在美國接受了大學預科教育。當他的同學得知他來自波多黎各時，他們立刻推測他的父親

（在波多黎各大學擔任社會學教授）是位「農莊主人」（hacendado）——擁有大面積熱帶種植園的富裕農人。當查理斯在暑假結束、準備從波多黎各返回美國時，同學們央求他帶些能反映當地獨特農園生活的伴手禮。而他們說最讓他們感到驚奇的，莫過於一把砍刀。查理斯告訴我，為了取悅自己的新朋友們，他到島上的商店裡試用了無數把砍刀。但他有些失落地發現，這些砍刀全都是在美國康乃狄克州製造，一個離他與朋友就讀的新英格蘭學校不過數小時車程遠的工廠。

在我對加勒比海區域及其產品的歷史越來越感興趣後，我開始學到熱帶種植園是此區最具特色且獨樹一格的經濟模式。最早於十六世紀早期，新世界出現了種植園經濟模式，而當時的主要勞動者為被奴役的非洲人。儘管世事物換星移，但在我於三十年前第一次踏上波多黎各時，那裡依舊存在著許多種植園。當然，還有那些被奴役者的後代，以及我後來才得知、並在他處有見到的葡萄牙人、爪哇人、中國人和印度人契約工的後代，與更多被帶到此區域來種植、收割、碾磨甘蔗的各類人種的後代。

我開始將這些資訊添加到我那有限的歐洲知識裡。為什麼是歐洲？因為歐洲開創出此種島嶼種植型態，並將其視為一種海外實驗，且許多都成功了（就歐洲人的角度而言）。而歐洲社會的歷史在某種程度上，也與此種植模式有所關聯。環顧四周，你可以看到甘蔗園，還有大型咖啡、可可豆及菸草農莊，因此你自然也能想像那些認為這些作物非常有前途的歐洲人，是如何花錢創造這些事物，並從他處運來大量勞動力以執行這些工作。而最後留下的，是那些除了出賣勞力、別無其他可出賣者（儘管他們已經不是奴隸）。他們也許生產著那些自己不會成為主要消費者的商品；他們或許消費著那些不是由自己生產的商品，並因而讓其他地方的人從中獲利。

對我而言，同時看著杯中的白糖與長在田裡的甘蔗，就如同一邊看著剛被熔解的金屬，或更貼切而言——生鐵原石，一邊看著被完美打製出來的手鐐腳銬般，詭譎至極。神奇的地方不僅僅在於技術性轉化（儘管此點也確實讓人印象深刻），更在於被時間與空間串聯起的兩方人（且這樣的連結不僅僅是因為政策和經濟，更是因為產製過程所衍生的特殊關聯），卻對彼此的存在渾然不覺。

改變世界的甜蜜權力

我在波多黎各也接觸到了一些特殊的熱帶原料栽種。那些作物多具有刺激性、能使人亢奮，其中也包括會抑制食慾的菸草，和透過特殊消化形式產生熱量（也僅有熱量）的糖。在這些原料之中，糖永遠是最重要的。而此現象就像是歷史進程的縮影，其淵源就跟歐洲渴望突破家門、向外發現新世界一樣古老。我希望能藉由糖，讓讀者看見更廣闊的世界，解釋其如何長久且持續地改變了人類、社會與物質之間的關係。

歷史上關於糖的研究，可以追溯至非常久遠以前，即便在歐洲也不例外。[2]儘管如此，許多內容卻令人費解，甚至晦澀難懂。關於糖這個在過去幾乎沒有歐洲人知道的產品，是如何、且為什麼能在歐洲人的生活中取得如此重要的地位，我們所知甚少。提煉自甘蔗且能帶來滿足的單一要素，就這樣大範圍、甚至是全方位地蔓延開來，而歐洲人的口味偏好也在歐洲利用自身權力、甚至是軍事及經濟行為來改變全球之際，多了一份對於甜味的喜愛。自十五世紀，此一資源便串聯起歐洲與諸多殖民地。縱使歷經時代變遷，也不過凸顯了無論在何種政策下，糖的重要性依舊不變。另一方面，也展現了「殖民母國製造、殖民地消費」的商業模式。各式各樣的產品被用來滿足此一不斷擴散且穩定成長的甜味渴望，甘蔗的重要性也因此隨時而異。

由於糖似乎被用於滿足特殊需求（且看似重新喚醒了欲望），所以我們必須了解是什麼機制讓需求能順利運作：在何種情況下，需求是如何、且為什麼會增加？我們不能單純假設每個人對於甜味的需求是永無止盡的，就如同我們不能假設所有人對於舒適、財富或權勢的渴望都別無二致。為了在特定的歷史脈絡下探討此一問題，我會深入審視大英帝國自一六五〇年（糖開始普及）至一九〇〇年（糖立足職業家庭日常飲食）的糖消費史。但我們必須先檢視那些最後進入英國人餐桌上的茶、果醬、餅乾、蛋糕和甜點裡的糖的產製過程。由於我們無法準確得知糖是如何進入大部分英國人的生活（如：以多少比例、何種方式或在哪些特定條件下），我們免不了必須推測。但我們仍然可以展示出某些對於糖（與其他新引進食品）如此不熟悉的人口與族群，是如何逐漸地成為使用者，甚至讓蔗糖迅速成為日常生活的一環。確實，有許多證據指出，隨著時間發展，對多數消費者來說，只要取得糖不是問題，他們都很樂於增加糖的攝取量。至於那些固定使用糖的消費者，則只有在不情願的情況下，才願意減少或放棄使用的權利。一直以來，人類學所關心的是人類如何頑強地堅守舊有習慣，以及無論負面壓力多麼強大，都傾向於拒絕接受任何導致行為改變的事物。而這些素材往往能以不同於歷史學家的角度，讓我們觸碰到歷史的另外一面。儘管我未能答覆歷史學家針對這些史料可能提出的種種質疑，但我必須指出，如果是人類學家提出的問題（與企圖找出的答案），確實會相當不一樣。

普遍物質的人類學探究

文化與社會人類學是透過針對非西方人口、少數社會組成者、非主流宗教信仰者、低工藝技術使用族群——亦即被歸類為「原始」社會的研究，建立起其作為一門學科的聲譽。如今，儘管多數人類學家**不再**從事此類型研究，但這項事實並沒有因此削弱人類學——作為一門藉由理解某些社會的成員如何基於與多數人非常相似的原則、卻有著與多數人截然不同行為之學科的力量。人類學不僅使我們能紀錄下那令人讚嘆、充滿多樣性的人類習俗，同時確立人類物種那無可動搖且不可或缺的同一性（oneness）。此一信念值得推崇，且也與我個人觀點相符。然而，此觀點也不幸地讓過去許多人類學者毫不猶豫地放棄某些社會群體，只因其在某些層面上並不符合「原始」定義——甚至是忽視那些明確指出其研究主體，並不如人類學家期望般原始（或孤立）的資訊（儘管確實不常見）。而有些人類學家不只是徹底排除相關資料與數據，甚至不願意或無法將那些數據納入理論。要批判前人非常容易。但我們又該如何在不違背馬林諾夫斯基（Malinowski）②的研究指南——在不受其他歐洲觀點及影響的前提下，去了解在地者觀點；[3]用自身相對而言非正式的觀察方式，研究那些早在自己開始田野調查前，就已經在教會學校內學會打板球的在地者？確實，馬林諾夫斯基從未否認其他歐洲人或歐洲影響力的存在，他甚至責備自己過度忽視歐洲人的田野在場（presence），並稱此為他最嚴重的疏失。但在他的多數研究中，西方世界的各種樣貌都被刻意淡化或忽視，只留下那據稱未受汙染的原始狀態供人類學家冷靜地觀察。然而這奇特的對比（一邊是最原始的原住民，另一邊是唱著聖歌的傳教會兒童），並非單一現象。透過一些奇妙的把戲，人類學期刊前仆後繼地抹滅所有關於現代，及如何演變至此的蹤跡。而此種搞失蹤的舉動，讓那些認為呈現此狀況實為必要者感到負擔（也就是我們這些，本輪不到我們來認真思考人類學應該要研究哪些主題的人）。

儘管許多當代人類學範疇中最出色的研究者，已經將其焦點轉移到所謂的現代或西方社會上，但他們與我們其餘之輩，似乎仍企圖維持如我同事精闢稱之為「未受汙染典範」的幻象。即便某些研究主題並非原始社會者，也似乎渴望延續這樣的想法——亦即人類學此一專業的力量源自於精通原始狀態，且前者應勝於我們對社會變遷或如何走入「現代」的理解。於是，人類學朝著現代生活邁進的腳步，在某種程度上停了下來，並企圖透過專注在現代社會中的邊緣族群或特殊飛地（enclave），③如種族群聚、具異國風情的職業、犯罪因素、「地下生活」等，來證明自身。這些當然有其正面之處。然而，不自然之處就在於這些族群往往都更近似於人類學對於原始的概念。

就本文的例子而言，這項研究主題帶著無可避免的平凡性：還有什麼比檢驗大量出現在當代餐桌上的食品歷史，更不「人類學」的呢？儘管如此，對於此種普遍、日常不可或缺物質的人類學探究，能幫助我們理解世界如何從過往歷史找到未來前進的軌跡、卻又同時在諸多層面上維持內在一致性。

讓我們假設「企圖研究當代的人類學也具有一定的價值」，而為了做到此點，我們就必須去研究那些缺乏傳統上所謂「原始」特質的社會族群。我們仍必須遵守人類學家所珍視的規矩——血緣關係、家庭、婚姻、通過儀式（rites de passage），並琢磨出人類是如何依此被分類並群聚的基本分界；我們仍舊會試著去理解更多關於少數族群，而不是多數族群的存在；我們也會繼續信任田野調查（我對此深信不疑），並重視數據來源者的觀點，以及他們所渴望和實現的事。當然，這將會是一個不一樣的人類學。如同考古學家羅伯特・亞當斯（Robert Adams）所指出的，倘若人類學家的研究主體只集中在那些比自身貧困或影響力更低的族群身上，那麼人類學家就不能再用科學上的「客觀性」，來為自己研究所具備的政治意涵脫罪。[4] 此種嶄新的人類學目前尚未完全確立，因而我期望就本質而言更具歷史意義的本書，能依循此一方向邁進。我認為，西方國家接受新食物的社會歷史，也能為現代生活人

② 【譯注】馬林諾夫斯基（一八八四—一九四二），波蘭裔英國社會人類學家，人類學研究的奠基人之一。從馬林諾夫斯基起，幾乎所有人類學家都必須到自己研究的文化部落實地調查、參與聚落生活。

③ 【編注】飛地，在國際地緣政治領域指「一國境內的他國領土」；在社會學領域，則指被主流文化或語言包圍，卻又能維繫邊界、不同於周邊地區的社會文化、能自成一格的社群或區域，如歐美世界中的「中國城」。

類學做出貢獻。當然，如果我能基於自己這三十年來對於糖的種種沉思，宣稱獲得了某些顯而易見的相互關係、謎團的答案、某些矛盾的解決之道，甚至是新發現，這自然能給予我無限的滿足。但對此我仍舊不敢肯定。這本書基本上就像是文字自己推著自己前進（write itself），而我審視著一切進展，期望它能揭露出某些我尚未注意到的事物。

本書架構與要旨

本書的架構非常單純。第一章，我試圖從食物與飲食人類學——也就是現代生活人類學方面著手。這引導我進一步去探討關於甜味，而不是產生甜味的物質。甜（sweetness），是一種被霍布斯（Thomas Hobbes）稱之為「高貴」（Quality）的味道。而糖（包括由甘蔗與甜菜製成的糖），則是誘發甜味的物質。由於正常人類都能輕而易舉地嘗出甜味，我們所認識的社會也都了解甜味，因此甜勢必與我們人類有某種程度的關聯。然而，對於甜食的喜好卻有天壤之別。因此，就不能以全人類的特性來解釋，為什麼有些人會攝取大量甜食、有些人卻幾乎不碰。那麼，某些特定族群是如何養成固定攝取，且依賴大量甜味的習慣呢？

約莫在一六五〇年前後，英國人攝取甜味的主要來源為水果和蜂蜜，因此甜味未能在英國飲食中占有顯著地位。在西元一一〇〇年左右，英國出現了少量以甘蔗汁製成的蔗糖，而在往後的五世紀中，蔗糖的供應量也確實緩慢且不規律地成長著。由於西方世界開始消耗越來越大量的糖，因此我將在第二章，探討糖的產製。自一六五〇年開始，糖漸漸擺脫奢侈與罕見的印象，成為許多國家中（包括英國）常見且必須的存在。除了少數特殊案例之外，一六五〇年後糖的消費量增長，也伴隨著西方世界的「發展」。我認為，這是第二個（倘若菸草不算的話，就是第一個）歷經此種轉變的奢侈品，並體現了生產力與世界資本主義的興起（最初集中在荷蘭與英國）。因此，我將重點放在能供給英國糖、糖蜜與蘭姆酒的殖民地上：關於殖民地種植園的生產體制，以及為了供給糖而不斷榨取勞力的管理模式。我希望能展示出如糖一般的殖民地產品，是如何在全球資本主義的成長中，扮演特殊而顯著的角色。

因此，我將在第三章探討糖的消費。首先，我的目的是展示生產與消費如何變得緊密相連、甚至能相互決定彼此；其次則是闡述為什麼必須根據人們的思維與行動，來解釋消費：被賦予新使用方式和意義的糖，滲透了社會行為，使它從珍稀且昂貴的物品，轉變成常見與必備的產品。生產與消費的關係，甚至可以類比為使用與意義的關係。然而，我並不認為物質生來且必然具備意義。相反地，我認為唯有當人們在社會關係下使用物質時，這些物質才會透過使用而獲得意義。

外部力量經常會左右哪些物質可以被賦予意義。倘若使用者在為可用之物增添意義的同時，不太能決定哪些東西是「可以得到」的，那麼這種情況下的意義又意味著什麼？而又在哪個時間點下，賦予意義的優勢從消費者身上，轉移到販售者身上？又或者賦予意義的權力是否總是伴隨著決定供給的權力？就我們對現代社會運作的理解，以及對自由和個人主義的理解而言，這些問題（和答案）又意味著什麼？

在第四章，我試著去描述為什麼事情會如此發展，並嘗試分析環境、局面和相關原因。

最後，我會在第五章，針對現代社會的糖及其研究走向給出建議。我曾指出，人類學正顯現出對於未來發展的些許不確定性。而關於現代生活、食物及飲食的人類學發展，勢必不能忽視或缺乏田野調查而存在。我的期望是，在點出某些值得關注的問題後，田野調查最終能為理論與原則帶來有用的結果。

我對歷史的偏愛是顯而易見的。雖然我無法不帶批判地去接受「人類學必須是關於歷史的，否則就什麼都不是」的宣言，但我仍認為一旦缺乏歷史性佐證，就會嚴重削減其解釋力量。社會現象就本質而言為歷史性的，亦即在某一「時刻」下，我們無法抽離過去與未來去審視所有事件的關係。關於人類本能天性的探討、關於人類與生俱來賦予世界獨特架構的能力論述，並非總是錯的。但當此種論述凌駕或取代了歷史，便絕對不恰當且會誤導人。人類確實建立了社會結構，並賦予事件意義。但這些架構與意義都有其歷史由來，而這也是形塑、限制、讓我們得以解釋此些創造力的根基。

Chapter 1

Food, Sociality, and Sugar

食物、社會性和糖

我們意識到食物和飲食為習慣、味道和深層感受的中心，就如同遠古先祖看到其他人類吃下自己不熟悉的食物般古老。如同語言和其他透過社會所習得的群體習慣，食物體系很大程度地證明了：人類此一物種內部具有極大的分歧性。這已經是顯而易見到不需要去思考的事：人類幾乎能將所有東西當成食物、不同的族群用相異的方式，攝取不同的食物。而這些族群更強烈堅持自己該吃或不吃某些食物，以及該如何吃這些食物。當然，在某些程度上，食物的選擇和可得性相關，但人類從來不甘於只吃周遭環境可得或可食用的品項。除此之外，個人的飲食偏好與自我認同也高度相關：那些食用與他人顯著不同的食物，或以不同的方式攝取相似食材者，往往會被認為和其他人截然不同，甚至較不具人性。

人類對營養的需求貫穿了所有的人類互動。而食物選擇和飲食習慣則展現了年紀、性別、地位、文化甚至是職業的區別，而這些差異至關重要，它們襯出了人類那無法迴避的需求。專門研究食物與攝食的最優秀人類學家之一奧黛麗・李查茲（Audrey Richards）曾寫道，「在生物進程中，營養遠比性重要。對個別有機體而言，（營養）更為優先，且總是被反覆渴求。對範圍更廣的人類社會來說，營養遠超過所有生理機能，主宰了社會分類的本質，並形塑其活動形式。」[1]

對剛出生的嬰兒而言，和世界迅速建立起社會連結的最佳途徑，就是表達飢餓與滿足。飢餓體現了嬰兒的依賴與社會整體（那個其遲早必須融入的環境）的關係。在人的嬰幼兒與童年時期，攝食和撫育便緊密相連（儘管之後兩者的關係可能會改變）。基本上，撫育者決定了子女生命早期的飲食偏好，而這也意味著此偏好將受其身處的社會與文化所規約。因此，飲食和口味承載了大量情感。我們喜歡什麼、吃什麼、如何吃，以及對此的感受為何，是現象學上環環相扣的事物。這些事物的加總，能明確展現出我們如何感知自己與他人的關係。

從飲食看人類文化

自人類學發展之初，就與食物及進食脫不了關係。奠定人類學發展的羅伯森・史密斯（Robertson Smith），就將「合食」（eating together）視為一種特殊的社會行為，並對其進行研究（他對祭祀食物深感興趣，更以「共生」[commensals] 來描述上帝與人類的關係），並視上帝和人類共同分享一塊麵包的舉動，為「彼此關係與共有社會義務的象徵和確立」。「那些坐在一起進食的人，就各種社會意義而言是結合的；無法一起進食的雙方則是外人，不具備宗教關聯與相互的社會義務。」[2]但羅伯森．史密斯也同時指出，「事物的本質就蘊藏在一起進食的肢體行為上」[3]——人與人藉由共享食物所建立起的紐帶彼此串聯。

在一篇早期文獻中，羅娜．馬歇爾（Lorna Marshall）也曾精彩地描述道，藉由分享食物，可以如何減低個人與團體內的緊張氛圍。她指出布希曼人（!Kung Bushmen）總在取得食物的當下，立刻享用新鮮的食物：「緩解對飢餓的恐懼。共享食物的夥伴也會在自己獲得食物時，和分享者共享，人與人藉著相互的義務關係而結合在一起。倘若發生飢餓問題，所有人將一起承擔。在他們之間，沒有明顯的貧富之分。人人都不孤單……對布希曼人而言，孤單進食或不與他人分享食物，是非常可怕的行為。這足以讓他們尖叫並因此心慌意亂而尷尬微笑。獅子可以這樣做，但人不行——他們這樣對我說。」[4]馬歇爾也詳盡地描述了四名先是經歷了十天狩獵、再以三天追蹤受傷獵物的獵人，在成功獵殺一隻大羚羊後，如何將狩獵成果與他人分享，像是其他獵人、射出第一箭並導致獵物負傷者的妻子，以及該箭所有者的親戚等等。她紀錄下被分送出去的六十三份肉，並認為實際數字甚至更多。少量的肉很快地被分送出去，並以逐次減少的分量繼續轉送。而這些迅速展開的行為，並非隨機或不切實際——其明確體現出布希曼人的內部網脈絡、親戚的分布與性別、年齡和角色的區分。從本質來看，每一次分食肉類的活動，更像是一個了解他人、自己與他者關係，以及這份關係會伴隨哪些責任義務的活動。

在現代生活中，食物與親屬關係，或食物與社會團體間的連結，以截然不同的形式呈現。儘管食物和進食確實沒有失去它的情感重要性，但作為實現既存社會關係的手段，其重要性與形式已經出現了天翻地覆的改變。因此，一份以當代西方食物與飲食為題的人類學研究，在面對那些人類學先輩如李查茲、羅伯森·史密斯和馬歇爾等，早已嘗試想回答的問題時，或許會提出非常不同的數據與方法。在此份研究中，我試著將單一食物（或一類食物），置入現代西方國家的飲食習慣之內。此舉本身（per se）並不需要田野調查——儘管我後來偶然發現如果能針對某些議題進行田野調查，或許能更洞徹事理。此外，雖然我觸及了用餐行為的社會層面，但我更關注的是用餐時間，而不是食物本身。比方說，食物如何適應現代工業社會、社會如何影響進食所蘊藏的社會性，而食物與烹煮方法又如何進入或滅絕於某種飲食習慣中。

具體而言，我關注的是被稱為蔗糖（sucrose）的單一物質，也就是透過榨取甘蔗而得的糖及其衍生產品。蔗糖的故事可以簡化成幾句簡單的陳述。西元一〇〇〇年，僅有極少數的歐洲人知道蔗糖的存在，但很快地，他們認識了蔗糖；到了一六五〇年，英國貴族與富人變成糖的忠實擁護者，糖出現在藥物、文學想像中，並成為社會階級的表徵。一八〇〇年前，糖成為所有英國人日常飲食中的必要品——儘管其價格高昂且罕見；到了一九〇〇年，糖所提供的熱量占英國飲食的五分之一。

這一切是如何發生？又為什麼發生？是什麼力量讓這樣一個陌生、外來且代價高昂的物質，成為所有人——包括貧窮者與地位卑下者的日常生活必需品？其重要性為何能如此迅速地增長？對英國的統治者而言，糖意味著什麼；對於後來成為其大量消費者的普通民眾而言，糖又意味著什麼？答案或許不言而喻——糖是甜的，而人類喜歡甜味。但當不熟悉的物質為新使用者所接受時，意味著此物質進入了既存的社會與心理脈絡，並從使用者身上獲得（或被賦予）時空脈絡下的意義。要得知此過程如何發生，並不容易。人類喜歡甜味的說法，並不能解釋為什麼有些人喜歡攝取大量甜食，有些人卻幾乎分毫不沾。這樣的差異並不僅僅出現在個體之間，甚至出現在不同團體間。

使用也意味著意義。為了學習人類學範疇下的蔗糖，我們必須去探索使用蔗糖的意義——了解在更早期且資源有限的情況下，如何使用蔗糖；明白蔗糖在何處、最初是因何種目的而製造出來。這也意味著我們必須去審視蔗糖的供應、使用的時間序，以及在新飲食模式下，糖如何與其他食物結合，包括本身也具有甜味的蜂蜜，和本身帶有苦味的茶、咖啡、巧克力。而蔗糖來自於英國的熱帶與亞熱帶殖民地，因此我們也必須檢視這些殖民地與母國的關係，探究那些雖然不產糖、但出產茶葉的區域（人們將蔗糖和茶結合飲用），和那些為了生產蔗糖而被迫為奴的人口。

這些研究無可避免地將引發更多需要探討的問題。英國人吃下更多糖，是因為他們喜歡糖嗎？他們是因為沒有其他可吃的食物，所以才喜歡糖嗎？又或者有其他因素影響他們對此種珍貴食品的態度？我們必須反思如喬納斯・漢威（Jonas Hanway）這樣的社會改革者（因為勞動階級想要喝茶與加糖，他就大力抨擊其奢侈浪費），還有負責經銷、精煉或運送糖，但立場與前者相反的人如喬治・波特（George Porter，其因為預見了糖對所有英國人的價值，最終戰勝了改革派），研究其如何努力改變市場樣貌。這同時還意味著我們必須審視在時間的推移下，緊迫的工作如何改變一般人在何處、如何及何時用餐，更要查看它如何產製出那些帶有嶄新優勢的新食物。更重要的是，我們必須理解在一個新開創的經濟體制下，此種在早幾個世紀裡根本不為英國貴族所熟悉的新奇、外來奢侈品，是如何迅速地深入英國日常生活，成為極為重要的社會核心一環，並在此一歷史上統治範圍最廣闊的帝國內部，變成社會關係下最尋常的存在。接著，我們必須回到布希曼人身上（儘管就不同層次的解釋角度），探究、重新探究他們如何透過大羚羊的肉，來確立彼此關係所具有的社會價值。

研究單一可攝取物質（如糖）的多樣化用途，就像利用石蕊試紙來測試特定環境：我們可以透過某些可識別特徵的強度、規模，甚至是擴散程度，來凸顯其與其他特質的關係——那些有著規律但非不變的關係，有時甚至可以成為指標的事物。這樣的關係可以是很廣泛且重要的，如同老鼠之於疾病、乾旱之於飢荒或營養之於生育；也可能是非常細瑣的，如同糖之於香料。再者，這些現象間的關係或許是固有且可以解釋的，舉例來說，就像是老鼠與瘟疫；然而，此種關係自然也能是反覆無常的，既沒有「因果」，也不具備「功能性」連結，就如同糖與香料——對歐洲人而言都是非常陌生的物質，從遙遠大陸運抵歐洲，在人們初嘗之後，逐漸進入日常生活中。另一方面，糖與香料因其用途或（就某種程度而言）產地因素，而偶然地被連結在一起，又因為彼此用途的重疊與分歧，還有人們對其需求的衰退或暴增，致使兩者關係重疊或相背。此外，糖的歷史也與殖民地奴隸休戚相關。而面對肉，蔗糖可用於增添或掩蓋風味；面對水果，蔗糖可以協助其保存；面對蜂蜜，兩者互為替代品及對手。糖也和茶、咖啡及巧克力牽連在一起——十七世紀晚期與十八世紀的蔗糖史，多數都與此特定連結脫不了關係。此外，糖最初是與權貴階級相關，且數世紀以來，一直處於非凡人所能觸及的地位。

當我們將焦點放在糖身上時，我們的目的並不是貶低其他食物的重要性，而是明確點出糖在不同時間下，其用途與意義的改變。當用途改變或增加時（比如使用習慣變得更固定且廣泛），其意義也會隨之改變。就此過程而言，並沒有什麼是「自然而然」或不可避免的，它們之間並不具備內在的因果關係。糖的產製與消費關係，會隨著時間而改變，而改變的同時，糖的用途及其所引發的意義也會不同。當我們聚焦於糖時，我們事實上能更清楚地觀察到糖與其他食物（那些與糖結合，或最終被取代者）的關係如何改變。

飲食結構及象徵意涵的轉變

營養學家可以根據已知的最佳科學資訊，為特定物種建構飲食習慣，但並沒有萬無一失的指南可以告訴我們，哪些食物本質上對人類而言是最好的。我們願意且喜愛吃下任何不會迅即引發中毒的食物。跨文化的飲食喜好研究明確指出，人類族群理所當然地視為「自然環境」的世界，顯然是一個基於社會性、象徵性所建構出來的世界。「好食物」的定義，就如同好天氣、好伴侶、成功人生的定義一樣，屬於社會性、而非生物性事物。如同李維史陀（Claude Lévi-Strauss）在許多年前說的，所謂的好食物，在其被歸類為有益的食物之前，必須連光想到都是美好的。

倘若我們審視人類文明的演化歷程，並著重地質變化的「最後一刻」——即馴化動、植物的那刻，我們就會發現幾乎所有曾經活過的人類，都是社會的一分子，而那些社會往往會認定某一特定蔬菜為「好的」。由於馴化和有目的地耕作植物，顯著提升食物供給的穩定性並導致人口增加，因此我們多數人與過去一萬或一萬兩千年前的祖先一樣，需要依賴某一類植物性食物維生。[5]

多數大型（與許多小型）的定居文明都是奠基於栽種複合式碳水化合物上，像是玉蜀黍、馬鈴薯、米、粟或小麥。在這些以澱粉為基礎的社會裡（通常為［但並非總是］園藝型或農業型社會），多數人是依賴人體將來自於穀物或根莖類的複合式碳水化合物，轉化成體內的糖，以獲得養分。而人們也會消費其他植物性食物、油、肉、魚、家禽、水果、堅果和調味料（許多成分為營養所必須），但使用者往往會視這些食材為澱粉類飲食的附屬品，居於次要地位（儘管有些實為必要）。此種以複合式碳水化合物為核心，並佐以其他調味補充品的模式，建構起人類飲食的基本樣貌——當然，不是**所有**的人類飲食，但歷史上確實有充分的例子可供我們作為此一重大推論的根基。

奧黛麗·李查茲在針對南班圖人（Southern Bantu）中的本巴人（Bemba）所撰寫的專題論文中，鮮明地描述本巴人的澱粉偏好如何成為整個文化所認定的營養歸依：

> 於我們而言，必須耗費極大的心力才能想像出一個無論就各方面而言，食物都是攸關著性命存亡的社會。但要想了解本巴人對於飲食的情感背景，我們就必須做到這一點。
>
> 對本巴人而言，一頓能讓人心滿意足的餐點，必須要有兩個要素：由粟烹煮而成的濃粥

（ubwali），和作為佐料（umunani）並伴隨著粥一起吃下去的蔬菜、肉或魚…… ubwali 經常被翻譯成粥，但那其實是一種誤導。ubwali 是依三：二的比例混合熱水與粗粉穀物、製成近似於橡皮泥般堅韌的食物，與我們所知的粥相差甚遠。在吃 ubwali 的時候，你必須用手先扯下一塊，揉成圓球狀，沾取佐料，再整個吞下。

粟被認為是本巴人飲食習慣中的主要元素，對於習慣食用大量不同食物種類的歐洲人而言，他們很難徹底理解「主食」對於原始族群的重要性。對本巴人來說，粟製成的粥不僅僅是必要的，更是其飲食習俗下唯一被真正判定為食物的元素……我曾經見過幾名本巴人當著我的面啃光四、五根烤玉米後不久，對著其他同伴大聲抱怨，「噢，我們快要餓死了。我們一整天什麼都沒吃到……」

粟粥對當地人的心理重要性，透過傳統思維與儀式表現得一覽無遺。在諺語和傳說裡，ubwali 就代表了食物。當他們提到自身所負擔的家族義務時，他們會說，「一個男人怎麼能拒絕幫母親兄長的忙，尤其這麼多年來對方總是給予他 ubwali？」或「難道他不是她兒子嗎？她怎麼可以拒絕為他做 ubwali？」

儘管對當地人而言，他們認為自己無法捨棄 ubwali 而活，但他們同樣強調，自己沒有 umunani（通常為湯汁很多的燉煮類食物），就吃不下濃粥。

umunani 這個詞彙泛指燉菜，主要食材可以為肉、魚、毛毛蟲、蝗蟲、螞蟻、（野生或種植的）蔬菜、菇類等，總是佐以粥食用。佐料的功能有二：第一，讓 ubwali 更容易吞嚥；第二，讓其有味道。剝下來一塊、一塊的「粥」，質地並不光滑，且有顆粒（除了因為這個粥是用麵粉做成的，更因為它在石磨上碾磨時，容易混入外來的雜質）。因此，需要裹上一層讓其更容易順著喉嚨滑下去的醬汁。而用粥去沾取燉菜，便能達到此一目的。故此，當地人之所以堅持使用 umunani，就在於其能讓他們克服粥很難吞嚥的事實（但對歐洲人來說，umunani 才是整份餐點營養價值的亮點）……然而本巴人卻不認為醬汁屬於食物……

佐菜能防止食物「湧到喉頭」（coming back）。只要環境許可，燉肉或燉菜都會以鹽來調味，因此毫無疑問地，對當地人而言，佐菜的額外功能就是降低粥的味道單調性。由於花生醬（groundnut sauce）也能帶出許多燉料的風味（像是蘑菇、毛毛蟲等），因此備受當地人推崇。

一般而言，一餐之中只會攝取一樣佐菜。本巴人並不喜歡將食物混合，他們對於歐洲人習慣在一餐中混合兩或三種食材的習慣，非常厭惡。「這就像小鳥一樣，先啄一點這個，再吃一點那個，或像個一整天都到處吃來吃去的孩子。」[6]

令人驚訝的是，李查茲所描述的景緻事實上在全球各處並不罕見。人們以某種複合式碳水化合物（通常為穀物類或根莖類）為主食，並依此維生。該作物的成長週期也與人們的工作週期相符，而這些作物的需求，（就某奇特的角度而言）也符合人的需求。生活中許多事物的意義，都是以此為根基而衍生出來。對那些認定此物質為最基本食物的人群而言，其特質、名字、特殊的味道和口感、耕種所遭遇的困難、（虛構或非虛構的）發展歷史，左右了他們的世界，且該主食作物**就是**食物的代名詞。

但僅此一種食物，有時也很無趣。對那些以澱粉類為主食的民族來說，沒吃到 ubwali（無論是玉米薄餅，還是米、馬鈴薯、麵包、芋頭、山藥、木薯糕等等）會讓他們覺得自己沒吃到東西，但如果只有 ubwali 而沒有 umunani，他們依舊無法滿足。為什麼會這個樣子，其原因並不明確，但我們總能一再看到以複合式碳水化合物為核心、周圍佐以各式次要食物的飲食習慣。伊莉莎白・羅辛和保羅・羅辛（Elisabeth and Paul Rozin，也稱羅辛夫婦）認為此種常見組成模式的考量之一，是基於「味覺原則」，而他們也將各地獨特的風味列舉出來，像是東南亞的魚露，墨西哥、西非及印度與中國部分地區的辣椒（chili peppers，辣椒屬 [capsicum] 品種），拉丁美洲區的索夫利特醬（sofrito）等等。[7] 但無論是能增添風味且使本巴人更容易將澱粉吞下去的醬料，還是提升玉米飲品（atole）和玉米薄餅等以玉米為原料食物滋味的辣椒，又或者如遠東佐以白米或粟所使用的魚、豆類醬料及醬油等補充性調味料，它們之所以能在人們心中贏得一席之地，就在於其能讓最基本的澱粉食品變得更吸引人。此外，它們還可以提供重要、且經常為必要的營養成分，但此點似乎從未成為人們依賴它們的主因。

即便在食物選擇較多樣的飲食環境裡，普遍的「核心」與「周圍」搭配依舊非常明確。愛爾蘭人開玩笑所說的「馬鈴薯與指一指」（potatoes and point）——在你吃下馬鈴薯前，先用手指著那塊掛在餐桌上方的鹹肉，就足以解釋。同樣眾所周知的是，那些慣以麵包為食的族群，會用脂肪或鹽巴來為他們平常吃下的大量麵包調味。（比方說，東歐人經常混合黑麵包、雞油、生大蒜與鹽巴，但配料方式會因地域而異。）義大利麵會佐以醬汁——對於那些貧困者而言，醬汁能讓單調乏味的餐點變成令人食慾大開的菜餚。無論主體是玉米粉（cornmeal），還是蒸粗麥粉（couscous）、布格麥（bulgur）、粟、山藥等，都沒有差別（當然，對那些以其為主食的族群而言，換一種絕對有差）。重要的是，輔助性調味品能讓一頓餐點變得完整，為其畫龍點睛，並賦予多樣化的滋味。

一般來說，人們不會大量攝取這些調味料（幾乎不可能如食用澱粉那般大量），且對那些習慣使用這些佐料的人而言，大量攝取這些佐料的想法反而只會使人不舒服。其味道與質地通常會與煮熟的澱粉類食物截然不同（無論是順口程度、塊狀、顆粒、有嚼勁、溫和或乾澀的口感），且多為可混合的質地，讓人們能同時搭配澱粉食用——亦即同時吞下。普遍而言，其多為液態或半液態、可溶解或可融化，且經常富含油脂。在大量液體中加入少量佐料就能改變其風味，尤其是當這些佐料具有強烈或對比性味道、且處於熱騰騰的狀態時，比如，成勺淋在澱粉上的湯汁或用來沾佐的調味汁。

補充性食物經常包含了曬乾、發酵、醃製、煙燻、鹽醃、半腐化等其他已改變原始狀態的食材。透過這些處理，其與主食澱粉形成「處理程序」上的對比。多數主食澱粉往往只會經過清洗與烹煮，便可食用。

這些附加佐料在本質上，並不一定要來自魚、肉、家禽或昆蟲，可以是禾本科植物如西洋菜、細香蔥、薄荷或海帶（苦的、酸的、刺激性的、有嚼勁的、黏滑的）；蘚苔類、菇類或菌類（腐土味兼具苦味、脆、「涼菜」）；乾燥香料（酸、苦、「辣」、香）；特定的新鮮或醃製水果（酸、甜、多汁、富含纖維、硬）。由於它們或許會刺激痛覺、產生灼熱感、引發口渴、刺激唾液分泌、導致流淚或刺激黏膜，且可能具有苦、酸、鹹或甜味，因而在味道（及氣味）上，與澱粉相當不同。且毫無疑問地，它們的存在也提升了核心食物的攝取量。

在過去兩、三個世紀裡，整個社會相對於過去那個以少數、享有特權、位居金字塔頂層者為主體的舊有、階級化體制而言，顯然開始顛覆此種飲食模式。在這些罕見的新案例下（美國就是其中一例），複合式碳水化合物的飲食重要性下滑，肉類（包括魚和家禽）、各式各樣的油脂和糖（單一碳水化合物）取而代之，成為餐點中最重要的主角。此種晚期才出現的變化（基本上，人體需要攝取大量熱量才能生成一卡路里），[8]與早期的狩獵／捕魚／採集社會非常不同。在營養攝取模式上，美國、阿根廷、澳洲和紐西蘭用自己的方式，變得與愛斯基摩人（Eskimos）、特林吉特人（Tlingit）或馬賽人（Masai）一樣，別具一格。[9]

無庸贅言的是，舊有飲食結構具有重要的象徵意涵。人們所攝取的食物，意味著對自己及他人而言，我們是誰、又是怎麼樣的一個人。飲食模式與社會的一致性，顯示了文化形式（cultural forms）需仰賴那些形式「承載」（carry）者持續不斷的活動（即他們的行為實踐及體現了這些文化形式），才能獲得保存。有鑒於人類擁有優秀的改變能力、社會也具有極強的轉變能力，我們應當設想什麼因素能驅動墨西哥人轉而以黑麵包、俄羅斯人以玉米、中國人改以木薯為主食。另一件非常重要的事是，我們必須知道過去三百年間所發生的根本性的飲食習慣變革，主要是由於食物加工、消費上面臨革命性壓力及出現新食物，而不是單純地減少攝取固有食物。在所有情況下，飲食習慣的改變，都伴隨著對自身認知的改變、和傳統美德有所落差的思維，與日常社會生活架構的轉變。

英國的飲食自英國人開始接觸（認識並懂得渴望）糖起，便與我們的歷史密切相關。在那個糖首度普遍為眾人所熟知的時代，英國人及世界各地的人們，正為了獲取充足的澱粉飲食（小麥等各種類型的穀物）而苦苦掙扎，並沒有餘裕關注其餘的消費。然而，關於英國人生活型態的最有趣一點就在於，此處的飲食習慣及營養攝取與其他地方相比，僅有非常些微的差異。約莫一個世紀以前，此種由單一澱粉佐以多種輔食的組合式飲食，加上大範圍飢餓的持續威脅（有時是飢荒），幾乎反映了全世界八五％人口的生活實況。現在，此情景仍在亞洲、非洲和拉丁美洲的某些區域上演著。而單一澱粉「核心」的模式，依舊代表著全球四分之三人口的生活模式。

一六五〇年，那些即將成為大英帝國子民的人口，也是依賴以澱粉為中心的飲食習慣維生。在接下來的一個世紀內，他們開始接受當時許多社會也開始採用的新模式。此種轉變被視為現代化的一種體現。然而，此一轉變並不是其他更重要變革的結果。事實上，就某種程度而言，這更像是一個完全相反的發展：此類飲食變革，往往能積極誘發英國社會基本層面的改變。換句話說，我們該關注的問題不僅僅是「英國人如何變成食糖者？」還包括「這對後續的社會轉變，又具有何種意義？」

同樣地，倘若我們去問一個已經習慣糖，並（就他們角度而言）視糖為飲食上不可或缺之存在的英國人，糖對其而言意味著什麼，其答案會有部分建立在糖的功用與對他們自身的重要性上。就此情況而言，「意義」並不是單純透過「解讀」或「釋義」產生，而是取自糖在此一文化中被應用的場景。簡而言之，意義來自於行為的後果。但這並不意味著文化等同於、或能簡化至等同於行為。若不去詢問意義對行為的影響、光探究結果而不聞問過程，只不過是再一次地忽視歷史而已。我們必須明白文化「不僅僅關於結果，更是關於過程；不僅僅是社會架構，更是社會建構的過程」。[10]不僅僅是密碼本身，更是整個編碼的過程。

嗜甜不只是天性

以嬰兒為研究主體的美國研究者指出，人類天性上喜歡甜味，且此種喜好「出現在人類發育早期，相對而言與自身經驗並無因果關係。」[11]儘管目前尚未有充分的跨文化數據來支持此一結論，但甜味廣受大眾喜愛，讓我們很難不去推論這是與生俱來的傾向。營養學家諾傑・吉羅姆（Norge Jerome）透過蒐集而來的資訊，指出富含蔗糖的食物，是如何影響許多非西方世界人口的早期涵化（acculturation）①經驗，且對於此一事物，人們鮮少或幾乎沒有表現出任何抗拒。值得一提的是，糖與含糖食物經常伴隨著刺激物一起出現（尤以飲料形式最為常見）。在新食用者嘗試新食物的過程裡，或許同時混雜著多種因素：迄今為止，世界上沒有找到任何一個傳統上從未出現過糖，且拒絕接受糖、煉奶、含糖飲料、蜜餞、點

①【編注】涵化，指兩個或兩個以上不同文化群體間互動，在接觸過程中，其中一方或雙方的文化內涵（行為、價值觀等）產生改變，但每個群體依舊保有獨特性，例如：混合型語言洋涇濱（pidgin）。

心、糕點等含糖食物進入其文化的團體。事實上，根據近期一篇針對北阿拉斯加愛斯基摩人蔗糖不耐症（sucrose-intolerant）所進行的研究更指出，儘管蔗糖會引起身體上的不適，許多蔗糖不耐症患者仍持續食用蔗糖。[12]

許多學者主張，哺乳類對甜味的反應之所以如此，是因為百萬年來，甜味對味覺器官而言向來是判定某種食物是否可食的指標。[13]而主張靈長類祖先為樹棲、採集果實的人類演化論，也讓此理論更具說服力，並讓某些鑽研此問題的研究者走向此派學說的極端：

……最不自然的環境，有時候反而能讓我們更清楚地見識到人性……西方人平均每人攝取的精煉糖量之所以最高，是因為對多數人而言，極甜的食物嘗起來非常美味可口。人類嗜糖成性的現象或許可以從根本上解釋成，遠古祖先喜愛熟透（因而非常甜美）的果實。換句話說，久遠以前的選擇壓力以極其突出的方式，展露在人工、具異常刺激性的精製糖上，即便證據告訴我們攝取精製糖實為一種適應不良。[14]

事實上，我們也可以同樣合理（且對我而言更具說服力）地爭論道，當代人口在食糖習慣上所展現出來的高度差異性，正好顯示了沒有任何一種人類遠古偏好能充分解釋此現象，因而比起利用生理需求來切入問題，討論文化上約定俗成的約束力量，或許更為貼切。討論食用水果、甜味感知及靈長類演化間的關聯性，確實具有一定的說服力。但認為其「解釋」了現代社會部分人口何以大量攝取精製糖，則不具說服力。

確實，哺乳類都（或至少近乎全數）喜歡甜味。[15]而奶類（包括母乳）具有甜味，也與此脫不了關係。一位企圖證明人類的甜味偏好始於更早發展階段的學者，則指出人類在母體（in utero）內的時候就已經體會到甜味。[16]剛生下來的嬰兒在初期，幾乎僅以母奶為食。營養學家吉羅姆指出，以含糖液體作為母乳替代品餵食嬰兒的行為，可見於全世界。在北美的醫院裡，新生兒首次接觸到的非奶類「食物」，最有可能就是用於測試產後嬰兒機能運作的五%葡萄糖溶液，因為「新生兒對葡萄糖的耐受性遠高於水」。[17]就某一方面來說，有各式各樣的證據證明了人類並非由後天習得甜味偏好。但另一方面，我們也知道一個人「嗜甜如命」的程度，往往與強化此種傾向的習俗環境，密不可分。

我們的祖先與早期人類對於甜味的認識，來自於莓果、水果和蜂蜜（蜂蜜是截至目前為止最甜的）。當然，就蜂蜜的原料為蜜蜂採集花蜜而得的角度來看，蜂蜜屬於動物性產品。糖類——尤其是蔗糖，則是人類透過其智慧與技術成就所提煉而得的植物性產品。儘管在人類發展史上，蜂蜜於非常早期就為世界各地不同文明發展階段的人類所熟知，利用甘蔗製作成的糖（蔗糖），卻是非常晚期才出現的產品，並在其出現的頭一個一千年裡，以相當緩慢的速度散播開來，直到過去五百年間才迅速地蔓延至各地。自十九世紀起，甜菜（溫帶作物）也逐漸成為製糖的重要原料，從甜菜提煉糖的技術，更改變了全球糖產業的面貌。[18]在近幾個世代裡，其他熱量甜味劑（caloric sweetener）——尤其是玉米（Zea mays），開始威脅到蔗糖高高在上的優勢，而無熱量甜味劑（noncaloric sweetener）也逐漸在人類飲食中贏得些許分量。

我們必須謹慎地區分甜味感知以及甜味物質。而經技術性化學加工處理製造並精煉出來的糖，如蔗糖、葡萄糖和果糖，也必須與天然的糖有所區別。對化學家來說，「糖」是一個總稱，用於指稱大量且性質各異的有機化合物，而蔗糖不過是其中一種而已。

在本書裡，我之所以聚焦於蔗糖（儘管有時會需要提到其他的糖），是基於近幾個世紀以來，蔗糖的消費發展大幅超越蜂蜜（十七世紀以前蔗糖在歐洲的主要對手），並讓其他產品如楓糖和棕櫚糖，變得極不受重視。在歐洲人的思維和語言裡，儘管蜂蜜繼續扮演著那少數享有特權的角色（尤其在文學意象中），但蔗糖已成為人們普遍的甜味認知。不過值得注意的是，歐洲人缺乏清晰與具體的甜味概念。

我已經清楚點出，儘管在人類味覺機制上確實可能存在特定、且在各人種身上皆能發現的特質，但不同人所攝取的物質往往非常不同，對於何謂美味（尤其是相較於其他可食用品項）的判斷，更是天差地遠。人們的偏好以及對特定味道的接受（適合）程度，也各不相同。但這世上並沒有周全的方法，能讓我們分類或規範某一團體、某一個體的味覺體驗在特定範疇內。另一個困難點在於，即便是完整保留下的味覺詞彙，也很難透過翻譯進行跨文化比較。

儘管如此，全地球上大概找不到任何一個人，會不知道該用什麼詞彙來描述自己的「甜味」感受。儘管個別文化或該文化下的每一個成員，不一定全都喜愛甜味，但沒有任何一個社會把甜味視作令人不悅的——儘管特定甜食會因為各種原因而被視為禁忌或應避免的事物。人們對於酸、鹹、苦味的多樣化反應，也顯現出相較之下，甜味在人們心中所享有的特殊地位。當然，此一事實並沒有阻礙人們對於特定酸、鹹、苦物質的常見偏好。

但光說世界各地的人們都喜歡甜食，並沒有解釋此種味道究竟根植在味覺範圍的何處、甜味的重要性、位在味覺偏好光譜的何處，或它怎麼與其他味道相提並論。除此之外，有充分的證據顯示人們對於食物（包括甜食）的態度，會因為時間及場合出現極大的改變。在現代社會下，我們只需拿法國飲食中糖出現的頻率、強度和規模，去和比如英國或美國比較，就能看到此兩種態度的巨大差異。美國人似乎喜歡用甜味、亦即甜點，作為一頓飯的句點；也有些人喜歡以甜味來開啟一頓餐點。除此之外，在美式生活中，甜味在人類學家稱之為間歇性進食（或點心時間）方面，也扮演了極重要的角色。其餘人口則似乎不太會將甜味視作只適於出現在一、兩種地方的「固定味道」（slot taste）。對他們而言，甜味可以出現在一餐中的任意時刻，像是中間的菜餚，或同時端上來的數道菜中的其中一道。而各地所偏好的甜味融合其他味道的作法，更是變幻無窮。

人們的甜味感知與應用如此千變萬化，正恰恰支持了我的論點：甜味在英國人味道偏好上的重要性正與日俱增，然而在十八世紀之前卻沒有這樣的特性。儘管在西方世界，當前的文化（以及或許是絕大多數的科學家們）普遍認為甜味在特質上，與苦、酸、鹹相對，並一起構成「味覺四面體」（taste tetrahedron），[19]又或者和有時出現在中國、墨西哥及西非料理中的辛辣或熱辣呈鮮明對比，但我認為此種對比（即甜味成為一切味道的相對）是非常近期才出現的。唯有當甜味的來源夠充分，其才有可能和鹹、苦、酸味相抗衡。儘管如此，並不是只要糖的供應充足，就會出現這樣的對比。舉例來說，英國、德國和低地國的反應，就跟法國、西班牙、義大利不同。

人類生理上帶有些許與生俱來的甜味偏好，似乎是不容置疑的事實。但這些無法解釋不同的食物系統、偏好程度及味覺的分類，就好像光憑解剖發音器官，也無法讓我們去「解釋」任何一種語言般。在人類喜愛甜味及英國人被認定為「嗜甜如命」的舉動間，存在著清楚的界線，而我也希望能在接下來的篇幅中好好闡明。

Chapter 2

Production

生產

蔗糖（普遍所稱的「糖」）為碳水化合物家族下的有機化學物質。我們可以從多種植物原料中工業化提煉出糖，且糖存在於所有綠色植物中。[1]而植物利用二氧化碳及水行光合作用，以獲取所需的養分，因此蔗糖是生命化學結構下的最基本要素。

經加工處理蔗糖（即我們消費並稱之為「糖」的精製碳水化合物產品）的兩大原料，為甘蔗和甜菜。甜菜要到十九世紀中期，才確立其作為蔗糖原料的經濟重要性；而甘蔗一千多年以來（或甚至更久），一直扮演著蔗糖的最主要原料。

首次人為栽種的甘蔗（Saccharum officinarum L.）出現在紐幾內亞，且年代非常久遠。植物學家阿契瓦格（Artschwager）和布蘭德斯（Brandes）認為，歷史上出現過三次甘蔗移植國外的事件，第一次發生在西元前八〇〇〇年。而或許在兩千年後，甘蔗被帶到菲律賓及印度，並有可能來到了印尼（儘管有部分專家學者認為印尼是另一個馴化甘蔗的地方）。[2]

一直要到進入西元後許久，才開始出現**製造**糖的文獻。但在印度文獻中，有留下非常早期的紀錄。舉例來說，在波顛闍利（Patanjali）所著的《大疏》（*Mahābhāshya*）中，針對巴尼尼（Panini）的梵文研究（約莫出現在西元前四○○年至三五○年間，也是史上第一本語法學）提出了些許評論，其中就反覆提到出現在特定食物組合中的糖（米布丁配牛奶及糖；加糖的大麥膳食；用薑和糖調味的發酵飲品）。倘若我們認定這裡所指的物質就是某些非液態、且至少部分出自於甘蔗汁的結晶體，那麼這就是我們所能找到的最早文獻。然而，此點確實值得懷疑，因為沒有任何證據可以指出那個產品具有結晶化的外型。時間往後推一點點、西元前三二七年，亞歷山大大帝的將軍尼阿庫斯（Nearchus）乘著船從印度河河口，來到幼發拉底河河口，並宣稱「印度存在著一種蘆葦，能在沒有蜜蜂的幫助下產出蜂蜜，儘管不會結果，卻能製作出令人心醉神迷的飲品。」[3] 糖類專家及歷史學家諾爾·迪爾（Noel Deerr）認定其所說的正是甘蔗，但他引用的希臘及羅馬文獻並不完全令人信服。迪奧斯科里德斯（Dioscorides）、普林尼（Pliny）、蓋倫（Galen）等其他人所提到的詞彙「sakcharon」、「saccharon」（希臘文為σάκχαρον），則無法以某種單一特定物質來翻譯。食物歷史學家R·J·福布斯（R. J. Forbes）則謹慎地審視來自西元前的希臘和羅馬文獻，並推論出印度確實有「saccharon」，且「該國（印度）那些來自希臘的訪客們，甚至知道（儘管不甚理解）其存在」。此處他所指的糖，確實是以甘蔗汁製作而成的糖。他接受迪奧斯科里德斯的觀點：「有一種被稱為『saccharon』的固體狀蜂蜜，產自於印度和阿拉伯樂土（Arabia Felix）的蘆葦，不僅硬度同鹽，且跟鹽一樣能以牙齒咬碎。將其溶解於水中喝下，不僅裨益於腹部及胃部，也有助於舒緩疼痛的膀胱和腎臟。」福布斯又補充道：「因此，印度有產出糖（即便只有少量），並在普林尼的時代（西元一世紀）開始為羅馬世界所認識。」[4]儘管如此，他也提醒「saccharon」、甚至是「嗎哪」（manna）所指的，是多種具有甜味的物質，包括植物分泌液、蚜蟲排泄物、花白蠟樹（即所謂的嗎哪樹）的甘露醇分泌物等。[5]

然而，某些研究糖史的學者認為，「saccharon」指的是截然不同的物質——竹之糖或「竹黃」（tabashir），即聚集在特定竹子的竹莖上、有甜味的分泌物。[6]儘管上述爭議目前仍未有定論，卻也凸顯了糖史上非常關鍵的一個特點：糖必須是從液體結晶而來。我們所稱的「糖」，是經歷古老、複雜且困難的處理程序後，所得到的最終成品。

讓我們從甘蔗此一植物著手，其屬於禾本科（Gramineae）大家族。甘蔗共有六種已知品種，其中，有「製糖師」（sugar of the apothecaries）之譽的秀貴甘蔗（Saccharum officinarum），其歷史重要性最為顯著。儘管近幾十年來，也有許多利用秀貴甘蔗以外的蔗種，所培育出來的新品種，但用於生產蔗糖的來源基因，仍然以秀貴甘蔗為主——它的莖部柔軟、香甜、多汁，成熟時可以長到十二至十五呎高、兩吋粗。甘蔗採無性繁殖，因此只需切下一段擁有至少一個芽點的莖，插入土中後便會開始發芽。[7]只要陽光與水分充足，甘蔗就能在連續六週裡以每天一吋的速度抽高。在生長了九至十八個月後，甘蔗就會進入成熟期（氣候宜乾燥），也是最理想的榨汁時期。一般而言，每十二個月就可以收割從之前殘株上所新生長出來的甘蔗（亦即無需重新栽種的宿根 [ratoon]），熱帶地區可見的種苗插枝，其生長期則更久。然而，無論在何種情況下，只要甘蔗一成熟就必須採收，以防止汁液或汁液中的蔗糖成分流失。一旦割下來後，就必須盡快榨汁，以避免腐爛、脫水、變質或發酵。

甘蔗的本質，很大程度地影響了栽種與處理的過程。「儘管我們稱糖廠為工廠，」一名學者寫道，「但在糖廠內進行的並不是製造，而是一連串固液分離操作，以分離出植物自然生成的蔗糖。」[8]碾碎甘蔗纖維以提煉汁液的作法，就跟發現甘蔗是甜的事實一樣古老。而榨汁的方式有很多種。我們可以先將甘蔗砍下並放在地上，接著碾壓、搗碎或浸泡在液體中。加熱含有蔗糖成分的液體，直到其開始蒸發，就能得到濃縮的蔗糖。等到該液體達飽和後，就會出現晶體。在實際操作上，則需要濃縮後的飽和溶液、亦即呈液態的蔗糖，才能順利結晶。在冷卻與結晶化的過程中，低等級的未分蜜糖就會脫離「最終」（final）或「黑」（blackstrap）糖蜜。此種糖蜜不能透過傳統方法進一步結晶化。當然，這種糖蜜非常甜，也可以用於增添食物的甜味。就英國飲食而言，這類糖蜜至少超過一個世紀，與其他種類的結晶糖一樣重要。直到今日，此類糖蜜所精煉出來的蔗糖仍舊非常重要。

此一處理工序的許多道手續，都有著悠久的歷史。在經歷數世紀的發展後，此過程後續追加了許多步驟，能讓糖的顏色更淺、成分更純、更精製（後兩者並不相同），並創造出更多樣化的最終成品，包括酒精性飲料和各式各樣的糖漿。然而其基本程序的起源，確實非常古老。事實上，除了透過加熱和冷卻等「一連串的固液分離手法」，我們也找不出其他將甘蔗「製作」成糖的方法。而在糖史上，維持適當溫度（同時持續改善加熱方法、獲取可得燃料），也一直是最關鍵的技術問題。

而利用蔗糖漿液（magma）所製作出來的糖，與甘蔗汁和各式各樣用於製作糖果或烹調食物、富含蔗糖的糖漿，有著極大的差異。就某些角度而言，確實沒有任何東西比精製白糖更像鹽：白色、顆粒狀、脆，且純度接近九九％，也是「主要食品中，唯一以近乎純粹形式食用的化學物質」。[9]因此，透過製糖的過程，我們可以得到兩種截然不同的最終產品。儘管此兩種產品都是糖，且成分上也近乎純粹——其中一種是呈液狀，且經常為金黃色；另一種則為顆粒狀，且經常為白色。當然，精製且純淨的糖可以製成任一顏色。但曾有那麼一段時間，白糖也成為純潔、美好的象徵。在糖的早期歐洲歷史上，「最白的糖同時也是最棒且最純淨蔗糖」的概念，或許是極具象徵性的重要觀點。但蔗糖能以各種狀態、形式使用（其中一種很類似於蜂蜜），也是相當重要的事實。而與蜂蜜相似、模仿蜂蜜型態而做成的「糖蜜」或「金黃糖漿」，更構成現代英國飲食中極為重要的一環，並逐漸超越其古老的對手——蜂蜜，甚至取走了過去經常圍繞著蜂蜜的詩意想像。[10]我們有必要重新審視此兩種糖的歷史脈絡。

一直到西元五〇〇年，我們才找到關於製糖的確切文獻。在印度的宗教典籍《清淨道論》或《道德意識論》（*Discourse on Moral Consciousness*）中，出現了煮沸液體、製作糖蜜、搓揉成糖球的類似描述。（歷史上首次出現的蔗糖——脫離液態且充分結晶化，但尚未刻意結晶至固體型態，其型態更有可能近似於太妃糖，而非脆且易碎的。）[11]但此類文獻的數量非常稀少，且內容讓人困惑。當拜占庭皇帝希拉克略（Heraclius）於西元六二七年，攻占了波斯國王庫思老二世（Chosroes II）於巴格達附近的宮殿時，他留下了一份紀錄，並在紀錄中稱糖為「印度人」的奢侈品。在四世紀至八世紀間，製糖的主要核心似乎集中在印度三角洲（沿著巴魯其斯坦 [Baluchistan] 海岸）的西邊，以及底格里斯河與幼發拉底河三角洲（即波斯灣海岬處）。一直到八世紀後，蔗糖才為歐洲所認識且使用。也一直到這個時候，才出現了關於地中海東部的甘蔗栽種與製糖記載。或許在西元一〇〇〇年，北歐地區依然對蔗糖一無所知，且此後的一、兩個世紀，該區域的人口仍對其所知有限。儘管如此，對於某些「時期」和「階段」的粗略描述，還是能作為後續討論的參考。

跟隨《古蘭經》腳步的糖

而阿拉伯帝國的擴張，也成為歐洲蔗糖史的轉捩點。在希拉克略被擊敗的西元六三六年，到西班牙被占領的七一一年間，阿拉伯人不到一個世紀就以巴格達為中心建立起哈里發帝國（caliphate），並在征服了北非後，開始揮軍占據廣袤的歐洲大陸。而埃及的製糖技術（或許早於阿拉伯人的入侵），也在阿拉伯人的擴張下，傳播至地中海盆地周圍。阿拉伯人將甘蔗引進到西西里、賽普勒斯、馬爾他（Malta）、羅德島（Rhodes，出現的時間很短）、馬格里布（Maghrib）的絕大多數區域——特別是摩洛哥和西班牙（尤其集中在南邊沿海）。而甘蔗的種植技術、製糖方法和此種截然不同的甜味體驗，也在這些區域擴散開來。[12]有學者宣稱，威尼斯一直到西元九九六年才首次出現糖，並於此朝北轉送。但實際的時間或許更早一些。[13]在那個時候，北非與地中海區域的某些島嶼（包括西西里島）都有種植甘蔗，而作為農業實驗場所的西班牙，也有種植。但是早在那個時候、甚至早在威尼斯成為歐洲再出口的主要城市以前，蔗糖便以各式各樣的樣貌，透過中東來到了歐洲。至於波斯和印度——最早知道製糖技術的地區，則或許是發明出製糖基本程序的地方。在好幾個世紀裡，糖就這樣從地中海盆地，被運往北非、中東和歐洲。一直到十六世紀晚期，新世界殖民地成為糖的主要供應來源後，此處的生產作業才劃下句點。在地中海時期，西歐緩慢地接受了糖。自此之後，糖的產製逐漸從地中海區域，轉移到西班牙與葡萄牙位於大西洋上的島嶼上，包括馬德拉（Madeira）、加納利群島（Canaries）、聖多美（São Tomé）。但這些地方相較之下較為短暫的製糖產業，也在美國製糖業興起後，走入歷史。

最近幾年，阿拉伯人的文明成就終於獲得西方世界應有的關注。我們多數人所帶有的歐洲中心歷史觀，讓我們傾向對世界上其他區域的技術成就漠不關心。而我們願意承認的事蹟，往往是那些被我們「解釋」為大量勞動力所締造的成就，像是金字塔、長城、太陽神殿、馬丘比丘等。那些最誠摯的讚美，往往也是基於藝術性、而非技術性而生，且我們也經常認為對方技術不如我們（無論我們是否願意承認）。儘管我們不太會如此無禮地說出內心想法，但讓秉持西方觀點者詫異的其中一點，就是發現對方的技術局限，並沒有成為其美學造詣的絆腳石。然而，任何對於南歐歷史有著一丁點兒理解的人都知道，摩爾人征服西班牙，不過是那輝煌的急速西進運動的最後一站——無論是就技術、軍事、經濟、政治或宗教上的擴張而言皆然。

摩爾人從未停下向外擴張的腳步，直到他們於西元七三二年抵達普瓦捷（Poitiers）、被查理．馬特（Charles Martel）擊退。那一年，既是穆罕默德逝世的一百周年，也是歷史上第一位哈里發阿布・巴克爾（Abu Bakr）即位後的一百年。在西元七五九年後，摩爾人撤離了土魯斯（Toulouse）和南法，退守至庇里牛斯山下。而那個他們只用了七年時間就攻克的西班牙，要在經歷七百年的伊斯蘭統治後，才重回基督教國家的行列。在西班牙落入伊斯蘭世界的手裡後，地中海的部分地區也相繼淪陷。舉例來說，克里特島於西元八二三年被占領，而馬爾他則在西元八七〇年被占領。此外，阿拉伯人所到之處，都伴隨著糖與製糖技術的擴散——如同俗諺所云，糖就像是跟著《古蘭經》的腳步走般。

儘管種植甘蔗所需要的條件，減緩了伊斯蘭所統治的地中海區域將甘蔗發展成商業作物的腳步，但其完善了種植技術（且朝北遠伸至西班牙中部區域）——可謂極大的技術成就。地中海區域的阿拉伯征服者就像是融合者、創新者，讓其先後征討的三個大陸的豐富多元文化，在不同地域間流散開來，並結合、融混、發明、創造出新的樣貌。許多重要作物，如米、高粱、硬質小麥、棉花、茄子、柑橘類、煮食蕉、芒果和甘蔗，也跟著伊斯蘭的腳步，向外散播開來。[14]但真正重要的，不是（或者該說不僅僅是）新作物的出現，阿拉伯征服者更將大量的下級管理者（多為非阿拉伯人）、統治與徵稅政策、灌溉技術、製造、加工處理和擴大生產的動力，向四周散播出去。

而甘蔗與種植、製造技術的傳播，也受到降雨和季節性氣候波動等威脅阻礙。如我們所知的，甘蔗為熱帶或亞熱帶的作物，其生長期最長可以達十二個月，且種植過程中，需要大量的水和勞動力。儘管甘蔗不受灌溉也可以順利成長，但若定期灌溉、生長期間環境溫度不要驟降，能讓甘蔗長得更好（提升其含糖量）。

在伊斯蘭占領地中海區域的早期階段，阿拉伯人能藉由夏季種植甘蔗等作物，來延長農作季節，從而改變一年之中的作物輪作方式與勞動力的分配。藉由在地中海南邊與北邊沿岸種植甘蔗（舉例來說，南邊最遠至摩洛哥的馬拉喀什 [Marrakesh]，甚至是亞加迪爾 [Agadir]、塔魯丹 [Taroudant]；北邊最遠則到西班牙的瓦倫西亞和西西里島的巴勒摩 [Palermo]），阿拉伯人也測試出這些新領地所具有的潛力極限。一方面，北邊區域所面臨的霜降危機，意味著甘蔗生長期必須縮短——也就是二月、三月種下去的甘蔗，必須在隔年一月搶收。儘管這些甘蔗的產量較低，在農地打理一路到製糖的過程上，卻仍舊需要一樣多的勞動力。因此，當美洲產製的糖開始大量輸往歐洲時，此區域的製糖業便落入極為不利的處境。另一方面，缺乏充分降雨的南邊產地如埃及，則意味著需要勞力密集的灌溉。以埃及為例，我們得知在甘蔗種下去直至收割前，共要經歷二十八次的灌溉。[15]

一直以來，作為製糖原料、而不僅僅是用於榨汁的甘蔗，因為需要適宜的種植、即時的收割與碾磨，還有涉及技術層面的加工處理，因此被視為勞力密集的作物——至少在進入二十世紀中葉之前都是如此。無論是在技術或政治（管理）層面上，還是就勞動力的穩定性與使用上，糖的產製都是一門挑戰。

然而，處處都能見到阿拉伯人對於灌溉技術、水資源使用與保存，展現出濃厚的興趣。無論走到哪裡，他們總會為當地帶來從其他地方學到的灌溉技術。地中海世界發展於伊斯蘭統治前的灌溉技術，也在他們的影響下，新增了波斯人的箕斗輪（bucket wheel，西班牙人稱其為 noria，源自於阿拉伯文的「嘎吱聲」）、推水螺旋槳（water screw），還有波斯人的坎兒井（qanat，驚人的勞力密集灌溉系統。其純粹藉助重力將地面上的水引入設計好的地下渠道，再運到可耕作的田地裡。此技術顯然是先被帶到西班牙，再從此處傳到北非）等等。儘管單憑上述任一項技術創新，並不會帶來關鍵性的變革。但真正重要的是，這些征服者所展現出來的活力與貢獻，以及對當地勞力的靈活運用（這本身就是一門極為重要的主題，可相較之下，我們對此所知甚少）。

迪爾指出，「在阿拉伯人所建立的製糖業與歐洲基督教世界所發展出來的製糖業間，有一個極大的不同點。儘管伊斯蘭世界承認奴隸制度，但他們並沒有在地中海的製糖業上，採用此一殘酷血腥，並成為後來玷汙新世界四百年的奴隸制度。」[16]然而，此一武斷的論點沒有任何根據。對摩洛哥、甚至是其他地區的製糖業而言，奴隸制度扮演了一定的角色。[17]九世紀中期，上千名在北非兩河流域擔任農業勞動力的奴隸起義，而這些奴隸也很有可能是種植甘蔗的勞力來源。[18]但在歐洲十字軍從東地中海地區的先輩手中，學到了製糖技術後，奴隸制度確實在其運用下，發揮了更重要的功能。而甚至一直要到十八世紀末的海地革命後，奴隸制對糖產業的重要性才開始下滑。

阿拉伯人所引進的糖，並非單一品種物質，而他們也從波斯人與印度人身上，學到各式各樣的糖與類別。我們知道這些糖的種類多元，甚至對於其製作過程也有些略的認識，但卻仍舊沒有掌握相關細節。而關於碾磨的過程，也存在些許疑問：儘管有些以阿拉伯碾磨技術發展為題的研究，但這方面的研究至今仍存有爭議。[19]當利用甘蔗榨汁時，過程效率越高，最後獲得的成品自然越多。雖然至少從十七世紀起，人們就開始研究榨汁技術，但一直到十九世紀末，高效率的榨汁技術才終於出現。

在利用水或動物牽引的直立式三輥榨汁機（three-roller mill）出現後，製糖技術有了重大突破。此種榨汁機可以由兩至三個人操作，操作者需讓甘蔗來回通過碾輥（當動力來源為動物而不是水力時，就需要有第三個人來照顧動物）。此種榨汁機的發明者與發明年代，目前已不可考。而迪爾追隨了自然科學史學家李普曼（Lippmann）的說法，將發明歸功於一四四九年擔任西西里行政官的彼得・史佩賈雷（Pietro Speciale），[20]不過蘇亞雷斯・佩雷拉（Soares Pereira）卻對此抱持質疑。後者擁有充分的理由，認為此裝置的發明地應該在祕魯，並於一六〇八年至一六一二年間傳到巴西，再被傳往他處。[21]然而，多數人並未關注此一爭議，因為比據傳為史佩賈雷所發明的榨汁機還早約五百年，阿拉伯的地中海製糖業已使用相似但效率較低的榨汁系統。有明確證據顯示，早期的摩洛哥與西西里確實使用水力來榨取甘蔗汁，然而此點之外的細節，我們仍舊一無所知。

成為製糖控制者的歐洲

十字軍東征給了歐洲熟識各種新商品的機會（儘管照某些論點，這並非首例），而其中也包括了蔗糖。歷史告訴我們，十字軍是在緊迫的局勢下，認識了糖。蒐集參與第一次十字軍東征（一〇九六—一〇九九年）者回憶錄的亞琛的阿伯特（Albert van Aachen），寫道：

> 在的黎波里（Tripoli）的平原田地間，可以看到大量當地人稱為「zuchra」的蜂蜜蘆葦。當地人非常喜歡吸吮這些蘆葦，開心地飲著那對身體有益的汁液。儘管此種液體很甜，卻似乎無法滿足他們的渴望。該種植物的生長，想必需要當地居民投注大量勞力……當初人們正是依賴此一嘗起來甘甜的植物，來度過艾爾巴里耶（Elbarieh）、馬拉（Marrah）和阿卡（Arkah）圍城時，那駭人的飢荒。[22]

但十字軍為西歐人民帶來的，不僅僅是糖。很快地，十字軍開始接管其占領區域下的蔗糖生產，其中也包括了耶路撒冷王國（一〇九九—一一八七年），直到其後來又落入薩拉丁（Saladin）的手中。在離哲立科（Jericho）不到一公里，如今依舊殘存製糖遺跡的塔瓦辛阿蘇卡地區（A-Sukkar，亦即蔗糖廠房），十字軍成為甘蔗種植及製糖業的管理者。該地廠房的最早使用紀錄出現在西元一一一六年，且直到一四八四年仍持續使用。[23]（儘管我們無法確認該碾磨器具在最早期就是用來榨甘蔗，但其之後的用途則是確定無疑的。）

當阿克雷（Acre）於一二九一年落入薩拉森人（Saracen）的手中後，馬爾他騎士團（Knights of Malta）在此處種植甘蔗（日後，他們則企圖在加勒比海區域建立種植園）。與此同時，威尼斯商人野心勃勃地在靠近泰爾（Tyre）、克里特島和塞普勒斯的地方，建立起製糖產業。換句話說，十字軍東征的成果之一，就是讓歐洲成為糖的製造者（更確切地說，成為征服區域的製糖控制者）。

人們習慣上認為地中海製糖產業之所以沒落，主要是因為大西洋島嶼及更後來的新世界在製糖方面的崛起。然而事實上，如同地理學家J．H．蓋洛威（J. H. Galloway）所指出的，早在蔗糖首度被引進到馬德拉的一百年前，東地中海的製糖業就已經失去了根基，而西西里、西班牙和摩洛哥的製糖業，則要等到十五世紀才逐漸贏得一席之地。[24]他認為戰爭和瘟疫所導致的人口下滑，重創了克里特島及賽普勒斯的製糖業。除此之外，在黑死病爆發後，所有勞力密集商品的價格更是飛漲。事實上，根據他的觀點，擴大使用奴隸以填補因黑死病所導致的大量勞動力損失，正是日後製糖業與奴隸制度間奇妙又長久關係的導火線：「克里特島、賽普勒斯與摩洛哥確立了製糖業與直到十九世紀才消失的奴隸制度的關聯。」[25]

阿拉伯人所建立的地中海糖業以一種不規律、苟延殘喘的速度，慢慢沒落。在某些次要區域裡，由於阿拉伯人持續收縮其治理力量，導致地方行政效率低下、灌溉與勞動力分配的效率衰退。至於其他地方，有時基督教的入侵，反而讓糖產量能在入侵者的支持下，繼續發展，像是被諾曼人（Norman）征服的西西里，還有賽普勒斯。然而，儘管十字軍和來自亞馬菲（Amalfi）、熱那亞（Genoa）等義大利城市的商人們，各司其職地分擔了糖的生產管理與貿易事宜，這樣的安排卻未能長久。當眼前出現更好的機會時，葡萄牙人再也不甘於只在自家的阿加夫（Algarve）嘗試種植甘蔗，而西班牙人也抓住了這個機會。

基督徒一邊在地中海東岸延續著阿拉伯人所建立起來的製糖業，一邊又在大海的西岸進行實驗（最開始為葡萄牙人，而西班牙人也緊隨其後）。而此舉也預示著兩個截然不同的走向。起初，地中海東岸的糖產量，即便在接連遭遇法蘭克人撤離巴勒斯坦（十三世紀）、鄂圖曼土耳其帝國擴張後，依舊出現成長。克里特島、塞普勒斯和埃及持續製造出口的糖。[26]然而，這些區域在糖的產出上，變得越來越不重要。而葡萄牙人與西班牙人在大西洋島嶼上所發展出來的產業，則永遠地改變了歐洲在蔗糖消費上所扮演的角色，也成為舊世界將產業外移到新世界的契機。在這些小島上，能見到後來的新世界製糖產業雛形。

儘管如此，早在新世界的製糖業興起前，馬爾他、羅德島、西西里等其他地區的地中海小型生產者，就已經因為大西洋島嶼的製糖業興起而受到傷害。到了一五八〇年，西西里那曾經輝煌一時的製糖業，如今也只有當地市場才要它的糖。而西班牙的糖產量則在十七世紀開始下滑，儘管該半島的最南端依舊持續出產糖。

在葡萄牙人和西班牙人準備到他們統治的大西洋島嶼上創建製糖業時，蔗糖在西歐仍舊是一種奢侈品、藥品或調味料。而希臘、義大利、西班牙和北非的人們，則非常熟悉甘蔗此種作物，且在某種程度上，也知道蔗糖是一種甜味劑。儘管地中海地區的製糖業漸漸沒落，歐洲人對糖的知識與渴望卻與日俱增。在製糖業轉移到大西洋島嶼發展的同時，歐洲對糖的需求或許也日漸成長。受到鼓勵的個人企業家，紛紛在大西洋島嶼上建立起甘蔗（與其他作物）種植園，並以非洲奴隸為勞動力來源，生產供應葡萄牙與其他歐洲市場所需的糖。而這些發展，也確保了葡萄牙人拓展非洲附近的貿易航線與東進的力量：

> 在……一系列的實驗下，那些生產著甘蔗與其他商業作物的種植園系統——結合歐洲開拓者與受其統治的非洲奴隸，所組成的人種混雜社會，開始散播到一個又一個的島上（包括馬德拉群島的馬德拉、帕爾馬島 [La Palma]、耶羅島 [Hierro]；加納利群島的特內里費島

[Tenerife]、大加納利島 [Gran Canaria] 和福提文土拉島 [Fuerteventura]；分布廣闊、共組成亞述群島 [Azores] 的九個島嶼；包括保維斯塔島 [Boa Vista]、聖安唐島 [Sto. Antão] 和聖地牙哥島 [São Tiago] 的維德角群島；聖多美和普林西比等等），並逐漸凝聚成一個不斷擴大的帝國。但甘蔗種植園只在某幾個島嶼上繁盛發展……不過整體而言，在葡萄牙政府確立了以商業為導向的擴張政策，並以普通公民的權益為代價建立起島嶼基地後，甘蔗與種植園確實讓葡萄牙政府獲得南大西洋的掌控權，並開闢出環繞非洲、且進一步延伸至東方的貿易航線。[27]

在葡萄牙的大西洋島嶼實驗（尤其是聖多美）和歐洲商業與技術權力中心（特別是安特衛普）間，有著極為密切的關聯。[28]尤其重要的是，自十三世紀以後，安特衛普成為歐洲精製糖的中心，後繼者則為其他大型港口城市，如布里斯托（Bristol）、波爾多，甚至是倫敦。最終產品的控制權落入了「歐洲」手裡，然而值得一提的是：此處的歐洲與那些開拓海外蔗糖生產的歐洲（如葡萄牙），是不一樣的。蔗糖產品的多樣化和需求上的多元化，成為推動蔗糖需求成長的動力。隨著歐洲人益發了解各種蔗糖，關於蔗糖的描述性詞彙也增多了。[29]

現在，整個西歐都熟知蔗糖的存在——即便此時的蔗糖依舊為奢侈品，而不是日常用品或民生必需品。隨著歐洲各國逐漸掌握蔗糖的供給與精製過程，且歐洲人口的蔗糖消費量與日俱增，蔗糖再也不像是麝香或珍珠等，需經過中繼國或奢侈品貿易商轉運進歐洲宮廷的昂貴奢侈品，而成為了一種原料。十五世紀後，關注蔗糖產製的西方國家，其相關政策開始急速分化。而最令人驚訝的是，蔗糖在國家政策中所扮演的角色，成為預示——甚至發揮了些許影響力——政治勢力的指標。

葡萄牙和西班牙在大西洋島嶼上所進行的蔗糖實驗有許多相似之處，不過兩國的發展卻出現巨大分歧。十五世紀，所有強權都在尋找合適的製糖產業根據地：當葡萄牙占據聖多美等島嶼時，西班牙占領了加納利群島。約莫在一四五〇年之後，馬德拉成為最主要的蔗糖產地，第二名則為聖多美；到了一五〇〇年代，加納利群島的重要性也顯著增加。[30]而這些強權也都經歷了不斷增長的蔗糖需求，比方說，卡斯提（Castile）女王伊莎貝拉一世（Isabella the Catholic）在位期間（一四七四—一五〇四年）的宮廷開銷紀錄，就是此一事實的證據。

而葡萄牙與西班牙的大西洋島嶼製糖業的特色之一，就是作為勞動力來源的奴隸。而這也是最初阿拉伯與十字軍在地中海區域建立製糖業時，所留下來的傳統。但西班牙學者費南德茲—阿梅斯托（Frenández-Armesto）卻指出，加納利群島製糖業最讓人驚訝的一點，在於其同時使用了自由與非自由的勞動力，而此一結合方式正是接下來數世紀所出現的混合型勞力體制雛形：在十七世紀的英國與法國加勒比海種植園裡，奴隸和契約工肩並肩工作。毫無疑問地，奴隸制非常重要，甚至是關鍵。但事實上，有大量的勞動力是依賴那些自由、以物品來交換勞力的雇傭勞動者，而當中有些是專家，有些則是臨時勞工。此種體制或許不如我們所想得那樣罕見。不過在糖的發展史上，從大西洋島嶼時期一直到新世界的革命與解放時代（即海地革命到巴西解放）期間，自由雇傭工確實沒能扮演太重要的角色。「加納利的體制，」費南德茲—阿梅斯托說道，「採取了極多舊世界的方法，不過此種所有者與工作者平均分得產品的制度，更像是中世紀下半葉，義大利的農業分成制（mezzadria），而某些地方至今仍舊採用此制。」[31]

喪失製糖優勢的西班牙

一四九三年，進行第二次遠航的哥倫布，將甘蔗帶到了新世界。而他當時所帶的甘蔗，正是來自西班牙領地——加納利群島。被西班牙人占領的聖多明哥（Santo Domingo），成為新世界第一個長出甘蔗的地方。自此之後，蔗糖開始從此處被運回歐洲，而最早的紀錄約出現於一五一六年。在聖多明哥那稚嫩的製糖業下，主要的勞力來源為受奴役的非洲人；在甘蔗抵達此處不久後，第一批奴隸就被運到這裡。因此，我們可以說西班牙主導了美洲的甘蔗種植、製糖、非洲奴隸制度及種植園體制。某些學者同意費爾南多・奧爾蒂斯（Fernando Ortiz）的論點，認為這些種植園就像是「資本主義的寵兒」，而其他歷史學家則不同意這種看法。但是，儘管西班牙的蔗糖產製成就一直要到數世紀後，才能追上葡萄牙的腳步，他們的先驅者地位卻從未受到質疑，即便有些研究新世界蔗糖史的學者們，有時會因為西班牙沒能在全球蔗糖貿易中取得重要地位，而忽略其在加勒比海地區早期所取得的製糖成果。例如，沃勒斯坦（Wallerstein）和布勞岱爾（Braudel）就是此派無視論的擁護者，後者認為甘蔗和榨甘蔗的機器一直要到一六五四年之後，才出現在聖多明哥。[32]

一五二六年，大量的蔗糖從巴西被送往里斯本，而巴西也很快地成為十六世紀的蔗糖業霸主。在西班牙人的新世界領地上，聖多明哥及其他加勒比海地區的早期成就也隨著美洲大陸的發展，逐漸被拋在後頭。在墨西哥、巴拉圭、南美洲的太平洋沿岸及四散在各處的肥沃溪谷間，甘蔗欣欣向榮地成長著。

然而，作為甘蔗培育與蔗糖產製實驗地首站的聖多明哥，其命運卻注定走向失敗。當兩名種植園的主人企圖開始製作蔗糖時——先是一五〇五年至一五〇六年的阿吉隆（Aguilón），和一五一二年的巴列斯特（Ballester），西班牙政府卻尚未做好支持這份野心的準備，而聖多明哥尚存的技術也未能給予他們有效的幫助。[33]此外，當時可使用的榨汁技術，是以十世紀埃及人所發明的邊緣輥（edge-roller）碾磨設計為基礎，而此設計當時是用於榨橄欖。此種裝置的出汁率既差，又很耗費人力。另一個問題，則出在勞動力的供應：聖多明哥當地原住民——說阿拉瓦克語（Arawakan）的泰諾族（Taino）印第安人大量死亡，而剩餘的人數就連去採金礦都很困難，更遑論參與實驗性的甘蔗種植。在一五〇三年以前，第一批非洲奴隸抵達此處，儘管當地人害怕逃走的奴隸（cimarrones）可能會毀壞村莊，奴隸的運送卻沒有停止。到了一五〇九年，受奴役的非洲人們被送往皇家礦場工作，而多出來的勞力則開始投入到製糖業中。

西元一五一五年，或許是注意到歐洲糖價不斷上漲，外科醫師貢薩洛・德・韋格沙（Gonzalo de Vellosa）引進加納利群島經驗豐富的技工們，讓加勒比海地區製糖業的發展，向前邁出了一大步。在加納利群島技工們（和當時的生意夥伴塔皮亞兄弟 [Tapia brothers]）

的幫助下，韋格沙引進了擁有兩輥、可由動物或水力牽引的榨汁器械，「仿照一四四九年由彼得・史佩賈雷所發明的機器。」[34]投注在聖多明哥的資金，很快就被耗盡了。而隨著當地人口量以可怕的速度繼續下滑，有越來越多的勞動力必須依賴來自非洲的奴隸。但由於歐洲的糖價不斷上升，部分程度抵銷了遠程運輸的成本，從而激勵人們——尤其是西班牙的加勒比海殖民地（因為其他如採礦等機會正在縮減），繼續研發製糖技術。

一名學者推測，由加納利技工在聖多明哥所裝配的榨汁機，若利用水力牽引，可以碾磨一季所收穫的全部甘蔗，並製造出一年一百二十五噸的蔗糖產量。但如果使用動物動力，產量則「可能降至三分之一」。[35]儘管韋格沙和他的夥伴們沒有足夠的資金，靠自己發展一個正在起步階段的產業。但他們善用了三位被派到此地來管理印第安人勞動政策，最後成為殖民地實質行政官的神父（皆來自聖傑羅姆教會）的力量。起初，這些神父僅批准了讓王室支持這些種植園的請求。然而很快地，他們開始將徵收來的稅金，部分貸款給種植園主人。[36]當新國王查理一世（Charles I）派皇家審判官羅迪哥・德・菲格洛亞（Rodrigo de Figueroa）來取代聖傑羅姆教會的神父時，不僅延續、更擴展了國家援助政策。到了一五三〇年代，整個島上榨汁機數量穩定地保持在三十四座；一五六八年，「一座種植園擁有一百五十名至兩百名奴隸，是相當常見的情況。某些規模更龐大的種植園甚至擁有高達五百名的奴隸，且能製造出同樣可觀的蔗糖。」[37]在這樣的發展中，國家——更確切來說，應該是擁有、管理、購買並出售種植園的公僕們，所扮演的角色非常特別。打從一開始，這裡就沒有私有且獨立的「種植者階級」（planter class），更沒有其他從加勒比海蔗糖殖民地興起的商人或中介商，因此不存在競爭勢力。

在其他的大安地列斯群島如古巴、波多黎各和牙買加等地，西班牙殖民者最後還是引進了甘蔗及其種植方法、以水力或動物牽引的榨汁技術，還有奴隸，當然還包括了碾磨、煮沸、利用甘蔗汁製造出蔗糖與糖蜜，以及從糖蜜蒸餾出蘭姆酒的處理程序。儘管有王室的支持、豐富的實驗經驗和成功的產製，這極速成長的西班牙美洲製糖業，最終卻幾乎落得一無所獲。然而在巴西的葡萄牙籍種植者，卻在西班牙宣告失敗的產業上取得成功。在短短一個世紀內，法國人、甚至是更多的英國人（儘管一開始是在荷蘭的幫助下），成為西方世界最大的蔗糖製造商與出口商。人們或許會好奇，為什麼西班牙的製糖產業明明開始得如此順遂，卻落得這般下場？對此，目前我們所能得到的答案依舊不太讓人滿意。有些人認為這是因為在特諾奇蒂特蘭（Tenochtitlán）於西元一五一九年至一五二一年間被攻克後，島嶼殖民者開始遷徙到墨西哥本土；又或者是因為西班牙人異常迷戀貴金屬；也可能是王權對於新世界私人企業的生產力施加過重的管制；長期缺乏投資資金；或西班牙殖民者經常表現出來的工作歧視（對勞動者的輕視）。這些推測都很合理，卻不足以使人信服。或許要到我們了解對加勒比海蔗糖而言，西班牙市場的本質和西班牙人將剩餘蔗糖輸出的能力與不足後，我們才能清楚地理解為什麼此一重要的早期實驗會失敗。在西班牙占領墨西哥和安地斯山脈一帶後，該國的政策出現了根本性的改變：在自此之後的兩個世紀裡，加勒比海地區的主要定位為貿易航線上的停靠點與堡壘，而這也意味著西班牙在此處所扮演的是不具生產力、掠奪物資、侵占人力的角色。很快地，他們失去了領先地位——從一五八〇年進入大安地列斯群島，一直到法國與英國開始在較小的領土上種植甘蔗（尤其是巴貝多 [Barbados] 和馬提尼克 [Martinique]）為止。一六五〇年後，加勒比海地區只出口了極少量的蔗糖。此時，歐洲的市場也開始轉變，製糖的優勢最終從西班牙手中溜走。[38]

英國製糖業的轉振點

在西班牙人（和葡萄牙人，但程度較低）專注於開採新世界殖民地的貴金屬時，其北歐對手所從事的貿易和可交易商品的生產，卻發揮了更重要的影響。而這些種植園商品包括了棉花、靛藍染料，以及很快就會出現的可可（新世界產物，但對當地原住民而言，比起飲料其更像是食物）和咖啡（起源於非洲）。一開始，新世界的種植園產量受制於勞動力成本與資金短缺問題，因此獲利必須由其他地方的產出來彌補。「為了順利成長，這些殖民者必須找到比在波羅的海與北海的荷蘭更好或更便宜的漁獲；哄騙或說服印第安人提供比俄羅斯人更便宜的皮草；養殖出比爪哇或孟加拉更好或更廉價的糖。」[39] 新世界第一個贏得市場興趣的作物是原產於美洲的菸草，並從上流社會的奢侈玩物逐漸轉變成工人階級的必備品。儘管王室並不喜歡菸草，但菸草還是取得了空前的成功，並在十七世紀時成為普羅大眾的日常消費品。然而，十七世紀末，糖的地位在英國與法屬西印度群島超越了菸草。到了一七〇〇年，來到英國與威爾斯的糖製品，總價值為菸草的兩倍。儘管就長期而言，法國市場對糖的需求從未超過英國市場的規模，但最初，法屬加勒比海殖民地「由菸草轉向糖」的情形，甚至比英國更為顯著。

就蔗糖的歷史而言，從早期十七世紀英國、荷蘭與法國紛紛在加勒比海地區建立種植園，到古巴和巴西成為新世界製糖霸主的十九世紀中期，都出現了幾點特別顯著的特徵。在這段漫長的期間內，糖的產量穩定成長，有越來越多的西方人食用糖，且個別食用量更巨幅成長。然而相較之下，技術層面的改良（如榨汁或精煉）卻很有限。整體而言，是藉由逐步提升產量（而非迅速拉高每英畝土地的產量、每噸甘蔗的榨汁量，或勞動生產率），來滿足不斷擴大的市場需求。

但其實我們能在更早的文獻中找到這股生產蔗糖的動力、交易糖的動機與消費糖的推力。在華特・雷利爵士（Sir Walter Raleigh）於一五九五年首度出航抵達蓋亞那（Guianas）後，英國探險家查爾斯・李船長（Charles Leigh），也迅速嘗試在如今位於巴西與法屬圭亞那（French Guiana）邊境上的歐雅帕克河（Waiapoco River，亦即今日的 Oyapock River）建立殖民點。儘管兩者都沒有成功，卻都展示出人們對於蔗糖和其他熱帶作物的興趣。一六〇七年，英國在新世界建立了第一個殖民地——詹姆斯鎮（Jamestown）。一六一九年，甘蔗被帶到此處，非洲奴隸也首度踏上英國的殖民地。然而，甘蔗卻無法在當地生長。就在三年前，百慕達也開始種植甘蔗，但這個面積狹小、氣候乾燥的島嶼，並未產出糖。這些事實點名了早在十七世紀之前，人們就強烈地感受到蔗糖對人的吸引力，以及某種程度的市場潛力（亦即其作為商品的長期獲利能力）。因此，我們可以得知早在十七世紀之前，「取得殖民地好供應母國糖」的目標早已浮現。但在英國終於可以在殖民地生產足以自給自足的蔗糖前，他們居然選擇用偷的方式來得到糖。一五九一年，一名西班牙間諜報告道：「英國從西印度群島（美洲）掠奪來的戰利品是如此豐碩，讓倫敦的糖價甚至比里斯本或西印度群島還要便宜。」[40]

英國製糖業的轉捩點，出現在一六二七年，也就是建立巴貝多殖民地的那年。在英國船長約翰・鮑威爾（John Powell）於一六二五年從巴西返航歐洲途中，意外登陸巴貝多後，英國旋即宣稱擁有此地。儘管如此，一直要到一六五五年（也是英國發動「西方計畫」[Western Design]、入侵牙買加的同年），巴貝多的糖才開始影響殖民母國的市場。（同一年，巴貝多生產了兩百八十三噸的「白土處理」[clayed] 蔗糖與六千六百六十七噸的「紅」[muscovado] 砂糖。[41] 與此同時，其他加勒比海殖民地也開始為母國的市場做出貢獻，讓蔗糖成為英國王室的獲利來源。）在一六五五年後一直到十九世紀中葉，英國供應的蔗糖受到王室的種種箝制。打從英國的殖民地首次能夠成功地輸出半成品（主要為糖）至母國的當下，英國王室就已經通過法律來管控這些商品的流向，以及該商品可以換得的物資。[42]

至於消費端的轉變，則非常多元而分歧。蔗糖逐漸從特殊商品（醫療、調味、宗教儀式或展示用），轉變成稀鬆平常的食物。儘管當時的糖價確實阻礙了消費量的成長，但此種嶄新型態的產品，一旦滲入歐洲主流品味及口味偏好後，便無可逆轉。

對英國航海家、商人、冒險家、皇家代理人而言，十七世紀確實是極好的一段時光。英國人在新世界所建立起的殖民地，數量超過荷蘭與法國。而英國殖民地的人口（包括非洲奴隸）也遠遠超過其兩大北歐敵手。在一四九二年至一六二五年間，西班牙占領的加勒比海地區雖然飽受走私與掠奪的騷擾，其地位依舊不可動搖。但當英國開始殖民聖基次島（St. Kitts）後，英國就此全面性地拓展領地，並在三十年後入侵牙買加之時，進入擴張行動的最高潮。十七世紀同時也是歐洲海戰的高峰，來自北歐的各個強權都想要確立自己的勢力。而戰爭模式則從小規模的游擊式海盜侵略或在村莊縱火，到大規模的軍艦交鋒不等。許多不同卻又息息相關的事件同時發生著，但無論如何，西班牙總是所有人的敵人，因為大家都想要在它已建立的殖民帝國上，撈點好處。

英國應戰的次數最多、征服的殖民地最多、輸入的奴隸最多（無論是到殖民地或自己國內），在建立種植園體制上，也同樣是走得最遠、最快的一個。而在此體制下，最重要的商品莫過於蔗糖。其他作物則包括了咖啡、巧克力（可可）、肉豆蔻和椰子。但蔗糖無論是在產量、使用者數量、使用範圍上，都遠勝其他商品。在接下來的幾個世紀內，蔗糖地位仍屹立不搖。一六二五年，全歐洲所使用的蔗糖，幾乎都來自巴西（葡萄牙的殖民地）。但很快地，英國人先後在巴貝多、牙買加以及更多的「蔗糖島」（sugar islands）上，建立起自己的產業。英國人向荷蘭人學習製作蔗糖與周邊產品的方法，而荷蘭人自己位於圭亞那海岸的農業種植園，卻受到葡萄牙人的阻礙。一六四〇年代，利用巴貝多島嶼作為製糖業起點的英國，儘管開始得很克難，其產業卻以極為驚人的速度快速成長，先是占據了整個巴貝多，接著是面積比巴貝多大將近三十倍的牙買加（第一個從西班牙手中奪來的大安地列斯領地）。當英國的蔗糖價格足以和葡萄牙的糖競爭時，英國很快就搶走葡萄牙的北歐貿易地位。然而，壟斷自然要付出一定的代價，且很快地，英國就遇到來自法國的強勢競爭壓力。[43] 一六六〇年，糖成為列舉商品[①]（且被課稅），但殖民地西印度群島也壟斷了整個英國市場。而法國則受政策限制，使得英國的蔗糖一直保有競爭力，直到一七四〇年，法國才徹底贏了這一戰。自此之後，英國再也沒能奪回歐洲市場，而他們的商人與種植者們，則轉而尋求國內市場的安慰。一六六〇年，英國消費了一千大桶（hogsheads）[②]的蔗糖，出口了兩千大桶；一七〇〇年，進口量約莫升到五萬大桶，出口量則增加為一萬八千大桶；一七三〇年，英國進口了十萬大桶的蔗糖，出口則為一萬八千桶。然而到了一七五三年，英國進口量高達十一萬大桶，再出口量卻減少到僅剩六千大桶。「隨著殖民地西印度群島的供應增加，英國的需求也跟著上升。然而到了十八世紀中期，這些島嶼所生產的蔗糖總量似乎已經跟不上殖民母國所消耗的量。」[44]

英國經歷了許多階段的改變：向地中海貨運商購買少量的蔗糖；靠自己的航海能力，進口更大量的蔗糖；向葡萄牙（先是從大西洋島嶼，接著是巴西）購買比之前更多的糖，並在英國境外加工精製；建立屬於自己的蔗糖殖民地——先是為了自給自足，接著開始和葡萄牙競爭市場，慢慢地又變成只供應自家市場，並在本土的糖廠內完成精製程序。儘管發展過程看似複雜，卻又好似依循著必然且井井有序的命運道路。就某一層面而言，這個過程展現了一個帝國的擴張；另一方面，這也展示了一個國家是如何接受——甚至可以說是熱情洋溢地

① 【編注】列舉商品，為英國針對殖民地商品的交易制度。指英屬殖民地在輸出剩餘產出時，英國立法限制、正面列舉出能輸入母國的商品。

② 【譯注】大桶，液量單位，約兩百三十公升至兩百五十公升。

擁抱蔗糖，使其成為國人飲食的一環。如同茶一般，蔗糖也成為英國「民族性格」的一部分。

蔗糖殖民地的經濟重要性

在很早之前，就有人意識到英國國內消費市場擴張的可能性。具前瞻性思維的重商主義者約西亞・蔡爾德爵士（Sir Josiah Child）（其名言「倘若沒有以嚴格的律法來規範與種植園或殖民地相關的貿易，並嚴苛執行，那麼殖民地將有損母國的權益」），強調必須約束殖民地，好讓殖民地貿易符合母國利益：

> 只要國王與國會願意，他們大可以拿走蔗糖的一切權利，讓其更像是一種代表英國的商品，如同荷蘭的白鯡魚般。並像荷蘭一樣，藉此讓國家得到更多利益。如此一來，其他國家的殖民地在不出幾年內，就會走向失敗或滅亡。[45]

牙買加總督、自身也在十七世紀下半葉成為種植園園主的陶比・湯瑪士爵士（Sir Dalby Thomas），是蔗糖生產的早期推手。他同時預見到，繁盛的蔗糖殖民地可以如何成為母國商品的消費者：

一、消耗最多蔗糖者為他們自己（國會議員），和國內那些有錢、富裕的人們。

二、每年的產量超過四萬五千大桶（他指的應是一六九〇年，英國所有殖民地的蔗糖總產量）。

三、而英國每年的消耗量占此產量的一半，等值於八十萬英鎊。剩餘分額則出口，並在扣除雇用水手的費用後，能賣得等值金額，亦即為英國帶來等同於八十萬英鎊的金錢或有用物資。除此之外，在我們於自己的殖民地生產蔗糖之前，蔗糖的價格為現在的四倍。倘若以此價格來估算現在的消費量，就意味著不生產蔗糖的英國將被迫拿出等值於二十四萬英鎊的金錢或國家商品、勞力，以購買蔗糖。

對此，歷史學家約翰．奧德米臣（John Oldmixon）也熱切地補充道：「可以肯定的是，在我們開始生產糖後，我們每年就能省下購買葡萄牙蔗糖的四十萬英鎊。」[46]湯瑪士也繼續說道：「我們也必須關注那從蔗糖殖民地運往其他殖民地以及英國本土的糖蜜製烈酒。假如所有糖蜜都銷往英國，並製成烈酒，那麼每年將能獲得超過五十萬鎊的收入，且價格為同品質法國產白蘭地的一半。」他不僅認為蔗糖殖民地能帶來各式各樣的商業利潤，更認為殖民地能同時成為母國商品最廣大的消費者。在爭論美國南邊的殖民地更像是安地列斯而不是新英格蘭時，他也針對此點提出進一步的見解：

> ……他們可以輕而易舉地從幾內亞獲得黑人，這些人每年要消耗兩把鏟土用的鋤頭、兩

把除草用鋤頭、兩把挖掘用鋤頭，更遑論在蓋房子等其他工作中要使用到的斧頭、鋸子、錐子、釘子等林林總總的鐵製工具與材料。而光是這些鐵製品，每年總價就高達十二萬英鎊。此外，還有衣物、槍、繩索、錨、帆製品等其他航海需要的物資，和床跟生活用品等——他們所消耗、使用的物品太多太多了。而他們能為我國帶來的益處，實在無法說盡，簡而言之，殖民地的產出與消費以及航海所帶來的就業機會，能為我國帶來的財富、名譽和力量，將是國內一流工匠所創造出來的四倍。47

湯瑪士掌握了歐洲最大消費商品從外國奢侈品走向大眾市場的遠景。而他也認為一切過程——從殖民地的建立、捕捉奴隸、集資、航海安全等各式各樣的實際開銷，將能在國家的羽翼下順利發展。而這樣的發展無論是就政治方面或經濟方面來看，都能帶來極大的利益。如同往後那些能言善道的蔗糖推銷商一般，湯瑪士將自己的論點穩穩地構築在經濟與政治之上（他自然也沒有忘記利用糖的醫療與儀式用途）：

在過去五百年裡，歐洲人對蔗糖幾乎可謂完全陌生，甚至連其名字也不甚熟悉……但醫生很快就發現了蔗糖不但媲美蜂蜜，還能滿足一切醫療需求，甚至不會有副作用。因此，蔗糖很快就成為地位崇高的商品，儘管當時的價格為現在的十倍之多，蔗糖的歡迎度卻不受影響，消耗量更是與日俱增……

過去只能在藥房裡買到、被稱為「Treacle」（糖蜜）的「糖蜜的美德」（Vertues of

Mellasses），現在廣受釀酒商、釀酒廠所熟悉……我們已無從想像，每一天又會發現多少種運用蔗糖種植園各式產品的新方法、新用途：憑其所具備的優良品質（儘管這不是它唯一的優點），蔗糖頻繁出現在施洗禮、達官顯要的盛宴上，成為一種享受與裝飾。倘若製糖產業受到打壓，從而落入荷蘭或法國的手中（如同當初從葡萄牙手中溜進我們手中一般），國家勢必會面臨巨大損失——無論是就運送蔗糖，還是賣出蔗糖所帶來的收益而言。[48]

由此可見，英國人深知擁有蔗糖殖民地的重要性，而他們也越來越清楚國內市場對於蔗糖需求的成長潛力。因此，當我們發現在接下來的幾個世紀裡，英國本地市場益發依賴殖民地的熱帶產品，而殖民地也日漸仰賴英國商家及工廠的產品時，並不意外。製造與消費並非單純地就像是一個銅板的兩面（至少就我們此處所討論的產品而言），而是緊密地編織在一起，我們很難捨棄其一而論。

在湯瑪士對蔗糖與蔗糖貿易發表這番熱情洋溢洞見的一百五十年後，另一名英國人以深具啟發意義的言論，為殖民地及其產品留下注解。約翰・斯圖亞特・彌爾（John Stuart Mill）寫道，「有一種貿易與出口社群，是我們必須用文字來詳加解釋的。」

這些會和其他國家進行商品交換，卻又無法被視為一個國家的社群，說它們是隸屬於更大國家之下的外圍農業或製造業資產，或許更為恰當。舉例來說，我們的西印度群島殖民地無法被視為一個擁有生產資本的國家……（因而更像是）一個便於英國用來取得蔗糖、咖啡等其他熱帶商品的地方。此處的所有資金都來自英國，其所發展的產業，也幾乎都是為了滿足英國的消費。除了主要商品外，幾乎不產其他產品，而這些主要商品更幾乎全數送往英國，在英國販售，好為種植園的主人賺取利益，而不是拿來換取那些進口到殖民地、當地居民所賴以維生的物資。比起國際貿易，我們與西印度群島間的貿易更像是城鎮與鄉村間的交易。[49]

這些熱帶商品的確不是用於交換物資，而是為了種植園主人的利益而在英國出售。此外，西印度群島殖民地上的所有民生消耗品也確實都來自英國。在母國與殖民地間並不存在直接交易，而一切的交易模式都是以利於帝國企業的方式在進行。

奴隸與三角貿易體

而這也導致兩個於十七世紀成型，並在十八世紀臻於成熟的三角貿易體。第一個（也最有名的）是連接起英國、非洲和新世界的三角貿易體：加工完成品賣往非洲，非洲奴隸運往美洲，而美洲的熱帶產品（尤其是糖）則運往殖民母國和其他歐洲進口鄰國；第二個三角貿易體，則以違反重商主義理想的方式運作著：新英格蘭出產的蘭姆酒被送往非洲，非洲奴隸運往西印度群島，而糖蜜再從西印度群島送回新英格蘭（好加工做成蘭姆酒）。第二個三角貿易體的成形與成熟，讓新英格蘭與英國之間出現了政治矛盾。儘管根本原因在於經濟，但經濟利益上的衝突，卻也清楚地反映在政治層面上。

這些三角貿易體的一項重要特徵就在於，「人的交易」於其中扮演了關鍵角色。在上述兩個三角體中，不僅蔗糖、蘭姆酒和糖蜜被直接拿來換取歐洲製品，甚至還包括、且在貿易體系中至關重要的「非正當性商品」（false commodity）——人類。之所以稱奴隸為「非正當性商品」，是因為不應該被視為貨品的人類，卻被當成可買賣的商品。而在我們的例子裡，有成千上萬名人類被視為商品。為了獲得這些奴隸，許多產品被運往非洲。而這些奴隸憑藉著自身的生產力，在美洲創造了財富。但這些財富又幾乎全部回到英國身上，英國人使用著他們製造的產品，而他們也使用著英國人製造的商品——衣物、工具、拷問的刑具，並在創造財富的過程中逐漸被消耗掉。

十七世紀，英國社會緩慢地朝自由勞動體制邁進。我所謂的「自由勞動體制」指的是「創造勞動力」，亦即缺乏如土地此類生產性資產者，只能將其勞力作為商品，販售給具有生財工具者。然而，就在同一世紀裡，英國卻也同時在自己的殖民地上，發展出一套強迫性的勞力制度，以滿足其對殖民地的需求。於是，兩種截然不同的環境孕育出兩套本質迥異、形式也天差地遠的勞力供給模式。儘管如此，兩套體制都為英國整體經濟帶來了貢獻，也同為一個經濟政治體制下所發展出來的結果。

蔗糖生產與消費勢力的消長

有關英國加勒比海蔗糖崛起的史料如此豐富，我們很難滿足於如此簡略的描寫。但至少這些史料讓我們理解到，西班牙十六世紀晚期的種植園實驗，與英國於十七世紀中葉及十八世紀所取得的成就間的性質轉變。而這樣的改變不僅僅是因為種植園規模的變化，更反映了市場的改變。如上述所指出的，英國最初之所以在殖民地種植產糖用甘蔗，首要目的是想滿足國內的消費市場需求，同時也意味著企圖爭取不斷成長的歐洲市場。一六八〇年代，英國蔗糖於歐洲大陸的銷量超越了葡萄牙（還有之後的法國），但很快地，英國為了滿足國內不斷成長的需求，再度放棄歐洲大陸市場。「一六六〇年以後，英國進口的蔗糖量往往超過其他所有殖民地產品的總和。」[50]而這樣的改變也伴隨著種植園產量的穩定上升（因為新殖民地的出現，還有已發展成熟的殖民地上建立了更多的種植園）。而逐漸增加的產品多樣性（一開始是蔗糖和糖蜜，緊接著出現蘭姆酒，接著是各式各樣結晶化的蔗糖與糖漿），也反映出英國家庭在蔗糖需求上所伴隨而來、或更確切地說——所反映出的複雜性與多樣性。

與此同時，個別蔗糖殖民地的命運（甚至是同一殖民地上不同區域的種植園經濟體）卻難以預測。種植園屬於高度投機事業。儘管它們確實能為投資者賺進巨額財富，但破產的例子也屢見不鮮。某些大膽的種植園企業家，最終只能在負債人監獄裡度過餘生。儘管人們堅定、樂觀地擁護著蔗糖，但蔗糖從來就不是十拿九穩的產業。不過，某些殖民地上的個別投資者與種植者，其風險成本能被無盡成長的蔗糖需求所抵銷。而在那些衝鋒陷陣者之中，一如既往地，有最後的贏家，也有輸家。總體而言，蔗糖單位價格的下跌和英國勞工生產力的提升，讓英國的蔗糖需求不斷上升，而大英帝國的體制也很好地應付了這樣的成長。

相較之下，蔗糖的大眾市場就成型得非常緩慢。一直到十八世紀，蔗糖依舊為享有特權的少數者所壟斷，且仍然用作藥物、調味品或裝飾品（展示品）。「當人們能滿足對蔗糖的渴望後，對甜味的全新體驗於是展開，」戴維斯指出，「到了一七五〇年，即便是全英國最窮的農場工人妻子，也會在自己的茶裡加糖。」[51]自十八世紀中葉，對英國的統治者與統治階級而言，蔗糖生產在帝國經濟中的角色越來越重要，而情勢也變得極為矛盾。隨著蔗糖的**生產**取得不可撼動的經濟重要性，其自然會開始影響政治與軍事（以及經濟）決策，而那些**消費**蔗糖的權貴者，反而變得沒那麼重要。與此同時，蔗糖的產製之所以能獲得如此崇高的地位，正是因為大量的英國百姓也開始穩定地消費蔗糖，即便這樣的需求實際上已超過他們可負擔的範疇。

毫無意外地，隨著蔗糖消費量向上攀升，蔗糖產地與英國本地經濟間的關係，變得更密不可分。舉例來說，在十六世紀中期以前，主要是由低地國來精製蔗糖，尤其集中在安特衛普（直到一五七六年，腓力二世 [Philip II] 下令洗劫此處）。從一五四四年起，英國開始精製自己的糖：「一五八五年後，倫敦成為歐洲貿易裡極為重要的精製中心。」[52]而同樣的改變也發生在航運上。根據紀錄，第一批載著蔗糖回到英國的船出現在一三一九年。儘管如此，當以西非沿海為根據地的冒險家兼商人湯瑪士．溫德姆船長（Thomas Wyndham），於一五五一年載著蔗糖從摩洛哥的亞加迪爾航向英國時，那「或許是第一艘載著蔗糖從產地直接航向英國，且中途不經過任何轉運點的英國船隻。」[53]到了一六七五年，共有四百艘平均能載運一百五十噸貨物的英國船隻，將蔗糖載往英國。在當時，有將近一半的蔗糖會被再出口。

最終，因為大英帝國蔗糖貿易而得已實現的重商主義精神，被新竄起且充滿攻擊性的新思想——「自由貿易」所打倒。然而重商主義精神對英國的發展，仍舊產生了三大影響：確保蔗糖（及其他熱帶商品）供應充足，並透過精製與再出口賺得利潤；穩固英國商品的巨大海外市場；促進了英國民用（及軍用）航海技術的發展。「不買其他地方的加工產品、不向其他國家販售自己的（熱帶）產品、只用英國的船來載運商品」——這三則禁制令憑著如同《聖經》般的崇高地位，將所有的種植者、製糖者、商人、大型戰艦、牙買加奴隸、利物浦碼頭工人、統治者及市民緊緊相繫長達近兩個世紀。

但是，重商主義禁制令並非總是獨厚單一社會階級。在某些時候，其保護了種植者的市場不受外國糖商侵蝕；但在其他時候，其保護了英國工廠主人不受外國成品市場威脅。儘管如此，整體來說，在重商主義盛行的這兩百年間，也展示了種植園主人的地位是如何迅速向權力中心靠攏，又如何逐漸走向式微；而工業資本主義家的地位及其在英國國內的利益，則或多或少地穩定上升。十九世紀中期，重商主義在蔗糖市場與市場潛力的夾擊下，終於受到致命一擊。當時，蔗糖及與其相似的消費商品地位已經重要到，不能讓過時的保護主義危及殖民母國所需商品的供應。自此，蔗糖讓出奢侈品與珍稀品地位，成為無產階級勞動者日常必需的量產舶來品。

「工業化」種值園

在我們進入蔗糖生產史的最後一階段之前，或許值得花點時間詳細研究那些作為蔗糖生產基地的熱帶種植園。當然，這些屬於農產品事業，但由於絕大多數的加工流程是在種植園進行，因此更貼切的視角是將種植園視為農地與加工廠的結合。就此角度而言，種植園的性質對當時的歐洲大陸來說，是前所未見的。

我們已經得知甘蔗成熟後，必須立刻收割，收割後還必須立刻榨汁。而這兩個簡單的原則，卻也賦予所有蔗糖廠一個特殊、不僅是光懂得榨汁那樣簡單的特性。蔗糖的製造與精製史，是一部不規則的化學性純化改良史，因為來自不同文化、不同歷史時期的消費者，對蔗糖純度、顏色、形式、顆粒大小等的偏好都不近相同。在製造砂糖上，煮沸與除渣（skimming）是絕對不可缺的步驟，而此兩步驟也需要擁有堅實而嫻熟的技術知識（尤其是對溫度的控制），才能達成。因此，既然製糖廠兼容了工廠與田地的性質，就意味著其必須同時擁有粗獷的務農勞動力與具備豐富知識的技工。

西班牙早期位於聖多明哥的種植園，約莫擁有一百二十五畝土地和兩百名提供勞力的奴隸與自由人，並從加納利群島引進所需的專業技能。儘管操作榨汁機與煮沸室需要的勞動力，約莫只占十分之一，但這些人和收割甘蔗的團隊，在操作上必須合作無間。而在田地裡的勞動力則會根據季節及作物類型（甘蔗與其他維持生活所必需的作物），進行分組。比起農業，此種透過專長與工作內容，並根據勞動者的年齡、性別、身體狀況，分成不同的組、班表和團體，且有嚴格作息與紀律的工作狀態，更像是工廠的作風（至少對十六世紀而言是如此）。

而最像工廠的部門，莫過於煮沸室。新榨出來的甘蔗汁會送到此處進行蒸發、沉澱和結晶。巴貝多殖民者湯瑪士·特里昂（Thomas Tryon）所留下來的描述，能讓我們更清楚地想像十七世紀的蔗糖廠（儘管我們應對身為殖民者的他的怨言抱持懷疑，但他的文字確實具備一定程度的參考效用）：

> 簡而言之，這就像是生活在永無止盡的噪音與匆忙下，使你滿懷憤怒與狂暴。溫度總是如此高，勞動又不間斷，因此僕人（或奴隸）會日以繼夜地輪流站在巨大的煮沸室裡。在那裡有六至七口大鍋爐，全年無休地沸騰著。工人會拿著沉重的勺子和去除浮沫的工具，撇掉甘蔗的浮渣，直到液體變得無比完美與清澈，而其他負責照理鍋爐的工人，則會確保熱源不會中斷。另一個在廠裡也會一直看到的，就是不分晝夜不斷送進來的甘蔗。儘管這只發生在製糖季，但一年之中有六個月皆為製糖季。除了這些以外，還要操煩地方家庭的數量、其他各式各樣的損失和作物狀況不理想（經常發生的事）等等，身為一名殖民者，其生活或許不如旁人所想得美好，或如英國的某些人那樣，坐等財富從天而降。[54]

然而我們或許能合理推想，流向奴隸或僕人的財富肯定更微不足道。

十七世紀尚未進入工業化。而認為殖民地種植園比母國更早「工業化」，或許有些接近異端邪說。因為首先，人們主要視其為農業，因種植園屬於殖民地產業，且參與勞動者多為被迫而非自願；第二，其主要產品為消費性食品，而不是紡織品或工具等其他加工非食物商品；最後，學者關心的是那些歐洲工匠與技師所開啟的西方工業，以及隨之而來的外包商店，而不是海外投機事業。故此，種植園很自然地被視為歐洲嘗試下的副產品，而不是商店到工廠此一發展下的部分元素。然而，我們並不清楚這些偏見為何阻止我們認可種植園發展中所存在的工業化層面。或許對西方而言，認定工業現象在如此早期就已出現在其他地方的想法，是很不倫不類的。不過認為「蔗糖種植園兼具農業與工業形式」的看法仍逐漸獲得認可，而我也相信那或許是十七世紀最接近工業的模式。

奇怪的是，歷史學家似乎也對種植園企業的規模不感興趣。英國加勒比海地區的種植者就當時的角度看，絕對屬於大型企業家：擁有約莫一百名勞動者、在八十畝田地裡種植甘蔗，還擁有預期在收穫季後能產出八十噸蔗糖的「農業型工廠」。而為了製糖，他還需要至少一至兩個榨汁坊、負責過濾並進行蒸發的煮沸室、瀝乾糖蜜水分並讓糖乾燥的乾燥室、製作蘭姆酒的蒸餾室，還有用來存放待運送蔗糖的倉庫，而這些意味著他需要至少上千鎊的資本。[55]

種植園位於亞熱帶，這也意味著種植園的主人必須因應季節變化（與溫帶氣候的情況截然不同）來決定時程表。甘蔗需要至少一年半的時間才能成熟，因此對英國人來說，種植與收割的時程安排相當新奇且需絞盡腦汁精心設計。很快地，在巴貝多的英國種植者，開始以每十畝為單位劃分自己的土地，如此一來，就能依序在土地上種植與收割作物，並確保榨汁坊擁有不間斷的新鮮甘蔗。

液體的煮沸和「維溫」（striking，輸送液體並在液體溫度足夠時阻止其溫度繼續升高）都需要高操的技巧，而那些負責煮沸的高技能工人，也往往是在極困難的環境下工作。比方說，令人難以忍受的高溫與噪音、工作內容具一定程度的危險性，且在時間控制上也有極高的要求——從甘蔗成熟、準備收割，直到將半結晶化的成品注模脫水和乾燥為止。收成期間，榨汁坊會馬不停蹄地運作著，因而需要極大量的勞動力。馬錫森（Mathieson）勾勒出了十八世紀的社會樣貌，他寫道，「蔗糖的產製是西印度群島產業中最麻煩的一種。」[56]從每年的第一天一直到五月底，收割甘蔗、碾壓、煮沸和裝罐的動作完全不會停。而天氣狀況一直都很重要——收割時最害怕的就是遇到乾旱，因為缺乏雨水會導致甘蔗（或甘蔗汁）的含糖量下降，但如果春季末期的降雨量過高，又可能會導致田裡或收割的甘蔗腐爛。而人們認為糖漿在進入「維溫」狀態前，溫度絕對不可以下降的錯誤想法（某種程度上），也導致更大的工作壓力。在這期間，唯一可以喘息的時間，只有星期六晚上到禮拜一凌晨。在此時段之外，由二十五名男人與女人所組成的團隊，必須全天無休地持續輪班，有時甚至連晚上的某些時段也不能休息，或者是每隔兩、三天就得工作通宵：

> 榨汁坊裡的步調是如此緊湊，而煮沸房為了煮沸，需要不斷燃燒乾甘蔗或「甘蔗廢渣」，上述動作雖然很單純，卻仍讓人精疲力竭。一名法國作家用「令人驚奇」來描述自己看到驢子為了拉動榨汁機而全力奔跑的景象。但「更令人驚奇」的是見到顧爐火的工人如何分毫不停歇地快速添注甘蔗廢渣到火焰裡，確保大火總是維持在最旺的狀態。那些負責將甘

蔗放進榨汁機的人，手指很有可能會被機器夾住，尤其當他們疲倦或昏昏欲睡時。若手指被夾住，經常會導致整個手臂被機器捲進去，因此旁邊總會隨時備著一把輕便短斧。這同時也解釋了為什麼有這麼多守衛是殘疾人士。被分派去負責煮沸的黑人，其工作內容雖然沒那麼精細，卻更加沉重。在工作期間，他們必須赤腳站在石頭或堅硬的地板上，沒有椅子，更從來不能休息，因此他們常常會出現腿部方面的疾病。而懸吊在桿子上、將蔗糖從一個大鍋轉移到另一個大鍋的長勺，「本身就極為沉重」，加上負責拉的工人站在相當高的地方，因此他們必須使勁將其升高或擺盪。[57]

甘蔗的易腐性，也決定了甘蔗種植與透過機械或進行化學性轉化成蔗糖之間的關係（最後一步鮮少會在熱帶地區，亦即作物生長區完成）。由於收割和榨汁、煮沸和結晶化之間的關聯，讓田地與工廠必須相互協調，工人更需要合作無間。故此，當種植園面臨繼承或轉移時，往往不會切割開田地與工廠，因為兩者的結合決定了種植園的價值。此外，上層會仔細部署工作日程，並以鐵血紀律來管制下層。假如沒有全面控制田地與工廠，便不可能施行此種規劃或紀律。

因此，就此種角度而言，作為生產性組織的甘蔗種植園，其在發展早期就已經具備工業化企業的特質。尤其當我們考慮到「種植園此一形式最早出現在地中海東部，並在西元一〇〇〇年後由十字軍臻於完善（主要添加了奴隸勞動力），再於一四五〇年傳播到大西洋島嶼上（某種程度而言也進行了改造），隨即又重建於新世界的殖民地」的演變歷程時，便益發凸顯了其具有的工業化特徵（特別是那時的工業除去歐洲的某些紡織廠與造船業外，其餘勞動力主要都以本地勞工為主）。由於對甘蔗種植、甚至是蔗糖製作而言，機械勞動力只是一種不完美且僅能取代部分人力的勞動力來源（至少在進入十九世紀之前都是如此），因此用「工業化」一詞來描述或許會引起質疑。此外，多數的種植園發展都是依賴各種強制性勞動力來支撐，而這也與我們對「工業」的想像背道而馳。我們更傾向於認為工業化就是出現在後封建時期的歐洲，利用量產商品的工廠與不需要具備特殊專長的勞工，取代過去的行會制度（guild system）、剝奪工匠存在的必要性。

為此，我們需要更具體地界定「工業」一詞。今日，我們總會使用「農工業」（agro-industry）一詞來描述使用大量機械力取代人類勞動力、大量生產、密集使用科學方法與產品（如肥料、除草劑、培育雜交品種、灌溉）等的產業。而早期種植園之所以具備「農工業」特質，在於其利用了單一力量來結合農業與製造過程：**紀律**或許是最早出現的必要特質。因為無論是田地或工廠，一旦缺乏彼此（獨立）就會失去生產力。第二點則在於勞動力本身——以種植園整體生產目標而集結起來的勞力，有部分工作講求技巧，有部分則無需技巧。就某種程度而言，這些勞動力是以可輪替的單位來組織（就生產者而言，多數勞動力都是同質的），而這也是資本主義進入中期後，長期具有的特徵。第三，該系統具有時間意識。這樣的時間意識源自於甘蔗的成長與處理需求，卻也進一步地滲透種植園的生活，且和之後格外重視時間並將其作為核心特質的資本主義工業，完美呼應。於是，結合農田和工廠、具備技巧和不具備技巧的勞動力、嚴格控制工作時程……種種特質讓種植園企業有了工業化的底蘊，儘管強制性勞動力並不是往後資本主義所為人所熟知的特質。[58]

此外，還有至少兩項能視其為工業化種植園的特質：製造與消費分離，以及工作者與其工具分離。而這些特質也讓我們能清楚界定十六世紀到十九世紀晚期，那些大力推動新世界殖民地種植園產業發展的（多數）非自由工作者的生活。他們讓我們注意到，歐洲歷史上出現的早期工業化特殊運作模式（此處指的是海外殖民地）。這同時也挑戰了「歐洲是仿照自身架構而『發展』出殖民地世界」此一常見的假設。此外，這還讓我們對於那些命運迥異於同時期歐洲本土農業工作者或農夫的種植園勞動者人生，有了更多的認識。

種植園體制與資本主義再思考

在接近十七世紀中期時，英國與法國殖民者開始考慮在加勒比海製糖，因為當時歐洲菸草市場已經趨於飽和，且此一奇特又容易上癮的商品價格開始劇烈下跌。就各方面來看，當時的殖民者更像是條件有限的小規模耕作者。且許多人為了自己的農田，雇用了來自殖民母國的契約勞動者。這些工作者包括因為債務而被迫為僕的人、犯罪情節輕微者、政治與宗教異端者、勞動組織者、愛爾蘭革命者（各種類型的政治犯），還有許多人則是被綁來的。因而在十七世紀，「巴貝多」（barbadoes）也被當成動詞使用，意味著走私人口。[59]在那些勞動力人口已經飽和的時期裡，英國和法國就利用這樣的殖民體制，來清除那些「不想要」的人。

無論是對殖民地或殖民母國而言，這些被稱為「契約勞工」（indentured servants，法文為 engagés）的約聘勞動者，都是極為重要的勞動力貢獻。當這些人的契約到期時，他們會獲得自己的土地，因此就在這樣的過程中，殖民地漸漸住滿了新居民。但對巴貝多或馬提尼克等殖民地來說，其勞動力仍舊供不應求。有些時候，殖民者或許能弄到一些被迫為奴的美國原住民，讓他們跟歐洲的契約勞工一起工作。但很快地，這些島嶼殖民者開始使用非洲奴隸。因此在這些所謂的蔗糖殖民地上，早期的勞力來源相當混雜，結合了擁有小規模田地的歐洲農人、契約勞工和非洲及印第安奴隸。

蔗糖產製的過程需要大量資金，而如我前述所提，熟悉甘蔗種植與蔗糖製作的荷蘭投資者，成為資金的主要來源。在英國的巴貝多，隨著成功的種植者開始買下鄰居的土地並建造新的工廠與煮沸室、乾燥室後，他們開始從菸草種植逐漸轉移至蔗糖，從而創造出更多的財富。與此同時，契約勞工在契約終止後可以獲得一塊土地的制度卻漸漸消失了。小型農場被種植園所取代，而自十七世紀晚期以後，非洲奴隸的數量也驟然升高。儘管奴隸制度也意味著需要大筆投資人類「貨物」，奴隸制還是逐漸成為最受歡迎的勞動力來源。一位名叫唐寧（Downing）的年輕老師，用文字紀錄下了一六四五年、種植園已經遍布巴貝多各處的光景，並提到巴貝多人「光是今年就進口了至少一千名的黑人，而他們買得越多，就能賺得越多的資金去買更多奴隸。只需要一年半的時間，他們就能在上帝的祝福下賺回所有本金。」奴隸在巴貝多和馬提尼克等身居領先地位島嶼上的成功，也標誌著英屬和法屬加勒比海地區的非洲化。從一七〇一年至一八一〇年，土地面積僅為一百六十六平方英里的巴貝多，共接收了二十五萬兩千五百名的非洲奴隸。而於一六五五年被英國入侵的牙買加，也走上同樣的「經濟發展」道路。在同樣的一百零九年內，此處共收留了六十六萬兩千四百名奴隸。[60]

而英法兩國的奴隸制蔗糖種植園，也於十八世紀邁入鼎盛時期。在最初的西班牙加勒比海種植園時期裡，我們可以見到混合式勞動力。但在接下來的一六五〇年至一八五〇年間，丹麥人、荷蘭人、英國人與法國人，紛紛接受了三種截然不同的勞力來源，且在純「奴隸制」因為廢奴運動（英國發生於一八三八年，法國則於一八四八年）而劃下句點前，開始改變。最後，為了緩和廢奴運動的後續效應與降低勞動力成本，加勒比海地區出現了「契約」式的種植園生活，但此一制度也於一八七〇年代走入歷史。一八七六年，奴隸制正式在波多黎各劃下句點，古巴則要等到一八八四年。自此之後，加勒比海地區的勞工都是「自由的」（只有少數例外）。

就英國國內的蔗糖等商品消費者角度來看，這樣的改變或許不痛不癢。但改變殖民母國對殖民地勞工的態度，自然也會導致一定的經濟效應。當那些以奴隸為根基的種植園正在加勒比海的海島上成形時，歐洲正在經歷無產勞動階級的興起，以及如卡爾·馬克思筆下所描述的資本主義。「我們目睹到，」他寫道，「資本主義形式下的生產是如何將人民剝離其根基。」而「所謂的原始積累（primitive accumulation）……不過是將生產者與其生產工具剝離的歷史進程。」[61]那些因為鄉村地區在經濟與社會層面上發生深遠變化，而被剝奪一切的歐洲勞動者，最終成為城市工廠裡的工人，即十九世紀中期，馬克思寫作時最關注的無產階級。不過十七世紀並沒有出現上述轉變。

與此同時，在英國與法國新占領的加勒比海殖民地上，那些同樣一無所有的廣大人口，卻成為被榨取勞力的受害者。當然，他們是奴隸而不是沒有土地的自由工作者。這些流離失所、徬徨無助的非洲人身不由己，更遑論掌控自身勞力，他們在遭迫為奴與運送過程中被拆散，又在以生產為目的的情況下被重新組織（然而在後頭推著他們的並不是市場機制，而是皮鞭）。而此些勞動人口間的差異，也讓人開始思考某些特殊問題：這些包含了擔任經營角色的種植者與替其工作的奴隸的加勒比海殖民地，與含括西歐無產階級自由工作者的體制，同屬一個體制嗎？在工廠資本主義成為西歐典型特徵以前，我們該如何描述加勒比的種植園和其運作模式？儘管人們習慣將種植園歸納為資本主義，但其起源甚至早於資本主義，那麼我們又該稱其為何種經濟體制？

多數（儘管並非全部）資本主義學者認為，資本主義最早於十八世紀晚期成為主流經濟體制。但資本主義的興起，涉及到前經濟體的瓦解（尤其是歐洲封建制度），以及世界貿易體制的成型。此外，更牽涉殖民地的開發、在世界各處建立的實驗性經濟事業、新世界發展出來的嶄新奴隸生產制（進口奴隸，且此制度或許是歐洲經濟成長的最大外部助力）。在此過程中，加勒比海的種植園扮演了極為關鍵的角色，其不但具備了所有特徵，也為歐洲消費市場提供了極重要的商品，更為歐洲產品創造出重要的市場。就此而言，許多學者因此認為早在資本主義於歐洲興起前，這些種植園便已成為歐洲關鍵的獲利來源。

看到這裡，讀者或許會想起我視「種植園為早期工業化組織」的討論，因為兩者都認為在歐洲核心區域外出現了早期發展。因此，無論是就勞力形式或組織而言，種植園都像是一個異類。不過其存在也是基於歐洲的企圖，並憑藉著獨特的方式，漸漸對歐洲發展產生了重大影響。即便這還稱不上「資本主義」，卻也帶領我們朝著資本主義邁出重要的一大步。

巴貝多早期的甘蔗種植者，與後來在牙買加的種植者，是以種植園帶來的利益來評估自身價值。而他們的債權者也是以同樣的方式來評估他們的種植園。種植園的主人，往往是遠在他方的商人，而他們用於投資的資本，往往是向母國銀行借貸來的。

就各方面而言，這些種植者都為英國金融帶來極大的利益。對英國資本家來說，種植者為了籌措資金而借的高額利息貸款，是他們再理想不過的投資標的。除此之外，對殖民母國來說，將錢投資在種植園上絕對比投資本國產業更有利可圖，因為讓殖民者繼續待在殖民地上，也意味著他們能消費更多英國工業製品。同樣的一千鎊，花在牙買加可以帶來更多利潤，甚至是倫敦本地家庭消費（同樣金額）所產生利潤的兩倍。[62]

儘管少數的大英帝國經濟學者認為，就保護主義讓消費者所付出的代價而言，英國的西印度群島殖民行動完全是一項賠本生意，但我們也不能忘記，蔗糖食用者的損失，也意味著甘蔗種植者的收穫——而無論是誰買單，王室都能因稅收而獲益。與此同時，這些殖民地還成為英國商品的巨大消費市場。在十八世紀中，英國出口到北美與西印度群島殖民地的出口量，成長了二三〇〇%！如同湯瑪士和麥克洛斯基（Thomas and McCloskey）所指出的，社會與個人獲利間存有分歧：

殖民地的種植園與農地明顯是為其所有者牟利。儘管英國消費者必須自己承擔愛好蔗糖的成本，殖民地的管理與保護卻由英國納稅者來負擔。成本被極大地分散了，利潤卻集中在一小群所有者——那些在國會內往往也有人脈的人身上。英國在十八世紀所採取的重商主義，並不是一個能將英國財富最大化的國家政策，更稱不上為十九世紀大英帝國的資本主義奠定了基礎。相反地，更像是拉夫・戴維斯（Ralph Davis）所說的，為政府帶來稅收、讓特殊利益團體受惠的機制。真相就是，曼徹斯特紡織製造業者、布里斯托奴隸販子，或西印度群島種植者的利益，和英國社會的整體經濟利益並不一致。[63]

自由貿易的早期提倡者亞當・斯密，深諳此道理：「為了培養顧客而去打造一個帝國，乍聽之下似乎只是一個適合商店老闆（shopkeeper）居住的國家。然而事實上，就整體來看，這其實是一個並不適合老闆們的計畫。但對一個政府深受店主影響的國家來說，卻是再合適不過的了。」[64]然而，最終獲勝的正是「商店老闆」，而蔗糖就是他們最強大的武器之一。為了認識他們，我們必須了解蔗糖的特殊吸引力。因此重點在於，明白蔗糖與類似商品的市場為什麼、且如何能在一六五〇年（首度出現「蔗糖島」）至十九世紀中葉間，以如此驚人的速度成長，並更深入釐清此一奇特的殖民地農業體制與資本主義的關係。

但首先，我們必須再就種植園本身多解釋一些。儘管遠在歐洲的企業家們才是催生種植園的主要力量，但真正支撐著種植園的，還是那些被逼迫的勞動者。如同無產階級，奴隸缺乏生產方式（土地、工具等）。但無產階級可以在工作場域、希望的工作量、為誰工作、如何支配薪資所得上，施行些許影響力。在某些情況下，他們甚至能發揮極大的影響力。當然，奴隸或許也擁有少少的機動性，這全視他們生活在哪一種體制之下。然而，他們是新世界裡的奴隸（別人的所有物、私人財產），當種植園的工作如火如荼、馬不停蹄地展開時，他們也只能在夾縫中行使自己的意願。和自由工作者不同，奴隸與被迫勞動者沒有任何物品可以出賣——即便是他們的勞力，而他們本身卻如同貨物般被交易。儘管如此，他們就跟無產階級一樣，沒有任何資產，且為歐洲封建制度的顯著對比。

這兩派勞動人口有著非常不同的歷史背景，而他們在我們所關注的這三百八十年間所體現的勞力榨取模式，更逐步擴散至世界各地。與此同時，他們在世界貿易體制下（尤其在十七世紀中期至十九世紀中期）所展現出來的經濟效益，不但重疊，甚至相輔相成。加勒比海奴隸與歐洲自由勞工者之間的關聯，主要建立在同一個體制下的生產與消費層面上。而此兩者除了勞力以外，都沒有太多生產性能力；兩者都從事生產，同時也消費些許自己所生產的物品；兩者都被剝奪了生產工具。根據某些專家學者的觀點，他們其實屬於同一種團體，唯一的差別在於：他們如何進入他人為他們所創造的全球勞動區塊。[65]

但這樣的解釋或許過分簡化了當代全球勞動力的複雜演變史，更遑論那創造出此一勞動模式，同時受惠於此模式的多樣化資本主義經濟。加勒比海地區以奴隸制為基礎，發展出成熟的種植園，（且某種程度上就如同先決條件般）帶動西歐強盛商業與海軍艦隊的發展。為了購買奴隸，大量的商品（蘭姆酒、軍備、衣物、珠寶、鐵）輸進非洲，但這些物資卻沒能為非洲的發展帶來任何助益，只導致更多人被抓走。且為了鎮守殖民地，殖民母國也輸出了大量財力，以施行高壓統治與管控奴隸。對所有國家來說，要想維持重商主義體制（殖民地只能向母國購買和販售商品，且所有商品只用母國的船來運載），需要付出極大的代價（當然，如我們所知的，體制內的特定群體會因此獲得極大利益）。而一共歷時四個世紀，才創建與鞏固了此種以強迫勞力為根基的殖民式次級種植園經濟體系。與創造此一體制、經歷激烈變化的歐洲本土相比，殖民地的體制反而沒有出現什麼改變。

人們經常以重商主義、貿易或商業擴張時期來描述一六五〇年至一七五〇年，並認為在十八世紀下半葉進入工業化時代後，才算進入「真正的資本主義」。[66]但早在資本主義生產方式出現以前，資本主義是否就某種程度而言已經存在了呢？「因為供給歐洲蔗糖、菸草等商品的種植園，其勞動力來自於奴隸而非無產階級，故它不屬於資本主義。」但此種解釋無法令人全然信服，更讓我們因為無法具體闡述「何種經濟秩序導致種植園體制崛起」，而深感困窘。

貝納吉（Banaji）在一份發人深省的評論中指出，許多馬克思主義作家，包括典型代表如列寧與考茨基（Karl Kautsky），都沒能妥善解釋現代奴隸經濟及其在世界經濟史所扮演的角色。[67]馬克思也並非總能清楚地將採取奴隸制的種植園，放進他所構想的資本主義藍圖中。在提及西印度群島殖民地時，他描述那些殖民者的行為「就像是受資產階級的生產目的所驅使般，一心想著製造商品……」[68]種植園就像是「商業投機」產業，「存在著資本主義生產模式（儘管只是就形式層面來看）……而使用奴隸的商業活動則是由資本家主導。」[69]然而，他卻在別處寫道：「現在我們之所以不僅稱那些美國種植園擁有者為資本家、更認定他們**就是**資本家，是因為他們在以自由勞動力為根基的全球市場下，所具有的異類性質。」[70]後來的作家在攻擊此一問題時，也展現出了同樣的不確定性。舉例來說，尤金・吉諾維斯（Eugene Genovese）曾經說過「英屬加勒比海地區的奴隸制是資本主義產業的清楚象徵」，而甘蔗是生長在由「掌控奴隸的資本家」所經營的「具有明確資本家典範的大型種植園裡」。[71]然而，在吉諾維斯早期涉及了美國棉花種植園、而非西印度群島甘蔗種植園的作品裡，卻寫道：「種植者並不僅僅是資本家，他們更是前資本主義（pre-capitalist）、類貴族的土地所有者。而他們為了因應資本主義全球市場，不得不調整自己的經濟模式與思維方式。」[72]

有些人或許會問，種植園體制是否為「資本主義式的」，究竟有何區別？而這個問題之所以重要，是因為其涉及了經濟體制的成長與變遷方式，也與帶領某一發展階段進入到下一階段的因果關係鏈，脫不了關係。我曾在稍早指出，種植園本身就是工業化的早期成熟案例。但這並不意味著導致這些種植園興起的歐洲經濟體，勢必為資本主義。如我們所知，奴隸勞動力與「資本主義生產方式」所涉及的勞動模式是如此天差地遠（後者往往被描述是基於自由勞動力），即便連馬克思都無法確定該如何界定。不過，無論是對殖民母國的經濟，或在其刺激下所產生的龐大經濟活動而言（殖民地的產出以及對母國產品的消費），殖民地的重要性都是毫無疑問的。

根據貝納吉的觀點，種植園屬於資本主義產業：它與歐洲核心緊密串聯，利用歐洲的財富作為發展動力，並用不同的形式再將部分財富送回到母國投資者手中，並成為馬克思筆下

「商業投機」行為的中心。儘管如此，在數世紀之中，此項投資卻表現得極為穩定、沒有太大的變化——無論是在土地、奴隸或設備方面，皆是如此。種植園的利潤可以透過擴大產業規模來增加（規模擴大為兩倍，利潤就為兩倍，或甚至更多一些），但只有在很少數的情況，他們才會藉由改良技術或增加生產力，來提升利潤。因此，此產業變成了兼具投機與保守的產業：人們賭製糖業可以賺錢，但製糖的方式（包括使用強迫性勞動力）卻死板地沿用了數世紀，幾乎未曾改變。此種弔詭地結合了奴隸制和全球市場不斷擴大的種植園商品，被來自千里達（Trinidad）的歷史學家艾瑞克．威廉斯（Eric Williams）稱為「結合了封建制度與資本主義之惡、卻不具備兩者優點的體制」，[73]貝納吉寫道：「此種異質性，與那本質上顯然與世界脫軌的種植園奴隸制，讓早期的馬克思主義者在試圖定義其性質時，因為無法獲得如現在這般豐富的史料而陷入了一連串的矛盾想像中。」[74]

而我自己認為這些「矛盾的想像」是持續的。確實，許多投資在種植園體制上的財富並未換得高度的資本積累，而數世紀以來，這塊資產下的土地、勞力與技術也的確沒有諸多改變。就這方面來看，種植園體制確實和晚期那具生產力、進入工業化階段的資本主義，非常不同。而種植園在一八五〇年以前的生產模式（以奴隸勞動力為主），也的確與所謂的資本主義生產模式截然不同，後者的生產力就跟生產過程中的所有材料一樣，來自於「非人情市場」（impersonal market）。因此，倘若我們將種植園體制與十九世紀的英國工廠體制相提並論、通稱為「資本主義」，絕對是不精確的。然而我也認為，將種植園從孕育其的新興全球經濟體制中剝離，或排除其為世界中心所帶來的資本積累貢獻，也是不對的。那些宣稱

「如果歐洲當初將投注在西印度群島的資金，轉移到他處或其他投資上，肯定會賺更多」的學者（因其認為整個種植園盛況，最終只讓英國經濟付出龐大代價），通常也同意此種盛況確實為少數英國人帶來了極大的利益（儘管他人卻可能為此付出極高的代價）。[75]但它一旦創造出財富後，就不會停止「運作」。或許這就是最重要的一點。十七世紀早期，某些英國權貴認為蔗糖此類商品對於生活福祉至關重要，因此為了取得發展種植園及相關項目的資金，他們也採取了相當激烈的政治手段。即便這些權貴不是資本家、即便奴隸不是無產階級、即便當時流行的是重商主義而不是自由經濟、即便利潤的累積速度很慢且資本的有機構成（organic composition）為不變的——即便以上一切皆為真，也並不妨礙此種奇特的農工業產業提供了殖民母國特定資產階級養分，並使其**變得越來越資本主義化**的事實。在稍後的內容中，我們將看到它們如何滋養了新興的無產階級，而身在礦場與工廠中的他們，又是如何透過蔗糖與相關的成癮性食品（drug foods），獲得極大的慰藉。

引爆體制變革的蔗糖

十七世紀的英國，與蔗糖產製、蔗糖消費緊密地結合在一起：它獲得了巴貝多與牙買加等「蔗糖島」、大肆拓展了非洲奴隸的貿易、試圖侵吞葡萄牙在歐洲大陸蔗糖貿易中的市場分額，也是首個建立起大型國內消費市場的國家。而這樣的關係一旦建立後，即便經歷數次（英國）國內其他階級的攻擊，也能安然度過——至少一直到十九世紀中期皆是如此。在此之後，這種關係被新協議所取代，新協議保證能提供英國消費者大量且更便宜的蔗糖商品，且無需給予西印度群島特殊待遇。③十九世紀中葉正是英國從《航海法案》（Navigation Acts）下、所謂的保護主義，過渡到自由貿易的重大轉變時期。事實上，此種轉變早在一八五〇年以前就展開，但與蔗糖相關的轉變卻一直到一八七〇年代都尚未完成。

關於這場轉變的爭論相當錯綜複雜，難以概括而論，而主要原因在於：論述者所持立場背後，往往存在數種動機。有些人關注的重點在於「避免提供那些仍採取奴隸制的殖民地任何經濟誘因」，因此大力反對在不施加罰款的情況下，讓那些出自奴隸之手的商品進入英國；其他人如「曼徹斯特派」的關注重點則不在於奴隸，而是該如何不惜一切代價，讓英國能無差別地進口最便宜的商品；而西印度群島種植者當然希望與其他蔗糖產品（無論是來自國內或國外）相比，他們的蔗糖產品能獲得特殊進口優惠待遇，並在奴隸制劃下句點後（一八三四—一八三八年），享有進口契約工人到殖民地的權利。但若以為這些為了自身利益而不斷爭鬥的團體，能直言不諱地交代他們為什麼更期盼某個結果，就太天真了。關於自由貿易的爭辯，也讓國會進入了矯言偽行的鼎盛期。一八四一年，當國會在爭論政府是否該降低外國進口蔗糖的關稅，以提高蔗糖消費量從而帶動國家收益成長時（也就是讓英國消費者以更低的價格購買蔗糖，從而使國庫獲益），巴麥尊子爵（Viscount Palmerston）給了我們一段充滿譏諷、卻發人深省又令人莞爾的結辯陳詞：

> 我們對那些巴西人說，我們可以提供他們絕對低於其他地方價格的棉花產品。你們想買

嗎？當然好呀，巴西人說，我們會用自己的蔗糖和咖啡來跟你們換。不行，我們說，你們的咖啡跟蔗糖是奴隸生產的。我們是有原則的人，而我們的良心不允許我們購買奴隸生產的商品。那麼，大家可以想像對話就在此結束了：我們讓巴西人去消費自己的蔗糖和咖啡。然而事情並不是如此。我們是有原則的人，但我們同時也是商人，且我們希望能幫助巴西人度過難關。所以我們對他們說：就在我們旁邊不遠之處，住著四千萬名勤勞且富強的德國人，他們不像我們這麼有良心，你們帶著蔗糖去找他們，他們會跟你們買，而你們可以用賺得的錢來買我們的棉製品。但巴西人說這麼做有些困難。德國人住在大西洋的另一端，所以他們必須用船載運蔗糖，但他們的船隻太少且難以抵禦洶湧的大海。不過，我們英國早有準備。我們有大量的船艦，你們可以使用。是的，出自奴隸之手的糖會玷汙我們的倉庫，但船就不一樣了。但巴西人還有其他問題。他們說德國人太挑剔了，且獨鍾精製糖。但要在巴西進行精製並不容易，而德國人又覺得精煉糖太麻煩了。於是又一次地，我們提出了權宜之計。我們不僅能替你們運送蔗糖，還能替你們精製。消費奴隸生產的糖是一種罪惡，但精製就沒什麼問題了，而且該步驟也算是除去其原始的不潔。又一次地，巴西人找上我們。他們說他們製造了大量的蔗糖，多到超過德國人願意購買的量。我們的善意是永無止盡地，因此我們願意購買剩餘庫存。但這些糖不能輸入這裡，因為這裡住的都是有良心的人。不過我們可以將這

③【編注】種植園園主為了維護其在殖民地的經濟利益，以自身財力組成政治團體或壓力團體（即所謂的「西印度群島派」），對國會施壓，以保護其在英屬殖民地的蔗糖產業。例如，《蜜糖法》（Molasses Act）與《糖稅法》（Sugar Act）都是出自此政治算計下的特權法案。

些蔗糖輸出到西印度群島和澳洲。住在那裡的人都是些黑人和殖民者，他們又有什麼資格談良心？好了，你們不能再拿這件事煩我們了。就這樣吧。如果我們自己的蔗糖價格高到一定程度時，我們就會跟你們買更多奴隸生產的糖，而且吞到自己肚子裡。[76]

一八四〇年代，爭論來到了最高潮。當時那些受奴隸與保護主義庇蔭的種植者，發現自己缺乏在更大市場下競爭的優勢，而英國的自由貿易提倡者則認為此刻自身的動機與政府動機恰好一致，因此正是推動變革的好時機。

在一六六〇年（巴貝多已能產出大量的蔗糖，且牙買加剛落入英國手中）到一七七〇年間，英國的對外貿易開始出現轉變，其他商品逐漸取代了羊毛衣物。而繼之而起的是，以熱帶商品為大宗的再出口貿易，且其中三〇%的進口貨物來自東方或新世界。之所以出現這樣的擴張，部分原因在於找到新的供應來源，也因為「英國與歐洲出現了新的需求——英國種植園讓這些商品的價格暴跌，從而使中產階級與貧窮者成為此一新穎商品的消費者。而這樣的需求一旦建立後，就再也沒有因為日後的價格波動而動搖，並隨著時間迅速增長。」[77]透過菸草那戲劇化的例子，我們能更清楚地目睹此種轉變：在十六世紀末還屬於奢侈品的菸草，一百年間便成為「各個階級習以為常的撫慰之物」。而蔗糖的狀況也很類似：

英國在蔗糖生產上的發展，是那場導致蔗糖國際購買價格下跌的全球變遷的一環。早在十七世紀初，葡萄牙的蔗糖產量已大幅成長並導致價格劇烈下跌，當英國將西印度群島轉變成蔗糖的產區時，他們必須和那來自新世界、地位已然確立的製造者競爭。他們入行的時間很晚，先是一六四〇年代的巴貝多，接著是一六六〇年後成為主要種植園的牙買加。就連到了一六六〇年代早期，他們都還在和葡萄牙爭奪市場，其中甚至包括了英國本地市場。但這場爭奪導致價格大幅下跌，而跌勢一直到一六八五年，英國蔗糖將巴西蔗糖逐出北歐與英國市場才停止。在英國內戰前，倫敦自西印度群島進口的蔗糖量原本還微不足道，但進口量很快地從一六六三年至一六六九年間的十四萬八千英擔（每一英擔約等於五十公斤），迅速暴增為三十七萬一千英擔（一六六九年—一六七一年）。而這其中又有三分之一會再出口。種植園出產的糖，其價格於一六八五年創下新低：每一英擔十二先令六便士。而零售價格也在一六三〇年至一六八〇年間跌到一半。[78]

拉夫．戴維斯極具說服力地指出，重要的不僅是英國的海外殖民地與轉運港，其經營的商品價格驟然下跌，也是舉足輕重的因素。「就此角度而言，」他解釋道，「其與發生於一世紀之後的技術革命有著極為驚人的相似之處——經由機械製造的廉價商品，英國人與外國市場發展出新的消費習慣。」[79]就生產角度而言，兩者只是具有某些相似之處。畢竟，產製蔗糖的種植園和使用蒸汽機的紡織廠並不一樣。但就消費角度來看，兩者卻一致地、或許也是史上首度，使我們清楚見到工作意願與消費意願間的關聯性。讓過去從未接觸過此類商品的大眾去認識一項產量成長的商品，開始讓特權階級思考到：或許同樣的一批人，會為了消費而願意付出更高的代價。

在工業多元化顯著影響海外貿易之前，以及在四個世代內憑藉技術變革為商業擴張打下全新根基以前，英國的商人階級透過身為中間商所得到的利益，以及造船業的成長（為了透過海路運送廉價的蔗糖、菸草、胡椒和硝石），累積資本，躋身為富人階級。由於這些物資在一六六〇年代（一個對國家資本有著巨大需求的時代）後，為英國的海外貿易帶來極大的貢獻，因此我們或許應該帶著更多讚許的目光，來看待那些稱此世紀為「商業革命」時代的歷史學家們。80

儘管許多馬克思主義者並不認為此一商業革命為徹頭徹尾的資本主義，但它確實為發生在一個世紀之後的變革，打下基礎。對馬克思而言，正是這樣的積累過程讓資本主義成為可能：

如今，原始積累的不同要素大體上是依時間軸順序，特別分配在西班牙、葡萄牙、荷蘭、法國與英國。在英國，這些要素於十七世紀末期系統性地結合為殖民體制、國債制度、現代的徵稅制度與保護主義體制。而這些方法在部分程度上，需依賴蠻橫的力量，如殖民體制。但所有要素都借助了國家權力、集中且有組織的社會力量，利用如同溫室般的方式，加快從封建生產制度進入資本主義模式的腳步，縮短轉變的時間……

歐洲那些帶著奴隸面紗的薪資工作者，需要新世界那純粹而簡單的奴隸制度，來作為自己的根基。81

在馬克思的其他論述中，我們可以見到那些為著歐洲新興都市人口製造刺激性飲品、藥品與甜味劑商品的新世界奴隸種植園，如何與工業化密切結合在一起：

> 自由與奴隸相抗衡……此處我們所指的奴隸並非間接奴隸（亦即無產階級），而是最赤裸裸的奴隸——那些身在蘇利南、巴西、北美南邊的黑奴們。直接的奴隸就如同機械、信貸般，成為如今這個工業化社會的中流砥柱。沒有奴隸，就沒有棉花；沒有棉花，就沒有現代工業。奴隸為殖民地創造出價值，而殖民地創造了世界貿易，世界貿易則為大規模機械工業的必備條件。在黑奴買賣出現以前，殖民地只能為舊世界提供少量的商品，也沒有改變世界的全貌。就此點來看，奴隸絕對是最重要的經濟類目。[82]

霍布斯邦（Hobsbawm）也指出了歐洲經濟活動所出現的根本結構性改變，是如何奠定了蔗糖及其相似商品的消費量成長。就他來看，歐洲在十七世紀經歷了長期的經濟萎縮（一場「普世危機」）。而這場危機出現的時間，正好是封建主義過渡到資本主義的晚期，當時的地中海及波羅的海貿易體制開始分崩離析，並很快地被北大西洋的貿易中心所取代。而這樣的改變，也意味著重置了世界貿易的動向。「倘若沒有這樣的改變，我們很難想像海外貿易那強而有力、不斷成長且加速的潮流，能否帶動——事實上，有時甚至是**創造**——歐洲那還處於起步階段的工業。」[83]霍布斯邦也認為此一改變，構築在三個新狀況之上：因其他地方的生產方式改變，而導致歐洲可拓展消費市場的成長；為了歐洲「發展」而被占領的海外殖民地；開創殖民產業（如種植園）以生產消費品（同時還能吸收國內大量商品）。隨著歐洲經濟活動的中心遠離地中海、波羅的海並轉移到英國，熱帶商品如蔗糖等的生產與消費成長，既是讓英國逐漸成為世界貿易核心的推手，也是受惠者。

體現海外經濟擴張的蔗糖消費

十八世紀早期，英國消費模式的改變體現了其過去五十年的海外經濟擴張成果。不可否認地，英國的進口商品如蔗糖的消費量，與如今的標準（甚至是十九世紀的標準）相比，確實微不足道。但蔗糖對英國人生活的意義，已不可同日而語。在一份由伊莉莎白·包蒂·熊彼得（Elizabeth Boody Schumpeter）彙整，理查·薛瑞登（Richard Sheridan）分析的英國貿易數據中，被標示為「雜貨」的類別（包括茶、咖啡、蔗糖、米、胡椒等），占整體進口商品價值的百分比，從一七〇〇年的一六·九％上升到一八〇〇年的三四·九％：

其餘八項類別在一八〇〇年所占的百分比，都沒有超過六%。在雜貨項目之下，紅糖和糖蜜的存在尤其顯著。根據官方公布的價格，此兩項目的價值在一七〇〇年占據該大項的三分之二，一八〇〇年則占據五分之二……在該世紀的前四十年內（一七〇〇—一七四〇年），英國的蔗糖消費量近乎翻了四倍，而從一七四一—一七四五年到一七七一—一七七五年間，又成長為兩倍之多。倘若我們假設：在一六六三年，有半數的進口商品留在國內，便意味著**英國與威爾斯的消費量在一六六三年至一七七五年間，近乎成長了二十倍**。而同期間的人口則從四百五十萬成長到七百五十萬，代表人均消費量顯著增加。[84]

其中，蔗糖與相關進口商品（蘭姆酒、糖蜜、糖漿）占據龍頭地位。英國經濟歷史學家D・C・柯爾曼（D. C. Coleman）甚至認為在一六五〇年至一七五〇年間，人均蔗糖消費量的成長幅度，遠超過麵包、肉、乳製品；[85]迪爾推算的英國人均年蔗糖消費量（從一七〇〇—一八〇〇年），[86]如表2-1所示。

1700年至1709年	4磅
1720年至1729年	8磅
1780年至1789年	12磅
1800年至1809年	18磅

【表2-1】一七〇〇年至一八〇〇年，英國人均年蔗糖消費量

無可否認地，就算是一年消耗十八磅也不算多。[87]但這微薄的數量對多少人而言影響重大，卻至關重要。此外，這些數據也意味著在一個世紀內，其消費量出現了四〇〇%的成長，且糖對更多人而言已經變得不可或缺了。

推動人口遷移的蔗糖

十九世紀初期，已經有一定比例的人口習慣使用糖（儘管量並不多），並渴望得到更多糖。另一方面，大英帝國的奴隸制也於此世紀走向終點。很快地，對蔗糖施行的保護主義也被自由貿易所取代。而這些都是英國資產階級下，不同陣營間的相互鬥爭所導致的結果。儘管我們無法視蔗糖為這些爭鬥的主要導因，也無法用其來周全地解釋情況，但其生產量與消費量確實為相當重要的一個面向。[88]一八〇七年，英國殖民地終止所有的奴隸交易，並於一八三四年至一八三八年間廢除奴隸制度。而蔗糖殖民地的未來（關乎蔗糖生產），也成為不同派別間的辯論焦點。顯然地，過去那一世紀中極為典型的封閉交易模式，已經無以為繼。儘管英屬加勒比海的製糖產業，仍然是英國國內蔗糖消費的主要來源，但其主導地位卻因許多原因而動搖。比方說，法國在失去聖多明哥後，拿破崙開始在本土發展並完善了甜菜糖的生產，而甜菜糖也逐漸盛行於歐洲大陸；大英帝國內部出現了新的蔗糖殖民地競爭者，如模里西斯（Mauritius），以及後來的斐濟、納塔爾（Natal）等；其他地方的蔗糖產量有所成長，而其中多數仍使用奴隸（如古巴），因此它們提供的蔗糖價格也往往比英國西印度群島殖民地更便宜。

與其他熱帶商品相比，蔗糖在英國資本主義不同派系的爭鬥中，占據了極顯眼的地位，也成為排他性商業主義注定走向滅亡的象徵。西印度群島殖民地繼續受殖民母國支配，而殖民地人民也被迫向種植園獻出勞力。但很快地，母國就決定解放自己，完全自由地決定在何時、向何地購買糖製品。無論過去帝國如何勞役奴隸生產蔗糖，在一八三八年之後，就必須徹底根除這種作法，否則工業將成為只能依賴政府補助和非流動性（但「自由」）勞動力的產業。最終，大英帝國內最古老的英屬加勒比海蔗糖產業，只剩下兩個選擇：價昂量縮停滯不前，或設法大規模擴張。然而，就如同多數情況般，選擇總要付出代價，如同我在他處所討論過的：

整體而言，後奴隸制的時代，是一個全球蔗糖市場競爭進入白熱化的時代。就極長遠的角度來看，這場戰役的最終贏家，將會是能成功承擔並實現大規模技術性研發的種植者集團。但這是出於更廣泛的角度而言。就更狹隘的地方觀點（及各殖民地）來看，種植者集團在面對任何有可能提升勞工談判籌碼的變革面前，倒是團結一致地同仇敵愾。然而，在這樣的團結之下，種植者之間仍會因為勞動力來源而你爭我奪，每個種植者革新技術、以降低對此種勞力依賴的能力上，又有所不同……（我們）必須面對的是一個相互推動且在時間序上有所重疊的過程、一個將所有種植者集團的內部差異視為理所當然的進程。而歷程之一，是維持與增加「潛在」的農夫勞動力；另一個則是根據科技創新的步調，及取得密集資本的能力來改良技術。[89]

一方面來看，綜觀蔗糖產製的歷史，在過去數世紀從未扮演重要角色的技術變革，現在卻開始爭奪重大且全面的改變。在榨汁能力、甘蔗品種、蟲害控制和種植方法上的全面性改良，加上對機械的依賴、運輸方式的革新，帶來了新型、龐大、與過去那小規模產業截然不同的農工業複合體。自西班牙擴張時期就一直屬於受殖民、工業化且以出口為導向的加勒比海蔗糖產區，現在毫無疑問地成為歐洲資本主義向海外擴張的一環。自一八八四年古巴廢除奴隸制起，加勒比海的蔗糖都是由無產勞動者生產。[90]

儘管確實有某些評論注意到蔗糖與奴隸之間的特殊關係，但卻很少有人關注加勒比海地區因奴隸解放而造成的「勞動力問題」。就各層面而言，解放（以及海地革命）也意味著蔗糖產量大幅下滑，因為重獲自由者會試著去謀求在種植園以外獨立生活。一方面來看，在奴隸重獲自由後（丹麥在一八四八年，英國為一八三四－一八三八年，法國為一八四八年，荷蘭為一八六三年，波多黎各為一八七三－一八七六年，古巴為一八八四年），進口契約勞工所帶來的競爭壓力，反而讓重獲自由者必須拿更低的工資，並更努力地工作；另一方面，由於那些重獲自由者無從取得閒置田地及當地物資，他們完全沒有資源可發展出另一種生活型態。實際上，種植者階級企圖利用飢餓來取代過去的奴隸制，重新建立解放前的秩序，而他們認為一切是肇因於奴隸貿易、奴隸制度、蔗糖保護主義，自己完全是身不由己（至少英國蔗糖殖民地上的種植者是如此想的）。自然而然地，他們認為自己被母國的同胞們（同階級者）背叛。

但從另一個角度來看，我們也可以說對英國的資本主義發展而言，蔗糖消費及其帶來的國家收入是如此重要，重要到已經不能再利用重商主義式的國家主義，來控制蔗糖生產。在移除了通往「自由」貿易路途上的障礙——亦即讓全世界最便宜的蔗糖可以進入英國那廣大的市場後，英國資本主義的主流派別決定拋棄他們的資本主義種植者同胞們。而這完全符合西印度群島利益團體對母國同胞的指控。

隨著全球蔗糖市場的開放，無論是對那些已經不能使用奴隸的舊殖民地（如牙買加、千里達、英屬圭亞那），或新開拓成蔗糖製造區域的地方（如模里西斯、納塔爾、斐濟）而言，勞動力來源都是一大問題。但在能經由政治途徑取得外部勞動力後，有稍微減緩了殖民母國資產階級和殖民地種植者間的政治鬥爭。事實上，儘管保護主義落敗、西印度群島的蔗糖產品需繳交不同程度的關稅，但其在勞動進口政策上卻取得了勝利，不僅規範鬆綁，更取得資助移民的資金，因而間接地保護了西印度群島的蔗糖製品，但當地的勞動者卻不受任何保障。（某些犬儒主義者或許能在南北戰爭後的美國身上，看見類似的發展。）

無論如何，移民勞工就這樣在歐洲帝國內流動。舉例來說，部分在法屬西印度群島工作的印度契約勞工，來自法屬印度；而部分在英屬西印度群島工作的印度契約勞工，則來自英屬印度。然而，由於某些新的蔗糖產地也需要勞動力，因此並非所有的移動都是如此。十九世紀，全球約出現一億名遷移人口。其中有一半來自歐洲，另一半則來自「非白人」世界如印度等。來自歐洲的人口主要是移往歐洲外的殖民地，包括加拿大、澳洲、紐西蘭、南非、南美洲還有美國（尤其重要）；而非白人區的人口則是移往他處。如同我早已提出的：

蔗糖——或者該說是因為需求而締造出來的龐大商品市場，成為世界史上一個極為重要的人口遷移力量。因為它，有上百萬名被迫為奴的非洲人來到新世界，尤其集中在美國南部、加勒比海及其沿岸、蓋亞那和巴西。在此之後的十九世紀裡，則有東印度人（包括穆斯林與印度教教徒）、爪哇人、中國人、葡萄牙人等等。是蔗糖把東印度人帶往納塔爾和奧蘭治自由邦（Orange Free State）；是蔗糖把他們送去模里西斯與斐濟。蔗糖接連將大量且種族各異的人口送至夏威夷，並持續讓加勒比海地區的人口流動著。[91]

奴隸解放後的局勢與蔗糖市場

在這裡，我們可以看到幾個特質。其中一項是，即便在奴隸制走入歷史後，仍大量留用非白人勞工來從事廉價熱帶勞作；另一個則是，蔗糖仍在亞熱帶殖民地生產（儘管在十九世紀後日益重要、且為第一個威脅到亞熱帶與熱帶商品的甜菜糖為溫帶作物）。蔗糖持續輸往殖民母國，而透過交易換得的物資（食品、衣物、器械及近乎所有東西），則持續流向「落後」區域。我們確實可以說，「落後」地區在降低對已開發地區的經濟依賴後，變得較沒那麼落後，但這樣的論點經不起考驗。因為多數發展遲緩的社會，往往也只能發展出脆弱的產業，因而水泥、玻璃罐、啤酒、清涼飲料等經常為他們的主要「產業」。因此，這些地區持續進口大量的成品，且甚至（經常）增加食品的進口量。

另一個同樣令人存疑的，則為十九世紀的兩股移民潮。經濟學家W・阿瑟・劉易斯（W. Arthur Lewis）將此雙面的人口寫照，和生產力相對較低的熱帶農業（即移民人口來源國），以及相較之下農業生產力較高的溫帶地區（即白人移民來源國，包括了義大利、愛爾蘭、東歐、德國等），連結在一起。[92]我們可以合理推測，那些來自生產力較高國家的移民，並不會為了那些只能吸引到來自較低生產力國家移民者的薪資而移民。然而溫帶地區如澳洲、紐西蘭、加拿大與美國等地區對非白人的排斥，顯然也是種族主義政策的後果。最諷刺的是，很快地，這些白人移民將吃下去更多由低薪非白人移民所製造的糖，並拿著較高的工資去製造那些非白人移民日常消費的成品。

因此，即便蔗糖產地增加且範圍逐漸分散，壓榨勞力的方式也較不赤裸，而已開發世界使用蔗糖的方式越來越多元化下，蔗糖產量仍以一種近乎使人暈眩的速度向上攀升。我們必須將大英帝國內部增長的蔗糖產量與消費量視為更大、更普遍潮流的一部分。十九世紀中葉以前的全球蔗糖產量數字並不可靠，而我們又無法判斷那些最終沒被送往市場的蔗糖產量與消費量。不過，我們知道舊蔗糖殖民地，如牙買加等地的蔗糖消費量一直都很高——事實上，在奴隸制度施行的時期裡，奴隸的配給包含了蔗糖、糖蜜，甚至是蘭姆酒。至於那些在西歐成功利用甜菜製作出糖的十年內，就開始發展甜菜糖產業的地方，如印度（古代蔗糖製造的核心區域）和俄羅斯（蘇維埃政權）等，我們對於它們的蔗糖產量與消費量仍所知有限。但即便我們只看那些確鑿的數據，在過去兩個世紀內，全球的蔗糖產量與消費量仍然十分驚人。

一八〇〇年，也正是英國的蔗糖消費量於一百五十年內達到二五〇〇%成長率的那年，有約莫二十四萬五千噸的蔗糖，透過全球市場進入消費者手中。幾乎所有的消費者都為歐洲人。在甜菜糖尚未進入全球市場的一八三〇年，蔗糖總產量上升到五十七萬兩千噸，即三十年內的成長率高達二三三%。再將時間往後推三十年，來到一八六〇年，當時甜菜糖的產量正在快速攀升，而全球的蔗糖產量（包含甜菜與甘蔗）粗估為一百三十七萬三千噸，又是二三三%的漲幅。到了一八九〇年，全球產量超過六百萬噸，而這也意味著這三十年間的成長幅度甚至超越前期，達到五〇〇%。因此，當約翰・博伊德・奧爾男爵（John [Lord Boyd] Orr）指出，回顧整個十九世紀，英國人在營養數據上最顯著的一件事就是蔗糖消費量成長了五倍，我們也不需要那麼驚訝了。[93]

當然，實際的消費細節絕對更複雜。但就目前的資料而言，已經足以證明在全球歷史上，沒有任何一種食物的表現能超越糖。然而，個中原因卻不容易拆解。為了理解蔗糖如何在英國人飲食習慣中占有一席之地，我們必須再次回到故事的起點。

Chapter 3

Consumption

消費

對現在生活在英國或美國等社會的人們來說，蔗糖是如此熟悉、常見的事物，普遍到我們甚至無法想像一個沒有蔗糖的世界。那些年過四十、或更年長的人們，或許會回想起二次世界大戰期間曾施行的糖配給制度。當然，那些曾經接觸過貧困者的人，或許也會留意到某些人在接觸到糖時，遠比我們更為快樂。[1] 如今糖充斥在我們的生活中，其重要性已經毫無疑問，而這樣的地位也讓其招致一些惡名：矛頭指向糖的反對運動、傑出的營養學家們為其唇槍舌劍地爭辯著、報紙與國會更是時常出現關於糖的辯題。無論是關於嬰兒食品、學校營養午餐、早餐麥片、營養價值還是糖尿病的議題，糖總是爭論焦點。在如今這個糖氾濫的社會裡，需要付出極大的努力和自制力，才能選擇不食用糖。

然而，對不過幾個世紀前的人而言，很難去想像一個糖氾濫的世界。一名作家曾經寫道，當聖比德（Venerable Bede）於西元七三五年過世時，他將自己僅有的財產香料（包括蔗糖），傳給了教友。[2] 倘若此事為真，這將是一件極為珍貴的史料，因為在接下來的數世紀裡，大不列顛諸島再未出現過關於蔗糖的紀錄，以至於人們猜測此時期的人們並不知道糖的存在。

英國飲食文化中的糖跡

英國最早出現糖的紀錄，出現在十二世紀。而當時英國人飲食最為人驚奇之處，就在於其餐點內容平淡又粗劣。在此之後的很長一段時間裡，多數歐洲人的食物都盡可能由當地生產。而多數基本食材並不會經過長途運送，僅有那些供特權階級享用的珍饌，才會踏上漫漫旅程。[3]英國的德拉蒙（Drummond）和威爾布拉漢（Wilbraham）如此描述十三世紀的英國：「幾乎國內各地的家庭，都會自己做麵包。事實上，當時的日常生活用品都是自製的。」[4]對英國而言，小麥尤其重要，但北部地區更常見的作物與糧食則是黑麥、蕎麥、燕麥、大麥，還有重要的豆類、豆科植物，如小扁豆等豆類品種。在歐洲那些貧窮的地區裡，比起小麥，上述碳水化合物的價格更低廉且產量充足，往往為最主要的食物。

其他的食物包括肉、乳製品、蔬菜和水果，都只是穀物之外的副食品。而讓這些食材只能作為澱粉類主食的附屬品的原因在於資源匱乏（而非充足）。「根據西歐每個當權者對近乎每筆交易所施加的管制與規範來看，窮人的飲食核心為穀物。」一名學者如此寫道。[5]如果小麥歉收，南英格蘭人就轉而以黑麥、燕麥或大麥為食，而這些早就是北英格蘭人的主食。「在正常情況下，他們會在食用的穀物裡添加豆子，還會食用一些牛奶、起司、奶油。」但在困難的日子裡，如物價飛漲的一五九五年至一五九七年間，窮人根本買不起任何乳製品。[6]真有需要時，窮人會「捨棄小麥，以餵馬的穀物、豆子、碗豆、燕麥、野豌豆和小扁豆為食。」威廉・哈里森（William Harrison）於十六世紀晚期寫道。[7]而這些族群往往也會為了取得更多豆類植物，斷然捨棄他們那微不足道的乳製品消費。在大部分的日子裡，多數英國人幾乎處於吃不飽的狀態。但在收成豐碩的那一年，他們想吃多少麵包都不是問題。[8]而我們也能想見家禽、家畜所能提供的蛋白質十分有限，因此他們或許是以野鳥、野兔、新鮮或醃漬的魚、某些蔬菜和水果來補充不足。

儘管如此，當時的勞動者非常畏懼新鮮水果的影響，認為大量攝取會造成危險，而這股對於新鮮水果的抗拒源自於古羅馬醫師蓋倫的偏見。[9]此外，好發於夏季的嬰兒腹瀉症狀（即便到十七世紀晚期，此症狀依舊有極高的嬰兒致死率），無疑地更加深人們對新鮮水果的畏懼。當一五九六年飢荒肆虐時，修・普拉特爵士（Sir Hugh Platt）（在稍後的章節中，他也會以美食家、老饕的身分再次出現）則給予其同胞可怕的建議：當麵粉供給短缺時，他建議窮人「用大量的水煮沸豆子、豌豆、山毛櫸堅果等……在煮沸到第二次或第三次時，你將發現其味道出現了神奇的變化，因為水已經吸取並帶走絕大部分令人作嘔的味道，接著你必須將其瀝乾……再用以製作麵包。」[10]如果就連替代麵粉的作物都用光了，普拉特以撫慰人心的語調寫道，窮人還可以轉而「食用天南星屬植物，如『綠帽子的那根』的根部，或者是澱粉作物的根。」（所謂「綠帽子的那根」，即指斑葉疆南星 [Arum maculatum]。）[11]儘管並不常發生長期或全國性飢荒，但此種建議也絕不可能出現在食物充裕的年代。

當一三四七年至一三四八年及十五世紀初爆發腺鼠疫（bubonic plague）時，歐洲人口大幅減少，直到一四五〇年後才重新攀升。而瘟疫就這樣持續打擊人們的經濟生活，直到十七世紀中期。在這些年代裡，歐洲農業面臨勞動力不足的問題，但即便在人口回升後，英國農業仍然缺乏足夠的生產力。經濟歷史學家布萊恩·墨菲（Brian Murphy）針對製作麵包的穀物寫道：「在豐收年，如一四八一年至一四八二年、一五〇二年、一五二〇年至一五二一年、一五二六年至一五二九年、一五三一年至一五三二年、一五三五年、一五四五年、一五四九年至一五五一年、一五五五年至一五五六年、一五六二年、一五七三年、一五八五年至一五八六年、一五九四年至一五九七年、一六〇八年、一六一二年至一六一三年、一六二一年至一六二二年、一六三〇年和一六三七年裡，需要供養家庭的普通工薪族在購買麵包後，其所得往往所剩無幾。」[12]儘管歉收年出現的頻率並不規則，但在上述的一百五十年中，平均每五年就會遇到一次。墨菲認為這些歉收年也反映「動物侵蝕了糧食穀物」——對十六世紀的英國而言，羊毛產製與糧食作物間的競爭是至關重要的經濟問題。

而十七世紀的情況似乎也證實了一項極為重要的改變。在一六四〇年至一七四〇年間，英國人口約莫從五百萬成長到略超過五百五十萬。該期間的人口成長率略低於前一世紀，這也反映了營養不良和／或琴酒的風行，讓人們更難抵禦疾病。而一六六〇年至一六六一年、一六七三年至一六七四年、一六九一年至一六九三年、一七〇八年至一七一〇年、一七二五年至一七二九年、一七三九年至一七四〇年為歉收期，而這八十年內的歉收頻率，惡化到每四年就出現一次。然而，如同墨菲所指出的，倘若出口數字能作為參考依據，我們應能推論當時的作物產量已經豐足。在一六九七年至一七四〇年間，英國成為穀物淨出口國，且只有在一七二八年與一七二九年間，進口量高於出口量。然而，儘管持續出口穀物，「國內到處都能見到餓肚子的人。雖然食物價格如此低廉，這些人仍舊無能購買。」[13]儘管蔗糖產量可能出現剩餘，但墨菲也點出癥結點就在於勞動階級收入嚴重不足。

在蔗糖與其他罕見食品開始進入英國人飲食習慣的那個世紀，有許多人（儘管並非所有人）仍舊面臨著糧食不足，甚至是匱乏的情況。而正是基於這樣的飲食習慣、營養情形及農業狀態，我們才能更好地理解蔗糖的地位。

從已知的蔗糖最早引入英國的時間，一直到十七世紀晚期，蔗糖才終於變成一種受渴望的食物。儘管最初只有富人才能食用，但漸漸地，許多人甚至願意放棄一定程度的其他食品，只為了換取蔗糖。然而，這是一個農產品產量有限，飲食習慣狹隘的年代。儘管蔗糖的消費量成長，我們仍舊缺乏決定性證據，證明多數人的基本飲食確實有所改善。事實上，在很長的一段時間裡，蔗糖與其他少數新物質為英國飲食中，唯一增添的主要附加品。而為了解釋蔗糖為什麼能成為添加物，首先我們必須先理解英國人如何學會使用糖。

蔗糖的五大類用途

蔗糖是一種用途極廣、可謂非常多樣化的物質。儘管如此，在北歐早期的使用史上，蔗糖的樣貌並非固定。當時人們可以取得不同形式的糖，無論是液態糖漿或結晶化固體，還是暗褐色的「紅」糖或骨頭般白的白糖（還有各式各樣鮮豔的顏色），或是純度從極低到將近百分之百的糖，一應俱全。在眾多原因之中，「美學」或許是讓純淨的糖備受人們喜愛的理由之一，而關於人們對精製糖製品的偏愛——尤其在醫學／烹飪用途上，也存有不少紀錄。一般而言，蔗糖的純度越高，越能與其他食物充分融合，也越容易保存。所謂的糖史，就是一個關於各種糖類偏好在文化背景下，成為約定俗成偏好的過程，而在不同時期，也會出現不同的糖以滿足人們的特定偏好。

根據我們當前的研究目的，蔗糖的「用途」主要可劃分成五大類：作為藥物、香料／調味、裝飾性物質、甜味劑和防腐劑。儘管如此，這些用途也往往會彼此重疊。舉例來說，出於調味或香料目的而使用的蔗糖，和用於增加甜味的糖，兩者主要差異在於：它們搭配其他食材時所需的用量。除此之外，蔗糖並不是依循一個整齊的次序或進程，發展出各式用途，而是歷經一個相互交疊且穿插的過程。另外，「同時具備多重效能」也被認為是蔗糖所具備的卓越優點之一。直到我們淋漓盡致地發揮蔗糖多功能的特性，且蔗糖徹底深入當代人們的生活後，我們才理所當然地將「**食物**」視作蔗糖的又一種用途。而這最後一步，要一直等到十八世紀晚期才實現。在當時，蔗糖的使用已經超越傳統目的（至少在當時的英國是如此），甚至顛覆性地衝擊了絕大多數人們長久以來總是以主副食搭配為基調、以碳水化合物佐以配菜為基礎的飲食習慣。

儘管幾乎不可能徹底拆解蔗糖的多種用途，但仍值得我們一試。在某種程度上，我們可以透過這樣的方法，理解使用者如何意識到蔗糖的多樣性，又如何發揮創造力來因應。多數蔗糖用途都是伴隨著特定蔗糖製品，從那些長期熟悉此種罕見而不尋常物質的地區，散播至英國。然而，當蔗糖進入新使用者手中時，無可避免地就會出現某些用途與意義的轉變，為蔗糖帶來前所未見的新樣貌。因此，根據不斷變化的時空背景來約略審視蔗糖主要用途的改變，或許能讓我們更明白轉變的歷程。

作為香料或調味品的蔗糖，就和其他香料（如番紅花、鼠尾草、肉豆蔻等）一樣，不用讓食物明顯變甜，就能改變食物的風味。但蔗糖在現代社會是如此氾濫，似乎不太可能讓人們重新接受這樣小心謹慎的甜味調味法。不過任何一位經驗豐富的廚師，都很熟悉此一古老的調味手法。至於用於裝飾的糖，必須先和其他物質混合，像是阿拉伯膠（gum arabic，主要萃取自阿拉伯膠樹 [Acacia senegal] 和阿拉伯樹膠 [Acacia arabica]）、油、水，還有常見的堅果（去皮杏仁尤其常見）；接著，就可以將其製作成具延展性、如黏土或麵團般強韌，能於在硬化前捏塑的糖；待其型態穩固後，就可以在吞下肚之前，用於裝飾、畫畫或展示。此種衍生用途，或許是源自於蔗糖的醫藥用途，以及醫生們對於蔗糖本質的觀察紀錄。畢竟蔗糖最初來到英國時，是被視作香料與藥物，且其藥用價值更長達數世紀之久——儘管蔗糖在現代醫療中的地位已不再重要，但其醫藥影響卻從未消失。而對我們而言，蔗糖的甜味劑功能似乎顯而易見，但從香料轉變成甜味劑的過程，卻具有極重大的歷史意義。此外，當英國人的經濟條件變好、開始使用蔗糖後，蔗糖的用途也出現了深刻的本質性轉變。最後，儲存食物或許是蔗糖最古老的使用目的之一，且在英國歷史上一直非常重要，但這個方法在近代也出現了質與量的改變。

在深思熟慮後，我們便能理解為什麼那些用途會重疊。像是用於裝飾的糖經常在展示完畢後，被人們食用，而包裹藥物的糖，則是基於防腐與醫療考量。或者用糖漿或半結晶化蔗糖來保存水果，之後能連同表層糖衣一起吃下，同時享受香甜滋味。儘管如此，我們可以發現在蔗糖消費量穩定增加後，有些新用法會出現，偶爾也會有一些舊方法被捨棄。蔗糖的消費量與使用方法，反映了英國國內不同人口間的社會及經濟差異。

在神父J・B・拉貝特（J. -B. Labat）的《新美洲島嶼之旅》（*Nouveau voyage aux isles d'Amérique*，一七二二年）中，首度出現美洲黑人奴隸割甘蔗的圖像。畫家特意呈現的異國風情服飾，為當時常見的矯揉造作風氣。事實上，割甘蔗的工人們總是穿著破破爛爛的衣服，由手持鞭子的「指揮者」指揮。透過後續幾幅來自《安地瓜島上十景》（*Ten Views of Antigua*）的圖像，我們能更好地了解當時蔗糖種植園工人的處境。（巴黎法國國家圖書館）

這幅來自威廉・萊茵德（William Rhind）《植物王國史》（*A History of the Vegetable Kingdom*）的畫作，精心呈現了各式熱帶植物，其中也包括了甘蔗，儘管在高度及密度上有些誇大，但其他方面則非常寫實。有趣的是，畫中唯一出現的人類，就在甘蔗旁邊。其中一人正在割甘蔗，而兩人都是黑人。

在 W・克拉克（W. Clark）的《安地瓜島上十景》（一八二三年）中，描繪了一群正在用鋤頭墾田以及種植甘蔗的奴隸。這幅畫的作畫時間只稍微早於英屬西印度群島解放運動，而畫中那有組織、近乎工業化的勞動力安排，或許也反映了早在三百多年前就開始的奴隸種植園典型狀態。（大英圖書館）

這幅版畫出自《美國人》（*De Americae*，第五卷，一五九五年），作者為特奧多雷．德．布里（Theodor de Bry）。其內容呈現了吉羅拉莫．班佐尼（Girolamo Benzoni）對聖多明哥甘蔗產業的文字描述。班佐尼是一位義大利籍冒險家，於一五四一年至一五五五年間來到新世界，而他所留下的《新世紀史》（*La Historia del mondo movo*，一五六五年），是現存最早關於加勒比海地區的紀錄。在這幅畫中，勞動者更像是典型的希臘人，而不是非洲人或印第安人，且甘蔗的處理過程也讓人困惑：右上角的「榨汁機」只有一個水閘和水車，而棚子下放著的機械，則是一台邊緣輥，歐洲長久以來都是利用此裝置來碾壓橄欖和蘋果，印度和其他地方則是用來碾甘蔗，但此機器的使用並未出現在新世界的任何紀錄中。

這幅版畫出自於羅什福爾．德．凱撒（César de Rochefort）的《安地列斯的自然與道德史》（*Histoire naturelle et morale des Antilles*，一六八一年），下頭署名「A. W. delin」（推測為 A．W．畫），但 A．W．的真實身分不明。該畫中的蔗糖榨汁機流行了數世紀之久。

此兩幅畫作呈現了十九世紀的蔗糖煮沸室景象，上圖的作者為 R．布瑞奇斯（R. Bridgens），下圖為 W．克拉克。這些畫作又一次地展示了蔗糖廠內紀律嚴明、重視時間的工業化特質。

多明尼加共和國的一座現代榨汁機。該機械設計與數世紀前的設計非常相似，在現今的加勒比海地區和美國南方依舊可以見到。其最終成品為粗紅砂糖，為許多地區傳統菜餚的常見材料。（邦妮．夏普 [Bonnie Sharpe]）

蔗糖大桶（*The Sugar Hogshead*），作者為E．T．派瑞斯（E. T. Parris，一八四六年）。當地的雜貨店老闆，會一起分裝如圖中這樣大桶裡的蔗糖。派瑞斯是一位多愁善感的不知名畫家，留下許多關於倫敦街頭景緻的作品。畫中為著空了的糖桶蜂擁而來的孩子們，明確地展示了蔗糖在十九世紀英國人飲食中所具有的重要性。

這些精美的十九世紀甜點，出自於法國烘焙家杜布瓦（Dubois）和貝赫納（Bernard）烘焙書的插畫。其展示了法國高級料理（haute cuisine）在蔗糖失去特殊的權力象徵，成為相對常見的平價商品後的糖品運用。（糖文史中心 [Centre de Documentation du Sucre]）

用作香料的糖

在蔗糖於西元一一〇〇年引進歐洲時，是和其他香料如胡椒、肉豆蔻、豆蔻香料、薑、白豆蔻、香菜、南薑（galingale，薑科植物）、番紅花等歸為一類。這些原料在當時多為罕見、昂貴的熱帶（且具異國風味的）進口品，就算是負擔得起這些食材的人們，也總是小心翼翼地使用它們。[14] 對現代人而言，甜味並不是一種「香味」，且和許多味道呈鮮明對比（像是苦甜、酸甜，或者如「辣香腸」與「甜香腸」，作為辣味的對比），因此我們很難將甜味視為一種調味品或香料。但早在北歐多數地區認識蔗糖以前，東地中海區域、埃及和整個北非便將糖大量用作藥物和香料。當時的醫師們也早已認可蔗糖的醫藥用途，那些醫師包括伊斯蘭化的猶太人、波斯人，和活動範圍遍及伊斯蘭世界（從印度一直到西班牙）的聶斯托留派（Nestorian）基督徒。而透過阿拉伯的藥理學，歐洲才開始慢慢認識到藥用糖。

至少自十字軍出現時，用作香料的蔗糖就備受歐洲權貴們的喜愛。此處我們所指的「香料」，根據《韋氏字典》的定義為「帶有香氣的植物製品，用於烹飪中，可增添食物風味或製作醬汁、進行醃製等。」但我們已不習慣視糖為香料，而是拆開視為「糖與香料」。而此種思維改變，也證實了蔗糖在使用與意義上的重大轉變——無論是就蔗糖與香料的關係，還是就西方於一一〇〇年接觸蔗糖後，甜味在其飲食體制內所扮演的角色而言。

十四世紀（此時期我們擁有更多可信的史料，可證明英國家庭如何使用糖），在喬維爾（Jean de Joinville）的《編年史》（*Chronicle*）中，活靈活現地展露了歐洲人對香料起源及其本質的一無所知（當時蔗糖仍屬於香料的一種）。深深為尼羅河折服的喬維爾（他認為尼羅河勢必發源自那遙遠的塵世樂園），這樣寫道：

> 在河水流入埃及之前，人們會如一如既往地，趁著夜色將網撒在河裡。白日來臨時，他們的網子就會裝滿那些秤重賣給我們的大地之寶，如薑、大黃、沉香、肉桂等。人們說這些東西來自塵世樂園，就如同風颳下我們大地的林中枯木一般，樂園中的枯木就那樣落入河裡，成了商人賣給我們的貨品。[15]

我們無法得知身為聖路易（Saint Louis）朋友與傳記作者的喬維爾，是否真的相信香料是從尼羅河打撈上來的，但其文字饒富趣味地證實了香料所帶有的異國風情，以及多半來自熱帶地區（如同蔗糖）。

關於歐洲特權階級為什麼如此鍾愛香料，說法有很多種，而解釋之一是：在一五〇〇年以前，冬季食物總是非常匱乏，導致能屠宰的肉類大量減少，使人們不得不攝取那些醃製、鹽漬、煙燻、以香料調味的肉，有時甚至包含腐肉。但或許我們只需簡單地提醒自己，對於單調的日常飲食而言，這些香味、刺激和鹹、酸、苦、油、辛辣能為飲食增添多少樂趣，就足以明白。此外，香料也有助於吸收。即便在物資缺乏的時代，人們還是會厭倦一成不變的食物。從歐洲權貴們的舉止，我們不難察覺他們是如何渴望讓自己的飲食變得更易於消化、種類多樣化、味道鮮明且美味（就他們的眼光而言）：

透過中世紀人們對於飲食的想法，我們能部分理解他們毫無節制使用香料的原因。多數人都知道宴會上的大量肉類，或甚至只是日常餐點，都會帶來過重的消化負擔，因此他們使用了肉桂、白豆蔻、薑和各式各樣的香料，以減輕胃部不適。即便在非用餐時間，他們也會隨意地食用以香料醃製而成的果乾，一方面是為了幫助消化，另一方面則用來開胃。此外，我們也可以推想在必須食用某些放得太久的肉類、魚類時，他們也會利用香料來掩蓋腐敗的氣味。在多數情況裡，無論原因為何、也不論是否合適，餐點裡總是加入了大量的香料。而一般來說，蔗糖總是被歸類為香料（或許是因為其同樣來自東方）。[16]

在這些烹調加工方法中，蔗糖皆位居要角。而在亞當・德・莫林斯（Adam de Moleyns）歌頌英國海權的《對英格蘭政策的控訴》（*Libelle of Englyshe Polycye*，一四三六年）中，貶低了所有來自威尼斯的進口貨品——除了糖：

來自威尼斯和佛羅倫斯的船艦，
為著船上的貨物自鳴得意，
入眼淨是香料與珍稀食貨，
香甜美酒、各式商品，
人猿和長尾猿猴，
俗麗飾品及無用擺飾，

足以使人眼花撩亂的珍稀古怪之物，
和那些如過眼雲煙之物。

莫林斯甚至認為進口的藥物也不重要。但他寫道：

倘若有任何一物值得期待，
那便是糖，請盡信吾之言。[17]

在現存最早的英國烹飪書籍裡，蔗糖無疑是用作香料或調味料，並留有詳盡的用法紀錄。倘若我們忽略前述的聖比德不談，那麼最早提到蔗糖的文獻，便是亨利二世（Henry II，一一五四—一一八九年）時期的王室收支與開銷紀錄。當時的蔗糖為調味品，且專為宮廷進貨。但其用量一定非常有限，因為那時只有王室和富可敵國的人才負擔得起糖。一二二六年，亨利三世（Henry III）要求文契斯特（Winchester）的市長為他取得三磅的亞歷山大（Alexandrian，即埃及）糖，而這也是當時從文契斯特博覽會上，所能向商人購買到的最大上限。[18]

進入十三世紀時，蔗糖則是以長條狀或秤重（磅）來賣。儘管當時只有全國最富裕的少數者買得起蔗糖，但即便是窮鄉僻壤，也能見到蔗糖的蹤跡。[19]根據記載，當時最常見的糖為「貝札」（Beza）糖：「此種來自賽普勒斯或亞歷山大的糖備受讚譽」。[20]但在早期，糖的名字往往包含了產地或起源，像是出現在一二九九年帳目明細中的「摩洛哥糖」（Zuker Marrokes）、「西西里之糖」和「巴拜里糖」（Barbarye sugar）等，都能在《牛津英語辭典》的字義引文中找到。到了一二四三年，亨利三世甚至可以在其香料訂單中，訂購三百磅的「羅氏糖」（zucre de Roche，應為一種塊狀糖）。[21]在愛德華一世（Edward I）統治下的一二八七年，王室一共使用了六百七十七磅的糖，還有三百磅的紫羅蘭糖，和一千九百磅的玫瑰糖。[22]隔年，王室的蔗糖使用量甚至出現了巨幅成長，暴增至六千兩百五十八磅。[23]

被視為珍稀香料的蔗糖，開始受到人們的歡迎。在萊斯特伯爵夫人（Lecister）那短短七個月的驚人帳目表中，更是頻繁地提及了蔗糖。歷史學家瑪格麗特・拉巴赫（Margaret Labarge）也在針對某名男爵家庭的詳盡描述中，提及糖的存在。「過去人們總認為一直要到中世紀，蔗糖才為歐洲所知，且在此之前蜂蜜就是唯一的甜味來源。但在深入研究家庭帳目後我們可以發現，十三世紀中期的富裕家庭持續用著糖。」[24]在斯溫菲爾德主教（Bishop Swinfield）一二八九年至一二九〇年間的開銷帳目中，提到了「購入超過一百磅的糖（多為塊狀粗糖），還有甘草糖及十二磅的蜜餞。」[25]同年的赫瑞福主教（Hereford）家庭帳目中，也出現了購買來自赫瑞福及威河畔羅斯（Ross-on-Wye）糖的條目。[26]

在伯爵夫人的帳目中，同時提到了「普通糖」和白色糖粉。據推測，「普通糖」應指塊狀、未完全精煉的結晶糖。而顏色越白的產品，價格也越高。在伯爵夫人所留下的那七個月帳目（一二六五年）中，共購買了五十五磅的糖（上述兩種糖皆有）。此外，該帳目也顯示，伯爵夫人同時期還使用了五十三磅的胡椒（應為黑胡椒或來自印度的胡椒），而這或許也支持了當時「視蔗糖為香料」的論點。

在接下來的一個世紀裡，各種類型的糖的進口量逐漸成長，但這也只是證明了特權階級的使用量增加，而不是糖開始向下層社會普及。到了十五世紀早期，蔗糖開始成為重要的商品。一四四三年，亞歷山大・朵多（Alexander Dordo）的大帆船就載了二十三大箱純度更高的糖（當時的英文稱之為「kute」，後來演變為「cute」，源自於法文的「cuit」[精製之意]）。而精製程度較低、但還是部分精煉且結晶化的紅糖，則以木箱運載（一開始被稱為「casson sugar」，後稱作「cassonade」[即紅糖]），並且出現在十五世紀中期的雜貨清單中。此種糖雖然可以再精製，但英國要在一個世紀以後，才會出現精製廠。

而顯然於十三世紀晚期才傳播到英國的糖蜜，則有別於其他種類的糖。糖蜜來自於製作紅糖與其他糖類的西西里，並趁著威尼斯商人每年一度的遠航，搭著法蘭德斯大船（Flanders galley）抵達英國。[27]（但一直到十七世紀早期，才出現「利用糖蜜蒸餾出蘭姆酒」的敘述。）[28]

當大西洋島嶼的蔗糖產量於十五世紀末取代了北非與地中海區域時，蔗糖價格一度下跌，又於十六世紀中葉上漲。但無論如何，蔗糖仍為高價的舶來品。儘管對特權階級而言，蔗糖已成為盛宴及宗教儀式中不可或缺的存在，但對普羅百姓來說，它仍是遙不可及的事物，且是奢侈品而不是普通商品。在一四四六年一份提及某位商店老闆庫存的文檔裡，提到該名商人運送了番紅花、檀香粉（在當時它更像是一種香料而非香氛）、蔗糖，還有望遠鏡、牧師與神父的帽子等許多稱不上是日常必需品的物品。[29]然而，很容易就能在文獻中找到蔗糖對當時權貴者不可或缺的證據。在英國第一本書寫了包含十四世紀晚期菜餚的烹飪書籍誕生時，蔗糖在當時的英國還屬於只有權貴階級認識、懂得使用的食材。這些食譜清楚顯示，人們視蔗糖為可以強化或掩蓋食物味道，存於味覺光譜上的其中一個「區段」（segment，還不是甜、苦、酸、鹹的味覺四面體之一）。而當時人們看似雜亂無章地將糖加在肉、魚、蔬菜等菜餚的料理方式，也似乎證實了「人們將其視為香料」的觀點。

閱讀並評論過大量早期烹飪書籍的威廉・赫茲里特（William Hazlitt），相當鄙夷那種「不自然地結合肉與甜味」的菜餚，而他推測（或許不太正確）那種菜餚源自於「史前時代亞瑟王的袋包布丁（bag pudding）」：「儘管我們這些挑剔的後亞瑟王時代者（post-Arthurians）認為，此一結合水果與肉類（脂肪與果肉）的作法無比粗劣，但它卻盛行於伊莉莎白一世和詹姆士一世時期，顯然這種料理並未讓我們的先輩感到噁心。」[30] 赫茲里特也坦承，在英國飲食中，此種詭異的結合從未消失。但他視此菜餚為可追溯自半神話時期、一種傳統料理方法的延續，並認為「於我們這個時代，只能在醋栗凍與蘋果醬汁中依稀見到其改頭換面後的蹤跡」，則是錯誤的見解。[31]

十四世紀晚期，出現了一個極為特別的蔗糖用法，就是將其頻繁地與蜂蜜結合，好像兩者不僅在味道上並不相似（當然兩者並不一樣），還能相輔相成。儘管如此，透過食譜，我們仍再次見到這些甜味劑被用作調味料，像是拿來製作淋在魚類或肉類上的醬汁；以米粉為基底製作而成的重鹹、加了許多香料的調味顆粒；製成口味上過於刺激而必須使用精製糖來「舒緩」的香料飲等等。[32]

蔗糖和其他香料經常出現在那些既非以甜味為主，且甜味也並不占壓倒性優勢的菜餚中。許多時候，那些經搗碎或碾磨的食材，會因添加了大量香料，而蓋過其原始風味：「無論菜餚名稱為何，幾乎每一道都是呈柔軟且黏糊狀，且主食材的風味也完全淹沒在紅酒香料或蔬菜的味道中。而幾乎所有食材都會經過碾磨或剁碎，再與其他食物混合，但調味的手法強烈到就像是要掩蓋所有食材的味道般。」[33]這種吃法或許和當時並沒有叉子有關，但仍無法解釋為何要添加大量佐料。在英國歷史學家威廉・米德（William Mead）針對中世紀英國料理的討論中，列舉出少數幾道沒有使用糖的料理。而他似乎也和赫茲里特一樣，對使用糖的料理感到不滿。「所有人都知道，」他寫道，「世界上沒有比撒上糖的生蠔更令人作嘔的食物了。然而我們卻能在不止一份的食譜裡，見到人們推薦這樣的組合。」[34]而在他所引述的食譜（生蠔佐肉湯）中，糖搭配了生蠔汁、艾爾啤酒、麵包、薑、番紅花、胡椒粉和鹽巴。然而該食譜中並未交代各成分的用量，因此我們無法確認這道菜嘗起來甜不甜。但不得不承認的是，其味道勢必與我們今日所品嘗到的生蠔不大相同。但對喜愛洛克斐勒牡蠣（Oysters Rockefeller）[①]等料理者而言，其對這份食譜的震驚程度，大概會小於米德。

或許對赫茲里特和米德這些作者來說，他們並不是厭惡甜味本身，而是排斥甜味結合其他味道。然而可以肯定的是，此種偏好將與時俱變，甚至在短期內出現劇烈改變。儘管米德為糖與炸豬肉的結合悲鳴不已（「此種美味並不屬於我們這個時代」），[35]但在湯瑪斯・奧斯汀（Thomas Austin）於十九世紀晚期為《十五世紀的兩本烹飪之書》（*Two Fifteenth-Century Cookery-Books*）所留下的注解裡，卻指出此種「將豬肉結合蔗糖的作法，最近也出現在牛津的聖約翰學院裡。」[36]在理查二世（Richard II）御用廚師約於一三九〇年所寫下的

《烹飪方法》（*The Forme of Cury*）中，出現了大量將蔗糖視作香料的食譜。例如「Egurdouce」（源自於法文的aigredouce，即酸甜之意），就是將兔肉或小羊排佐以酸甜醬，其作法如下：

> 取生兔肉或羊肉，剁成小塊，放進豬油中油炸；取葡萄乾，入油鍋；取洋蔥煮至半熟，切成小塊油炸；將紅酒、糖、胡椒粉、薑、肉桂、鹽加入其中。用大量的豬油加熱至滾，並端上桌。[37]

在「燴雞」（chykens in cawdel）食譜中，其描述更為生動：

> 以濃高湯燉煮雞肉，之後將燉好的雞肉取出拍打、壓實。接著混合蛋黃與高湯，再加入適量的薑粉與糖粉，還有番紅花和鹽巴。最後，將高湯置於火上但無需沸騰，再將整隻或切成塊的雞放入，讓湯汁沒過其身。[38]

儘管在許多食譜中——尤其是甜點與酒類中，蔗糖扮演了最主要的角色，但在那些以肉、

①【編注】洛克斐勒牡蠣，在半開的牡蠣上，加入奶油、巴西里等綠色香料、麵包粉烤製而成。由於它的醬料「濃郁」（rich），所以用二十世紀初的美國首富洛克斐勒來命名。

魚、家禽或蔬菜為主的食譜裡，就算沒有看到蔗糖，你往往也能在肉桂、薑、番紅花、鹽、南薑和檀香粉等香料之列，見到蔗糖的身影。

此種「將蔗糖作為香料」的用法，於十六世紀邁入鼎盛。自此之後，蔗糖的價格、供應、消費群，開始出現劇烈且根本性的改變。隨著蔗糖量產後，蔗糖就漸漸不被用作香料——這並不令人意外。但值得一提的是，某些偏遠地方仍用蔗糖來調味。與節慶相關的餅乾及甜點，則經常會沿用古老的方法，加入蔗糖與香料（像是薑、肉桂或胡椒等）。而同樣的作法也可見於與節慶相關的家禽料理，像是佐以果醬、紅糖或甜醬汁的鴨肉、鵝肉。至於慶典上享用的火腿料理，則經常佐以丁香、芥末、紅糖等其他特殊風味。然而，於慶典料理中備受青睞的蔗糖，主要是用於遮掩食材味道，但此種調味方式並不意味著用糖方式的改變，僅僅反映了人類學家長久以來觀察到的現象：節日通常能保存日常生活中所喪失的事物。那個將蔗糖視作香料的世界已經消失了，如今，蔗糖遍及我們所處的世界。就如同輕點帽簷向某人致意或飯前禱告般，烘烤並享用薑餅不過是一個讓我們回溯過往的契機。

象徵權勢的裝飾性蔗糖

到了十六世紀，用蔗糖來裝飾的習慣，從北非——尤其是埃及，逐漸蔓延到整個歐洲大陸，並從上層社會向下散播。為了理解此一裝飾性用法，我們必須簡單觸及到製糖的兩個面向。第一，純蔗糖為白色。要製作出現代的白糖，我們必須先透過煮沸使水分蒸發並讓蔗糖結晶化，從而分離出雜質；在經過幾道（更複雜的）手續後，糖蜜會在離心分離下與結晶紅糖分開。然而，由於早期的精煉技術有限，因此無法製作出如今這般的白糖。當時的蔗糖並不是很白，因而蔗糖越白，價格也越高。而歐洲人對白糖的偏好，或許是仿自阿拉伯人的品味（對阿拉伯人而言，食用蔗糖的習慣淵源已久）。但白色與純潔之間的關聯，在歐洲也是由來已久。正因如此，白糖經常出現在藥方中，而那些將蔗糖與其他白色食物（雞肉、奶油等）結合的食療，更是以不符合其療效的程度廣受人們歡迎。

第二，蔗糖具有防腐性，其保存效果與糖的純度成正比。當然，昆蟲和動物可能會吃掉糖，且糖也無法在潮濕環境下久放。但值得注意的是，在理想情況下，糖製品可以存放非常久。

除了上述兩個特質，我們還可以再加上一個：相較之下，蔗糖無論在固體或液體狀態下，都可以輕易地與其他食物融合。而在歐洲盛行的混合方法中，極為盛行且顯然源自於中東及北非的添加品，非杏仁莫屬。儘管歐洲最早關於杏仁軟糖（marzipan）的記載，出現在十二世紀末，[39]但在此時期之前的中東，卻早有製作杏仁軟糖的紀錄。除此之外，人們也會將蔗糖與杏仁油、米飯、香料水和各式各樣的植物膠混合，而這樣的組合也大量出現在十六、十七世紀的文字間。儘管我們無法輕易地找出這些作法源自於哪些埃及食譜，但兩者極可能有所關聯（尤其在經過威尼斯的中介後）。

這些食譜的重要特點就在於，其製出的麵糊可以捏塑成型，使成品不但具有審美性，還能同時達到保存與食用目的。歷史記載顯示，儘管發生了飢荒、通貨膨脹、瘟疫，十一世紀的哈里發札希爾（al-Zahir）仍舊以「來自糖果烘焙師的藝術傑作」，包含一百五十七尊雕像及七座桌子大小的宮殿雕塑，來慶祝伊斯蘭的傳統文化節日。於西元一〇四〇年來到埃及的波斯旅人納塞・庫斯洛（Nasir-i-Chosrau），更紀錄下當時的蘇丹王在齋戒月期間，使用了七萬三千三百公斤的糖，並在宴會桌上放了一整株由蔗糖與其他裝飾品製成的樹。安薩里（al-Guzuli，歿於一四一二年）則生動地描述了哈里發的慶典，並提到一座全部由蔗糖搭建起的清真寺，而乞丐們也在慶典的最後一天受邀到這座清真寺內，一起享用糖。[40]

毫無意外地，類似的作法不脛而走、傳遍歐洲。杏仁軟糖和類杏仁軟糖的麵團，也迅即出現在十三世紀的法國王室盛宴上。[41]很快地，歐洲大陸的甜點師與糕點師又從法國飄洋過海來到英國，並將此門技藝發揚光大。這類糖製品的主要製作方法是：混合糖、油類、碾碎的堅果與植物膠，製造出具有延展性、猶如黏土般的麵團。而此種甜膩、具保存功效的「黏土」，幾乎可以隨心所欲地捏塑成任何形狀，再烘焙或定型。最後製出的成品稱作「糖雕」（subtlety），會於宴會的餐點與餐點間呈上（實際上，每「一道」餐點往往包含了數道菜餚），作為中場休息的暗示。舉例來說，在英格蘭的亨利四世（Henry IV）與納瓦拉的瓊（Joan of Navarre）的婚宴上（一四〇三年），在接連端上了三道肉類料理後（每一道料理都由數道菜所組成，且並非所有的菜都是肉），為三道魚類料理，而每道料理之間，都包含了一個「糖雕」（sotelte，subtlety 的古字）：

第一道菜

燉豬肉佐焦糖洋蔥肉汁（Fylettes in galentyne）——米飯佐香料、酒和蜂蜜（Vyand ryall）——牛肉或羊肉（Gross Chare）——幼嫩天鵝肉（Sygnettes）——油浸閹雞（Capoun of haut grece）——圓形派餅（Chewetys）——糖雕。[42]

這些「糖雕」可刻成動物、物品、建築等形狀，並在接受人們的讚嘆後（因為蔗糖當時既稀有且昂貴）被吃下肚。但由於原料珍貴且耗量龐多，一開始只在國王、貴族、騎士階層及教會間流行。起初，這些展示之所以受眾人重視，是因其既漂亮又可以食用。但逐漸地，糕點師傅的創造力開始服膺於政治符號，而糖雕更別具象徵意義。「除了讚美之詞外，」一名評論者說道，「就連對異端或政治人物的狡猾譏諷之詞，都能成為那美麗糖雕的主題。」[43]對王室來說，那些起初「製作成各種形狀如城堡、高塔、馬、熊和猿的糖漬食品和杏仁軟糖」，開始成為足以表達特殊立場的訊息載具。在亨利六世（Henry VI）的加冕典禮上，就出現了兩座截然不同、經詳盡記載的糖雕。人們以極具戲劇性的文字，描述了這兩座奇妙而令人驚奇的食物，如何在食用前經人們捏塑、紀錄、歌頌和研究。其中一座為：

懺悔者愛德華（Seynt Edwarde）和聖路易（Seynt Lowys）身著盔甲，全副武裝。而在他們之間，站著同樣披堅執銳的亨利國王，一句標語橫跨在雕像上，寫著「看，那完美無瑕的英勇君王。」

另一座雕像則是直接針對敵對基督教派羅拉德派（Lollards）的「告誡」（warner，這個字也曾經為 subtlety 的別名，通常指在菜餚端上前的糖雕）。這座糖雕為「當今的皇帝跪在穿著盔甲、掛著勳章的已故皇帝與國王們面前，因為」：

為打擊邪惡而挺身而出的西吉斯蒙德皇帝（Sigismund），
展現了他的偉大，他的威嚴。
自亨利五世以來的高貴騎士們，
為基督之名而奮戰不息。
捍衛教會，推翻羅拉德，
留給後繼王者一個典範……[44]

在每一道菜餚之後，緊接著都是類似的糖雕展示，其內容確立了國王的權力與特權、力量，有時則展現其意圖。而此種展示之所以極具特權意味，全奠基於此物質的稀有性——除了國王以外，幾乎沒有人能負擔得起這樣的用量。但對王權而言，能為賓客提供如此具吸引力的食物，還能藉機炫耀自身財富、力量、地位，不失為一令人愉快的活動。而藉由讓賓客吃下這象徵權勢的裝飾，主人的權力也得以彰顯。

在精心製作的可食用甜點與社會地位認同間，確實存在明確的關聯。不久之後，一名評論家鉅細靡遺地解釋當代的商人，如何精挑細選自己想要在宴會中呈現的食物，且盡心盡力的程度「經常能與當時代的貴族一較高下」：

> 在這樣的場合裡，五彩繽紛的果醬，混合著製作成各式各樣的花、香料、樹、野獸、魚、家禽與水果的造型品，再與杏仁軟糖一起做成珍稀食品。還有顏色繽紛、種類各異的水果塔，以及來自海內外的鮮果蜜餞、柑橘果乾、柑橘果醬、杏仁軟糖、糖餅、薑餅、佛羅倫斯脆餅、野禽、各式鹿肉，和具異國風情的糕點等所有以糖增加甜味的餐點。[45]

而進入十六世紀後，所有的商人與國王都成為了炫耀者與（糖的）消費者。

儘管蔗糖仍屬於稀有物資，但由於其來自海外貿易、象徵高貴與豪奢，也讓它的進口量於十四世紀初穩定下來後，立刻成為大受歡迎的商品。但蔗糖之所以誘人，並不僅僅是因為其用作香料，或可直接食用。隨著掌權者越來越頻繁地使用蔗糖，此一消費行為與國內興起的商業力量的連結也更加緊密。此外，蔗糖在特定消費形式中所具備的儀式性關聯，也讓其在英國人生活中取得更顯著的象徵意義。

托馬斯・沃頓（Thomas Warton）在《英國詩史》（*History of English Poetry*）中，附帶紀錄了作為權力與威望象徵的盛宴，如何在十五世紀間逐漸變得不可或缺，甚至流行於學者與聖職人員間：

> 由於學界聚會變得過於鋪張豪奢，一四三四年甚至頒布了一道命令，規定任何人文學科

學位接受者不得花費超過「三千特倫內斯幣」……儘管如此，後來的約克主教內維爾（Neville）還是在一四五二年，獲得文科碩士學位之際，用為期兩天的盛宴來款待學者們及許多陌生人。在這兩天的款待中，共端出了九百多道價格不斐的菜餚……此種與學習無關也不符合學術目的之行為，卻存在於我們的校園中。

這就是當前時代的假道學行徑。一五〇三年，牛津大學校長、瓦哈姆大主教（Wareham）就在自己的就職慶祝會上，堅持第一道菜必須為極珍稀的菜餚，因而端上了八座象徵牛津大學的鐘樓，且每一座鐘樓前都站著一位傳令官，塔底則是國王的雕像。而被一群穿著學位袍的博士包圍的瓦哈姆，向國王獻上了四首拉丁詩歌，並獲得陛下的稱許。

而那「珍稀的菜餚」，當然完全是由蔗糖精心雕琢而成。[46]

毫無疑問地，儘管糖雕仍流行於上層社會，但到了十六世紀晚期（或甚至在更早的時候），它開始以較樸實的型態出現在那些沒那麼顯赫或富裕的家庭中。在帕佳里奇（Partridge）經典的十六世紀烹飪書中（一五八四年），提到了大量以糖作為調味料的食譜（烤雞、炒西葫蘆、香料烤兔肉或烤牛舌）。其中也提到了杏仁軟糖的製法，而該食譜也或多或少地成為日後其他食譜的抄襲來源：

取……去皮後的杏仁……白糖……玫瑰水……和大馬士革水……用同樣的水搗碎杏仁，直到杏仁足夠細碎。將其放在幾塊炭火上，直至其變濃稠，接著再加入糖，繼續磨絞……再加入帶有甜味的水與之混合，開始製作杏仁軟糖。接著取薄酥餅……備妥由榛果綠枝做成的環……將其擺放在薄酥餅上……切下多餘部分……將其放置於溫暖的爐火旁……趁其還保有水分之際，用繽紛的顏色妝點。待其完全乾燥後……便會得到一個可以保存數年的杏仁軟糖。這是撫慰人心的食物，對那些因久病而食慾不振、身體虛弱者尤其有效。[47]

在這份食譜中，蔗糖混合了其他物質，製作成具裝飾性且可以存放良久的甜品，並宣稱具有一定的療效——而這也充分解釋了，為什麼根據糖的用途來簡單分類，是極為困難的一件事。在後續章節裡，帕佳里奇會更精闢地強調糖的裝飾性。這些甜品以動物和文字來裝飾，並佐以金箔（糖和金的關係，就如同糖總是和稀有物質如杏仁和玫瑰水結合般，同樣引人注目）。他指示讀者混合龍膠（gum dragant）和玫瑰水，再加入檸檬汁、蛋白和「精製白糖，仔細攪打成粉末」，以製作出光滑柔軟的麵團。「而這樣的麵團可以繼續製作成任何物品——各式各樣的水果、精美物件，捏塑成碟子、盤子、玻璃器皿、杯子等各種你想要妝點桌面的物品。」在這些物品完成並受到眾人的讚嘆後，就可以被賓客吃下肚：「在宴會進入尾聲後，賓客們可以吃掉全部展示品，他們可以打碎杯碗瓢盆與所有物什，因為這些糖製品是如此美味而精緻。」[48]

而下一個世紀的烹飪書，也進一步發揚帕佳里奇的烹調技藝。修・普拉特爵士的《仕女的永保青春、醫藥與烹飪大全》（*Accomplisht ladys delight in preserving, physic and cookery*）也緊接著帕佳里奇之後發表，並至少成功再版十一次。其書中仔細地描述了該如何製作「奇幻的糖雕」，包括「鈕扣、鳥嘴、小飾物、蛇、蝸牛、青蛙、玫瑰、細香蔥、鞋子、拖鞋、鑰匙、小刀、手套、信、繩結或各式各樣的糖果裝飾（iumball）等你想要在宴會上呈現的物品。」[49]

一六六〇年，富人對糖雕的要求已經高到讓「鈕扣、鳥嘴、小飾物和蛇」等創作只能相形見絀。羅伯特・梅（Robert May）是一名專業廚師，其經歷了伊莉莎白一世、詹姆士一世、查理一世、克倫威爾（Oliver Cromwell）和查理二世（Charles II）的時代，那也是一個所有宴會上都見得到糖雕的年代。梅的書主要是為富裕的非貴族階級而寫，而他的食譜也企圖讓人們享有貴族獨享的特權。某種程度上，有點像是點心師傅所犯下的「不敬罪」（lèse majesté）。「用紙板作出類似船的形狀，」他如此建議那些儘管富裕，但仍舊無法負擔大量杏仁軟糖來製作糖雕的人們。接著，他展示了自己精心設計的糖雕細節，包括一隻當你將一支箭從其側腹移除時會流出鮮血（紅酒）的公鹿、一座朝著軍艦發射炮彈的城堡、以栩栩如生的青蛙和小鳥妝點的金色糖霜派等。而梅的糖雕展演也在仕女們為了掩蓋煙硝味，相互投擲裝著香水的蛋殼中，劃下句點。「這些都是過去貴族們的消遣，」他對讀者說道，「當時勤儉持家的風氣還未遠離英國，刀劍仍用作武器，而如今只能以這般坦率而精美的方式來思古。」[50]

在國王與大主教們爭相展示那美輪美奐的糖霜城堡、騎著戰馬的騎士同時，受到啟發的上層社會開始將那軍艦狀的「料理空檔甜點」，與杏仁軟糖製成的槍炮結合，在其宴會餐桌上展示類似的社會效果。而其中有些人是新受封者，其他人則是財力雄厚的商人或上流社會人士。此外，此種藉由消費蔗糖來彰顯自身地位，並讓賓客刮目相看的作法，也持續向社會下層滲透（儘管多數創作缺乏舊時的雄偉輝煌）。一七四七年，漢娜．葛雷斯（Hannah Glasse）出版了那本著名的《烹飪的藝術》（*The Art of Cookery*），而在糖雕此一分類下，出現了至少兩個食譜（儘管內容已根據讀者條件作適度修改）。在第一個被稱為「jumball」（與一個世紀前由修．普拉特爵士所提出的「iumball」相同）的食譜中，其作法為融合麵粉、糖、蛋白、奶油和杏仁，再加入玫瑰水揉捏、烘烤，便製成了 jumball。接著，切割 jumball 成任何想要的形狀：「你能將 jumball 切成任何你喜歡的形狀……倘若你將它切成精美的形狀，它就能成為一道美味的小點。」[51] 葛雷斯太太的另一道食譜，是一個在被眾人吞下肚之前，絕對能叫人驚嘆連連的「刺蝟」。該作法混合了壓碎的杏仁、橙花水、蛋黃、糖和奶油，揉合成麵團，再捏製成刺蝟的形狀：「接著在外層插上長條狀的去皮白杏仁條，讓其就像是刺蝟的鬃毛般豎起。」而另一個更為繁複的版本，則是以番紅花、酸模（sorrel）、肉豆蔻、豆蔻香料、枸橼（citron）和橘皮（在番紅花價格過於昂貴時用來取代的紅色素）製成，往往一上桌「就讓在座者立刻為之沸騰」！

而在葛雷斯太太於一七六〇年出版的特製甜點烹飪書裡，也包括了許多精心設計的糖雕，並另外包含至少十種可用於妝點糖雕的小甜點。而那些從糕點店買來的糖飾，可以年復一年地妝點餐桌，包含籬笆、碎石路、「一小座中式寺廟」。而在糖雕頂端、底座和側面，則排列著「水果、各式堅果、鮮奶油、果凍、乳酒凍、餅乾等，你也可以根據桌子的大小，隨心所欲地決定擺設的餐盤數量。」這與亨利四世及瓦哈姆大主教的盛宴，顯然無法混為一談。但此時仍舊稱得上華美，而在不久之後，隨著糖價變得更便宜且供應充足後，其蘊含的「身分地位」意義也逐漸向下滲透到中產階級的生活中。

編撰了數本早期烹飪手冊的理查・華納牧師（Richard Warner），在其《古代烹飪》（*Antiquitates Culinariae*）中，敏銳地觀察到那象徵王室的崇高糖雕，逐漸成為中產階級消遣的轉變過程。「很有可能，」他如此寫道，「當代那些飾以雅致而多樣化的中式建築、田園風光、禽鳥、魚、猛獸和各式各樣來自異教神話的奇幻人物的糖雕，不過是往昔英國權勢的**遺留物**，或以更符合現今喜好的說法：昔日的**昇華**。」[52]

至少對西歐多數社會團體或社交場合來說，僅用大量的糖來宴客，已經不足以凸顯主人的地位。那些象徵性糖雕很少再出現於餐桌間，而用糖寫字的習慣，也幾乎只存在於情人節、聖誕節、生日、婚禮等節日中。然而，在糖的象徵意義於某種程度上被弱化後，其又以不同形式滲透了日常生活，並反過來證明了糖的重要性。而過去那些作為王公貴族玩物的糖飾，如薑餅屋、心型糖、玉米糖，和以糖果鑄模而成的雞、兔子等，就這樣以古老的型態留存下來，成為孩子們的玩物。

儘管蔗糖的象徵意義衰落了，其卻成功轉變成更具經濟與日常必要性的商品。隨著蔗糖價格越來越便宜且供應量更多，它的象徵性權力殞落，但其獲利能力卻逐漸成長。因此，就某種程度而言，說蔗糖的象徵意義弱化，著實讓人有些困惑。我們必須問：**對誰**而言，象徵意義減弱了？倘若沒有交代蔗糖對不同社會（象徵符碼被操控的領域）的階級體制所象徵的意義，我們便無法闡明甜味與權力的關聯。

從熱騰騰派皮中竄出來的青蛙和鳥已不復見；也沒有從冷卻酥皮中揮舞著長劍而出、向著查理一世及其新皇后致意的小人兒；而以杏仁軟糖做成的城堡，也隨著二十四隻黑鳥消失了。到了十九世紀，此類的烹飪演藝失去了往昔的誘人光環，就連中產階級都不再青睞。但隨著舊意義向下擴散，新的意義也逐漸形成。

隨著蔗糖向下與向外普及、無法再藉此凸顯消費者的尊貴地位後，其成為一種新物質。進入十八世紀後，由於蔗糖的生產、運送、精製和稅收都涉及巨額金錢，相應地為權貴階級帶來更多權勢籌碼。而當蔗糖成為連窮人都負擔得起的事物後，其無可避免地喪失了許多特殊的意義。但不久之後，讓窮人也有足夠的蔗糖可以消費，變成兼具愛國與獲利的行為。

近期某些作家特別強調了早期進口品（如蔗糖），在英國具有的奢侈意義（儘管除了那些進口品外，往往還會進口更大量的日常必需品，如水果、穀物等）。[53]某些人則反駁，認為此種奢侈品／日常必需品的二分法，只會讓人忽略那些所謂的奢侈品在建立權勢階級、維護社會連結上，具有重大社會意義。人類學家珍・施奈德（Jane Schneider）寫道：「貿易和社會階層化（social stratification）的關係，並非只是上層社會企圖透過嚴謹的禁奢法令和壟斷地位象徵，以凸顯自身。其更透過施予、饋贈和精心分配異國、貴重物品，來直接、刻意操控各類半邊陲（semiperipheral）及中層團體。」[54]其論點非常精闢，因為如糖這類「奢侈品」的重要性，是無法單純以重量或體積來評判，更不能忽視其在權貴社會生活所扮演的角色。此外，這些奢侈品的本質獨特性，及其用途的特殊或文化傳統性，也與其重要性息息相關。換而言之，蔗糖和黃金雖然同為進口舶來品，且兩者作為藥物時，用法甚至略微重疊，但我們無法製造出同樣產量的黃金與蔗糖，更無法將兩者歸類為同一用途範疇。儘管或許有一天，各社會階層能以較為便宜的價格交易黃金，但其產量與消費量仍舊不可能和糖並駕齊驅。唯有直接審視奢侈品的內在本質（「文化可用性」），我們才能徹底理解其意義。就糖而言，其從國王的奢侈品，**轉變**成平民百姓的高檔奢侈品——即一種可以花錢購買但已抽離原先的地位象徵，用途也不同的奢侈品。由此看來，蔗糖同其他諸多事物一樣，也成為一種假性的身分提升物。而當事情發展至此，這些奢侈品所具備的往昔意義便開始消散，而權貴們也漸漸摒棄對其的消費。

作為靈丹妙藥的蔗糖

蔗糖作為藥物的特殊地位，極大程度上與那些於中世紀透過伊斯蘭而傳播到歐洲的醫藥典籍有關。有鑒於蓋倫的理論在十字軍東征後，盛行於歐洲醫學界數世紀之久，希臘典籍中僅有少量的蔗糖描述，反而是一個相當有趣的情況。此外，該詞彙所指的實際物質究竟為何，仍未能確定；而希臘人是否擁有關於蔗糖（利用甘蔗汁提煉的糖）的知識，也讓人懷疑。但毫無疑問的是，從波斯到西班牙的穆斯林、猶太教或基督教醫生等歐洲體液醫學的主要倡導者，確實知道蔗糖的存在。其中，西班牙（尤其是托雷多，Toledo）、沙勒諾（Salerno，西西里）和高代沙堡（Gondeshapur，波斯，位於現今胡哲斯坦的三角洲地帶）為此學派的核心。可以肯定的是，也是上述那群人將蔗糖與其醫藥用法傳播到歐洲，並將其融入在歐洲所採納、改良，但極不熟悉蔗糖的希臘醫學體系中。

由於蔗糖對健康、飲食及營養所造成的影響，在當代頗具爭議，因而我們或許很難想像曾有那麼一段時間，蔗糖被視為靈丹妙藥。然而，那段時間離我們並沒有那麼遙遠。在九世紀來自於伊拉克的阿拉伯文手稿《論商業事務的透明性》（*Al-Tabaṣṣur bi-l-tiğāra*）中，留下了波斯與土耳其斯坦（Turkestan）利用甘蔗來製作糖的記載。[55] 其描述了由花剌子模（Chorasmia）的希瓦（Khiva）運載的麝香和甘蔗；來自波斯灣艾赫瓦茲（Ahwaz）的硬糖；來自波斯中心地帶伊斯法罕（Isfahan）的水果糖漿、榲桲（quince）和番紅花；還有來自法斯（Fars，也或許是夕拉茲 [Shiraz]）的玫瑰水、糖漿、睡蓮油膏、茉莉油膏；甚至有來自布什爾（Bushehr，靠近艾赫瓦茲）的糖漬酸豆（Capers）。甘蔗就跟著這些被視為香料或藥物（materia medica）的商品，以及大批新鮮玩意兒如萊姆、苦橙、檸檬、香蕉、羅望子、桂皮、訶子等，經由阿拉伯人之手，透過西班牙進入了歐洲。儘管上述商品全都可以入藥，但蔗糖的地位卻明顯凌駕於他者之上。在肯迪（al-Kindi）、塔巴里（al-Tabari）、阿布·達欣（Abu'l-Dasim）和其他十世紀至十四世紀的阿拉伯作家的作品中，蔗糖成為極為重要的藥材。

阿拉伯的藥理學體系主要是根據《醫療處方》（*aqrābādhīn*）所匯集而成，書中並依配藥方式分成不同章節。以阿拉伯藥理學為研究對象的歷史學家馬汀·利維（Martin Levey）寫道：「在架構上，《醫療處方》許沿用了蓋倫的《藥學概論》（*De Compositione medicamentorum*）。但令人驚訝的是，前者作為藥理學文獻的地位一直持續到了十九世紀。」[56]

而以調製方式來分類的處方，讓我們清楚看到蔗糖的醫療角色。比方說，其中一個分類為「糖漿」（阿拉伯文為 shurba）：「被濃縮到具有特定黏性的液體，如用兩指沾取，將兩指分開時該液體會呈半固體狀。許多時候，為了增加黏稠度或甜度，會使用蔗糖和／或蜂蜜。」[57]另一個分類「羅布」（rob，阿拉伯文為 rubb）也與「糖漿」很類似：「製作時，將水果和花瓣浸泡在加糖熱水中，並一直煮沸到濃縮的狀態。」而「糖漿藥水」（阿拉伯文為 julāb，源自波斯文的 gul ＋ āb，即「玫瑰」加「水」）的濃稠度，比「羅布」低，「且經常會加入蔗糖。」[58]其他分類還包括了藥糖（lohochs）、湯劑、浸劑、熱敷劑、粉、糖劑、舐劑、苦藥（hieras）、香味乾藥糖劑（trypheras）、解毒舐劑等。**每個類別**都有包含蔗糖的混合物，且在多數情況下，糖都是重要成分。[59]

我們已經知道在蓋倫及希波克拉底的著作中，都有出現可能為蔗糖的詞彙，但由於其鮮被提及且內容模糊，讓人不得不去懷疑該物質的真實身分。因此，或許對那些不懈地傳播希臘羅馬藥理學的伊斯蘭醫師們而言，將蔗糖（大幅度地）融入蓋倫的醫學體系，也意味著大幅拓展了希臘羅馬藥理學。此外，歐洲也透過譯為拉丁文的阿拉伯典籍、西班牙的薩勒諾醫學學派（Salernum，尤其集中在一〇〇〇—一三〇〇年期間）和拜占庭帝國，很大程度地接受了阿拉伯的科學。而許多學者，如傳留下《醫典》（*Canon medicinae Avicennae*，阿拉伯文為 *Qanun fi'l-tibb*）、且其名言「就我所知，糖（永遠）是好的！」（apud me in eis, quae dulcia sunt, non est malum!）廣為人知的波斯人阿維森納（Avicenna，也叫伊本·西那 [ibn-Sina]，九八〇—一〇三七年），其醫學理論的重要性甚至到十七世紀仍難以撼動。

當更多關於蔗糖的知識隨著十字軍東征回到歐洲後，其醫藥用途也隨之散播。希臘醫生西蒙・塞斯（Simeon Seth，約一〇七五年）在其作品中，視蔗糖為藥物，而於十一世紀擔任拜占庭皇帝曼努埃爾一世（Manuel Comnenus）宮廷御醫的西納修斯（Synesios），則推薦以玫瑰糖來擊退發燒症狀。在義大利，來自非洲的康士坦丁諾斯（Constantinus Africanus，生於一〇二〇年）提及藥用蔗糖，且同時提到液態糖及固態糖的內服外用法。十一世紀中期，由薩勒諾醫學學派所翻譯（且可能重新編排）的《簡易醫書》（*Circa Instans*），就像是歐洲那不斷演變的醫學史縮影，而通曉阿拉伯文和／或波斯文的西方拉丁文翻譯者，則讓伊斯蘭世界那融混了希臘羅馬醫療理論的醫藥典籍與知識，得以傳播至歐洲北方。而在後來版本的《簡易醫書》中（一一四〇—一一五〇年），蔗糖成為可緩解發燒、乾咳、胸腔病痛、唇部皸裂和胃疾的藥物。雖然此時人們已有機會取得蔗糖，但仍只有權貴者才負擔得起少量的糖。而那些貧困、只負擔得起類似藥方的病患，則會用蜂蜜取代蔗糖。

在此之後不久的十三世紀（英國關於蔗糖的早期文獻便是出現在此時期），含有蔗糖成分的補劑也開始出現。阿杜布蘭多・德・席恩納（Aldebrando di Siena，歿於一二八七年）和阿諾德・諾瓦（Arnaldus Villanovanus，一二三五[?]—一三一二[?]年），也經常將蔗糖入藥。而阿諾德也提到了「alba comestio」（類似於西班牙的傳統菜餚「manjar blanco」，以米粉、牛奶、雞胸肉和蔗糖製成）那不尋常的健康助益。[60]同樣地，法國那道由白麵包、杏仁奶、閹雞雞胸、糖和薑所做成的「le grand cuisinier」，也曾經一度成為一種藥方。阿諾德還提供了糖漬檸檬與檸檬片、乾松子仁、杏仁、榛果、茴香、薑、香菜和玫瑰的食譜。他也特別提到，一定要用最棒的糖。又一次地，我們見到了蔗糖的使用方式——保存、食用、香料、裝飾和療效細密地交織在一起。而蔗糖作為藥物的概念，也牢固地延續了數個世紀。

十二世紀，蔗糖的藥性也成為重要的神學思辨核心，而這也讓我們很早地見識到蔗糖在道德攻擊下那近乎刀槍不入的地位。作為香料的糖是食物嗎？攝取蔗糖是否違反了禁食規則？而指出蔗糖為藥物而不是食物者，正是多瑪斯・阿奎納（Thomas Aquinas）：「儘管其具有營養價值，但我們並不是為了追求營養而攝取香料糖，而是尋求消化助益。依此，攝取糖就跟攝取藥物一樣，並不違反禁食規定。」[61]阿奎納的言論確立了那男女老少咸宜、巧妙多變的絕妙蔗糖的無與倫比優勢。在那些歐洲人口消費量於十七世紀至二十世紀中顯著增加的主要熱帶商品，如茶、咖啡、巧克力、菸草、蘭姆酒和蔗糖（我稱之為「成癮性食物」）之中，只有蔗糖躲掉了宗教界的撻伐。而蔗糖帶有的特殊「世俗」美德，也值得我們進一步著墨。

我們都知道，蔗糖——尤其是高度精製的蔗糖，能引發特殊的生理反應。但這些生理反應並不像酒精那樣明顯可見；也不如富含咖啡因的飲料如茶、咖啡、巧克力那樣影響顯著；更不像菸草，會讓首次服用者的呼吸、心跳、膚色等急遽改變。儘管給予嬰兒大量蔗糖會見到其行為明顯改變（特別是第一次接觸蔗糖的嬰兒），但成人的反應卻沒有如此顯著。此外，當人們長時間或頻繁地接觸這些物質（包括蔗糖）後，其引發的反應強度也會隨之下降。此處並不是指它們的長期營養價值或醫療效果，而是肉眼可觀察的結果。故此，蔗糖之所以沒有像茶、咖啡、蘭姆酒和菸草那樣受到教會抨擊，極有可能是因為攝取蔗糖後並不會臉色泛紅、腳步蹣跚、頭暈、興奮、語調改變、口齒不清、肢體動作明顯增多等其他在攝取咖啡因、酒精、尼古丁後，可能出現的變化。[62]

而蔗糖的療效，也受到除了阿奎納以外的知名哲學—醫學權威所認可。艾爾伯圖斯・麥格努斯（Albertus Magnus）在《植物典》（*De Vegetabilibus*，約一二〇五—一二五五年）中，運用體液學闡述了在當時廣為流行的觀點：「糖的甜味證明了其本質屬熱與潮濕，並隨著時間而變乾燥。蔗糖具有撫慰與舒緩功能，可以緩解喉嚨嘶啞和胸腔疼痛，不過也會導致口渴（但比蜂蜜造成的副作用輕微），甚至是嘔吐。不過整體而言，當胃很健康且沒有膽汁時，蔗糖有健胃之效。」[63]蔗糖甚至也在所有據稱能治療黑死病的藥方中，位居要角。在卡爾・蘇霍夫（Carl Sudhoff）針對十四世紀的「災禍紀實」（Pest Books）所發表的論文中，指出「蔗糖出現在每一則藥方中，只要是給窮人的藥方，就會用蔗糖來取代昂貴的糖劑、珍貴寶石與珍珠等只能在富人藥方中找到的原料。」[64]

將蔗糖與珍貴珠寶、金屬相提並論，再次呼應了「糖雕」的意義。還有什麼比直接食用昂貴之物，更能彰顯自身的不凡呢？因此，在我們見到人們企圖服用碾磨成粉的珠寶來治癒身體病痛時，也無需過於驚訝。但不妨以我們對糖雕的了解，來解釋這個現象。就當代的價值觀與生活模式來看，展現特權的方式便是「摧毀」（或如字面意思般地「吃掉」）他人渴望的事物。而對當代中產階級的道德標準而言，此作法唯一造成的冒犯在於其赤裸裸的意境（literalness）。不過，就平等主義而論，此種易招致反感的消費行為不應該如此張揚，因為該消費帶有顯而易見的非平等動機。但在階級明確且被承認的時代、當普羅大眾皆認可國王的權力時，特權的濫用往往不會被視為一種濫用。確實，如果就窮人與貴族的社會本質來思考，此兩者的濫用行為反而比勢力蓬勃發展的中產階級還容易理解。然而無可避免地，當舊有階級瓦解時，也會影響人們對特定消費形式的既定道德觀。那些沒有機會吞下碎鑽石粉的人，會怨恨可以那麼做的人嗎？或許攝取蔗糖最終能縮短此兩團體間的距離。就這點來看，觀察蔗糖消費能讓我們理解社會如何變遷，而此點遠比消費本身更為重要。

而蔗糖在十三世紀至十八世紀的歐洲醫療中扮演要角，人們甚至用「宛如沒有糖的藥劑師」這樣的諺語，來描述極端的沮喪或無助。隨著蔗糖越來越常見，而蜂蜜卻越來越貴，藥用蔗糖也益發普及。（不過蔗糖與蜂蜜並不只是在醫藥方面調換。不久後，兩者在食用與防腐上的功用也彼此對調。）

蔗糖療效之辯

然而此股藥用蔗糖潮流，也引起一些重大爭議。在一份當代的簡明藥用蔗糖統整中，生物化學家兼藥理學家保羅・畢騰傑（Paul Pittenger）羅列了二十四種蔗糖藥用法。而其中至少有十六種確定早在十四世紀之前就出現，且為伊斯蘭世界的醫生所採用。[65] 有鑒於此種被廣泛且頻繁使用的「藥」源自一個漸受猜疑的外國文明，歐洲醫生與藥劑師間逐漸興起另一派更獨立的觀點，最終掀起了一波質疑藥用蔗糖的浪潮。儘管一直到本世紀之前，歐洲醫生們未曾堅定地反對蔗糖，但蔗糖究竟該在日常醫藥中占多重比例，卻一直是爭議焦點。而在某些例子裡，爭論集中在如何詮釋蓋倫醫學理論。十六世紀時，那些採批判蔗糖觀點的權威們，甚至成為一股創新、反伊斯蘭立場（partis pris）的潮流（反伊斯蘭的觀點在十字軍東征後就成為一種常態）。

米格爾・賽爾韋特（Miguel Serveto，一五一一－一五五三年）和萊昂哈特・福克斯（Leonhard Fuchs，一五〇一－一五五六年）為最主要的反對派。賽爾韋特是一位生得過早且過度自信、最終死於火刑柱上的年輕神學家（因其天真地向約翰・喀爾文 [John Calvin] 尋求庇護），而他反對阿拉伯世界的藥用糖漿。儘管他本人並不從醫，但他擔任過解剖助理，也參加過巴黎大學（University of Paris）的講座，並發表了兩篇攻擊「阿拉伯學者」的論述。在其第二篇作品《論糖漿》（*On Syryps*）中，他指控阿拉伯學派（尤其以波斯籍學者阿維森納和義大利醫師曼納多 [Giovanni Manardo] 為首）扭曲了蓋倫的理論。[66]

帕拉塞爾蘇斯（Paracelsus，一四九三 [?]－一五四一年）也批判了「醫界濫用蔗糖和糖漿，甚至兩者還出現在伊斯蘭藥方」一事。然而他的敵意更像是針對醫生而不是指向蔗糖：「良品混劣品、蔗糖加膽汁……而他們的朋友藥劑師則愚蠢地混合藥物和蔗糖、蜂蜜，專門製造無用的廢物。」[67] 儘管如此，他卻視蔗糖為「大自然的藥方」，認同其具有防腐效果，唯一不贊同的就是將蔗糖混合帶有苦味的藥物（如蘆薈、龍膽），因為他認為此舉會降低蔗糖療效。某些專家則認為既然蔗糖能憑藉甜味來掩蓋毒物的存在，其很有可能會被惡意使用。

其餘權威學者則沒有那麼敵視蔗糖，不過仍對其療效有所保留。希羅尼穆斯．博克（Hieronymus Bock）在其《新草藥志》（*New Herb Book*，一五三九年）中，認為蔗糖「對富人而言，更像是炫耀之物而不是藥物」，而這也是其當代之輩不願承認的事實。他提到蔗糖無私地賦予茴香、香菜、紫羅蘭、玫瑰和桃花、橘皮等「可舒緩胃部症狀」的藥物甜味，但他也有些漫不經心地提到，那些「無法負擔蔗糖者大可以將這些藥材放在水中煮滾。」[68]

無論如何，十六世紀的歐洲仍普遍接受蔗糖的醫療用途。作家們也具體說明了各種用法。整體而言，塔貝內蒙塔努斯（Tabernaemontanus，約一五一五—一五九〇年）給了蔗糖正向評價，但也指出了其唯一的缺點：

> 適度攝取來自馬德拉或加納利的上好白糖，能潔淨血液、強身健腦，尤其是胸、肺和喉嚨。但它卻無益於體熱或膽汁多的人，因其容易生成膽汁，還會讓牙齒脆弱且蛀蝕。而粉狀白糖有益於眼睛；氣態白糖則有助於尋常感冒；將白糖磨成粉並撒到傷口上，則有利於傷口復原。混合白糖、牛奶與明礬，則能讓紅酒變清澈。加入肉桂、石榴、榲桲汁的糖水，可以緩解咳嗽與發燒。加了肉桂的糖酒，則能使老年人振奮，而阿諾德．諾瓦推薦的玫瑰水加糖漿也非常有效。硬糖則具備上述所有功效，且效果更顯著。[69]

到了十六世紀末期，英語典籍中也經常提及蔗糖的療效。根據沃恩（William Vaughan）的《天然與人工健康守則》（*Naturall and Artificial Directions for Health*），「蔗糖能減輕並排除阻塞，可以祛痰、利尿和舒緩腹部。」[70]而將米飯「浸泡於牛奶和糖中，能有效地減緩胃部灼熱、強化生殖，以及止瀉。」另外，草莓「以酒洗淨後，與儲存狀態良好的糖一起食用，能舒緩膽汁分泌、降肝火、促進食慾。」[71]儘管如此，沃恩也跟塔貝內蒙塔努斯一樣，對蔗糖的療效有所保留：

> 蔗糖性屬熱，且很快會轉化成膽汁，因此除非是將蔗糖加在醋或烈酒中，否則我並不贊同在日常飲食中攝取蔗糖，尤其是對年輕人或體質燥熱者：因我們已明確知道，慣於食糖者，經常會口乾舌燥、血液燥熱、牙齒發黑且蛀蝕。就醫療用途而言，可以用糖水治療發燒，某些疾病則可以用糖漿來治療。而我本人最認同的療法就是加糖啤酒。[72]

沃恩更進一步推薦用蔗糖治療耳鳴、水腫、瘧疾、咳嗽、出血、憂鬱症等。

托比亞斯・維納（Tobias Venner）也於一六二〇年發表了深具啟發性的見解。其先比較了蔗糖與蜂蜜的療效，接著再辨析當時盛行的蔗糖使用方法。文中包含大量蓋倫式（體液學）專業術語，如「蜂蜜的熱屬性及乾燥屬性皆為第二級，且具有淨化和溶解的功能」：

> 而蔗糖性屬熱且潮濕，具有潔淨之效，且有助於疏通胸部與肺部的阻塞。但其祛痰效果不如蜂蜜……蔗糖適宜所有年齡層與各種症狀；相較之下，許多人卻不宜食用蜂蜜，尤其膽汁過多，或有脹氣情況者……將蔗糖和水混合沖調，有益於那些因胸中痰多導致體質燥、

> 熱、膽汁分泌旺盛者……蔗糖的顏色越白，表示其成分越純、越有益健康，而此一觀點也已透過製作與精製過程證實。蔗糖是將特定甘蔗或蘆葦丟進水中煮沸而製成，與鹽的製作過程類似。第一次提煉出來的蔗糖很粗糙、顏色偏紅、性屬熱且乾燥，嘗起來有些酸澀，有潔淨之效。而煮沸的時間越長，成品越硬，最後得到我們所稱的紅糖，其有益於腸道，能清除腸道堆積物，通暢排泄系統。將粗製紅糖加入水中，再次煮沸，會得到顏色更白，性質較不燥熱的糖，它較潮濕，味道更好，對胃的刺激也較小。此種再加工的糖，我們稱為普通糖或廚房用糖。如果再進行第三次稀釋並熬煮的話，會得到性質極佳、純白且美味的糖。這是最棒、最純淨且最完美的糖……此種經進一步熬煮而變硬、呈無瑕透白的糖，便是我們所稱的白糖：它對胸腔症狀的療效極佳，因其性質並不像其他的糖那樣熱，且某種程度上保有更純淨且細緻的潮濕性。其能有效緩解和滋潤粗糙、乾燥的舌頭、嘴巴、喉嚨與氣管，對乾咳和其他肺虛症狀也非常有效。它適合所有燥熱體質的人。[73]

十七世紀的家庭醫書鮮少會區分蔗糖可能的醫療用途，而是僅限於討論蔗糖的體液學地位，據此提出各式各樣具體（且經常為異國的）「處方」。其中，最常見的處方是治療咳嗽、喉嚨痛、呼吸不順（某些用法甚至沿用至今），舒緩眼部症狀（但今日此用法已然消失），還有各式各樣緩解胃疾的處方。

並不令人意外地，十七世紀和十八世紀又有一波反糖學派興起。在沃恩作品推出第七版的同一年，詹姆士·哈特（James Hart）在其著作《臨床或飲食疾病》（*Klinike or the Diet of*

Disease）中，提出了當代部分醫生所抱持的疑問。儘管即將繼續主宰歐洲醫學思維一百五十年的體液學說，在當時的勢力依舊非常強大，哈特仍嚴厲質疑了糖：

> 如今，糖已經勝過蜂蜜，不僅享有更高的聲譽，更能帶來令人滿足的美味，也因此無論是身體健壯或體質孱弱者，皆頻繁、廣泛地使用糖……糖不像蜂蜜那樣熱，也沒有那般乾燥。最粗的糖、也就是呈黃褐色的糖，是最乾淨的且本質也最接近蜂蜜。蔗糖有助於排除胸部和肺部疾病。而我們習慣稱為「糖」（Sugarcandie）的產品，是透過煮沸來精煉，且經常用於緩解前述疾病。然而，儘管蔗糖本身有暢通（opening）且淨化的效果，過度食用卻會對身體帶來不利影響。舉例來說，過量攝取甜食、蜜漬梅，會使血液升溫，導致婦科不順、惡病體質（cachexia）、結核病、蛀牙、牙齒發黑，且最重要的是，許多時候會引發口臭。因此，尤其應該讓年輕人注意自己的攝取量。[74]

到了十八世紀晚期，擁糖派和反糖派的專家們，開始嚴肅辯論起蔗糖的療效。不過和當今情況相仿，蔗糖的營養價值和醫學療效未曾完全分離。儘管法國人加宏西亞斯（de Garancières）認為，英國人的個性之所以如此陰鬱就是因為其過度消費蔗糖；英國醫生弗萊德里克·史萊爾（Frederick Slare）卻認為蔗糖確實是無所不能的萬靈丹，唯一的缺點就是可能會讓女性過胖。

史萊爾的研究堪稱當代（一七一五年）最有趣的研究之一，就連研究名稱都很有意思：

《針對威利斯醫生、其他醫生及日常偏見的蔗糖辯護詞：獻給女士們》（*A Vindication of Sugars Against the Charge of Dr. Willis, Other Physicians, and Common Prejudices: Dedicated to the Ladies*）。[75]在這場爭論中，史萊爾輸給了威利斯醫生，儘管他從不知道威利斯醫生發現了糖尿病，且他對疾病的研究也引導出反對糖的觀點。但史萊爾渴望證明糖有益於所有人，更不可能造成醫療傷害。而他的研究還不止於此。其論點也伴隨著一個假設：女性的味覺比男性更敏銳，「不受酸味或粗野的習慣所影響，或酒精，或令人反感的煙燻味，或那汙穢的印度莨菪汁（Indian Henbane，也就是菸草），或因為鹽巴、酸黃瓜而受損。但這些恰恰是我們這魯莽的另一半的樂趣所在。」[76]史萊爾深信女性會成為「上好糖的擁護者」，因其「近年來有更多消費糖的經驗，且也能更自由地運用它。」

歌頌蔗糖之餘，史萊爾也建議女性製作「早晨的餐點，稱之為『Breakfast』」，其內容包含了麵包、奶油、牛奶、水和糖，而附加的咖啡、茶和巧克力同樣「具備了無與倫比的優點」。而他也表示自己與蔗糖相關的想法，絕對會叫西印度群島的商人開心不已，

> 他們讓自己的船載滿了甜美寶藏。擁有那些商品的人們，用低價的莊園建立起種植園，並因此賺進大筆財富，衣錦還鄉，再頻繁地購買宏偉的莊園。
>
> 而從商人那兒大批進貨的雜貨商，同樣關心他那受中傷與非議的商品信用和聲譽，因其憑此賺進大筆財富，飛黃騰達。總而言之，全英國上下的每個（有能力的）家庭都對糖趨之若鶩，倘若剝奪他們使用的權利，人們會因此怨聲載道、叫苦連天。[77]

然而，在詳述了（有些扭曲）的蔗糖優點後，史萊爾轉而訴諸其療效，提供讀者一個來自「沙魯母（Sarum）的知名眼科醫師特伯韋爾（Turberville）」的隨手可得處方，以舒緩眼部的症狀：「將兩打蘭（dram，約等於一．七克）的精製糖、〇．五打蘭的珍珠、一格令（grain，約等於〇．〇六克）的金箔磨成細緻的粉末。當眼睛乾澀時，將適量的粉吹入眼中。」[78]此處我們又見到一個混合奢侈品與蔗糖的藥方，讓人重新想起幾個世紀前流傳的瘟疫解藥和糖雕。「將蔗糖、珍珠和金箔製作成粉末，用以治療眼睛不適」——簡直令人匪夷所思。然而我們必須理解此種基於絕望而萌生的輕信，以及人們對自身珍視事物所投注的心力。

史萊爾用奇蹟來堆砌奇蹟。接下來，我們還將見識到蔗糖的「潔牙粉」功效（史萊爾建議其病人這麼做，並宣稱自己見到極佳成效）；蔗糖製成洗手液，有助於修復皮膚損傷；蔗糖可用作取代菸草的鼻煙；以及蔗糖對嬰兒的益處：「我聽聞某些上層社會的女性，因讀了部分知識分子所寫的詆毀蔗糖的書，而禁止孩子接觸，這對她們那可憐的孩子造成極大的傷害。」[79]「在你聽到孩子如何藉由吃糖感受到無比的滿足後，你或許就會立刻信服，」他這樣寫道，「準備兩杯水，一杯有糖，一杯無糖，孩子絕對會立刻貪婪地喝光其中一杯，並排斥另一杯。而他們也不會愛一杯無糖牛奶，因為加糖後才近似母乳的甜味。」[80]

史萊爾的狂熱令人極度懷疑，但其研究著作絕不僅是奇技淫巧，畢竟他展現出蔗糖——在當時堪稱新鮮而陌生的商品，如此豐富多元的面貌。而在英國征服牙買加、奴隸貿易量逐漸增加後，英屬西印度群島的蔗糖產量也隨著母國的蔗糖消費量一起大幅增長。史萊爾透過

強調蔗糖的療效、適宜所有年齡層食用、具有保存性等，不僅宣告了蔗糖的成功，同時還吸引到更多人的關注。「我忍著，」他寫道，

只列出蔗糖一半的優點。我推薦讀者去光顧那些甜點店或富人區的蜜餞店，或看看盛宴抑或奢華饗宴上端出的大量甜點，留心淑女們在宴會尾聲，如何讚頌那一道道迷人的甜點，而這全然歸功於超群絕倫的糖藝展現。它本是印度甘蔗汁的製品，卻遠比那流淌著的蜂蜜還要美味。[81]

歷史學家約翰・奧德米臣也傳遞了相似的看法：

世界上有一種高度實用且令人愉悅的事物——暫不論其為我們帶來巨大的貿易利益，且為醫生和藥劑師不可或缺的事物（因為有將近三百種藥物皆含有糖）。此外，幾乎所有糕點店都用糖來增加甜味和保存食物；所有的水果如果缺少糖就會腐敗；倘若沒有糖，最厲害的甜點師傅也做不出讓仕女們為之成癮的甘露酒或蜜餞乾果；如果沒有這了不起的汁液，我們將無法享用生活中的各色菜餚。[82]

在十八世紀晚期和十九世紀時，藥用蔗糖的重要性開始消退，其醫療地位也日漸消失，逐漸成為大眾眼中的甜味劑和防腐劑。然而人們是否繼續將蔗糖視為藥物已不重要，因其消

費量已經足夠驚人。而蔗糖的醫藥功能也被新功能——作為熱量的主要來源所取代。

甜蜜的苦味：茶、咖啡、巧克力

而蔗糖的甜味劑功能，則是因其他三項異國進口商品：茶、咖啡和巧克力，才得以彰顯。其中茶也自此成為全英國上下最重要的非酒精性飲料。糖、咖啡、巧克力全是熱帶商品，也全在十七世紀的第三季進入英國，更都包含了足以被規範為藥物的興奮劑（另外還可以加上菸草、蘭姆酒，儘管其具有的效果與成癮性不太一樣）。而它們也為搶奪英國人的喜愛而彼此競爭，因此每一種商品於某種程度上，都影響了其他商品的命運。

前述三種飲品都是苦的。而人們喜愛苦味（甚至是極苦的味道），是屬於「自然的」味覺感受，故此偏好能快速且穩固地深入生活之中。基於此種喜愛而廣受歡迎的食物還有西洋菜、啤酒、酸模、蘿蔔、辣根、茄子、苦瓜、醃黃瓜和奎寧等，再再體現了人們的苦味耐受範圍。而要讓一種食物成為偏好，往往需要以文化為根基的習慣化行為。有鑒於前述的例子，我們自然不難想像那些食物如何在特定情境下，打進人類的生活圈。

儘管如此，甜味卻顯然讓自己迅速、巧妙地融入新消費者的生活。基本上，苦味通常具有「限定苦味」的特性，舉例來說，喜歡西洋菜的人不一定喜歡茄子。但相反地，喜歡甜味的人卻傾向於表現出「非限定甜味」偏好。倘若將糖加在苦味的食物中，能讓這些食物吃起來更相像（至少就「這些食物都會變甜」此一特性來看）。關於茶、咖啡和巧克力此三種幾乎在同一時期來到英國的苦澀食物，最有趣的一點便是其在之前所處的文化環境裡，並不會和糖同時使用。直到今日，中國人與海外華人們依舊喝著不加糖的茶。（印度的飲茶習慣之所以不同，是因其深受英國文化所影響，且那是英國刺激下所發展出來的習慣。）雖然咖啡普遍與糖一起飲用，但並非總是如此，也不是各地皆然。即便是那些最早開始飲用咖啡的地方如北非和中東，也情況不一。至於巧克力在其熱帶美洲發源地，通常（但不一定）是一種不加糖的食物佐料或醬汁。[83]

儘管我們能確切指出咖啡、茶和巧克力最早出現在英國的時間，但對於在飲料中添加糖的習慣何時出現，我們卻無從得知。有鑒於將此種不含酒精、帶有苦味、無熱量的熱飲，和富含熱量且極甜的物質相加，堪稱為一種嶄新的飲品型態，因此欠缺關於這樣的組合最初是如何誕生且被人們接受的資訊，著實令人沮喪。在確立飲用咖啡和茶習慣的一個世紀多以後，班傑明．莫斯利（Benjamin Moseley）、一名在西印度群島行醫的醫生提到：「我們之中有許多人長久以來習慣在咖啡裡加芥末……東方國家則會加丁香、肉桂、白豆蔻等，而不是牛奶或糖。只有歐洲、美國和西印度群島，才會使用沒有添加香料的牛奶和糖。」[84]此時英國已飲用這些飲料超過一世紀。而在約翰．張伯林（John Chamberlayn）一篇以飲料為題的論文中，則宣稱在其寫作的時代裡（一六八五年），咖啡、茶及巧克力都會加糖飲用。[85]

而茶最終也近乎完全取代了家中自釀的少量啤酒，甚至追上以糖提味的紅酒（像是用葡萄酒和香料調製而成的香料藥草酒［hippocras］），還有琴酒等其他烈酒。起初，只有權貴者會飲用咖啡、茶及巧克力，之後才漸漸地普及到貧窮階級，成為最受歡迎的非酒精飲品。在茶和相近飲料傳播到工人階級時，還只有溫熱與加糖的形式。此形式非常適合十八世紀那些熱量攝取不足的人們，且考慮到英國的氣候與飲食，也不難想像這樣一杯溫熱而甜美的飲料，為什麼會廣受人民歡迎。隨著英國人飲用越來越多此些新飲料，該飲料在兩種意義層面上，也變得更英式了：一方面是其儀式化的飲用過程；另一方面則是因為英國殖民地的蔗糖產量越來越高（且至少在接下來的一、兩個世紀內依舊如此）。

查理二世（統治期為一六四九－一六八五年）的葡萄牙籍皇后布拉干薩的凱瑟琳（Catherine of Braganza），則是「英國第一位喝茶的皇后。多虧有她，才讓此種深受她喜愛的溫熱飲料取代了當時宮廷間極為流行的艾爾啤酒、紅酒等各種讓英國紳士淑女們『從早到晚都頭暈腦脹、神智不清』的飲料。」[86]早在一六六〇年時，茶就曾經出現在英國的廣告中：在加韋飲品館（Garway's beverage house）的路邊廣告裡，便吹噓著茶所具有的療效。我們知道在一六五七年以前，茶只會出現在「王室的奢華盛宴和娛樂場合中，也只有王公貴族可以飲用」。[87]不過在一六五八年九月三十日，「蘇丹妃像咖啡館」（Sultaness Head Coffee House）就曾在《政治快報》（*Mercurius Politicus*）上刊登茶葉廣告：「所有醫生認證的優質中國飲品，中國人稱它為茶（Tcha），其他國家則稱為 Tay、Tee，現在在蘇丹妃像咖啡館也喝得到……」[88]

在一年多以後，湯瑪士・魯格（Thomas Rugge）在其編纂的《新政治快報》（*Mercurius Politicus Redivivus*）上報導：「當前還有一種叫做咖啡的土耳其飲料，在大街小巷皆可以買到。另外還可買到分別名為茶及巧克力的熱飲。」倫敦第一間咖啡館出現在一六五二年，經營者為一名土耳其商人。不久，咖啡館便迅速風靡歐洲大陸與英國。十七世紀晚期，一名來自法國的旅行者米森（Misson）深深著迷於倫敦的咖啡館：「在那裡，你可以聽到各式各樣的新聞，且能感到暖和又愜意，想坐多久就可以坐多久。你會拿到一杯放在小碟子上的咖啡，而你也可以和朋友約在此處討論生意——這一切只需要一便士！當然，你也可以花更多。」[89]

德國史學家阿諾德・赫倫（Arnold Heeren）也留下了十八世紀的情景描述：

> 商業主義的勢力仍舊屹立不搖……這也是殖民地益發重要的自然結果，且此刻歐洲人也越來越常使用這些商品——尤其是咖啡、糖、茶。而無論是就政治層面，還是從重塑的社會生活型態來看，這些商品所造成的影響簡直不可勝數。除去那些藉由貿易而坐擁巨富的國家，或政府飽收稅收等事實不看，作為歐洲各大城市的政治、商業與藝文中心的咖啡館，其影響力可曾小過？倘若缺乏這些產品，西歐那些國家又怎能取得如今這般盛況？[90]

很快地，巧克力也追上茶和咖啡的腳步。其價格甚至遠比咖啡高，且深受有錢人的喜愛。在張伯林於一六八五年發行的小冊子上，介紹了如何製作這三種飲料。從小冊子內容可發現，這些飲料都加入了（「少量的」）糖，同時也顯示社會已越來越接受這些產品。

茶葉優勢

就每種飲料的單位價格來看，茶很快就成為最經濟實惠的選項。但茶之所以受歡迎，不是因為其價格較低廉，或它相較於其他異國刺激食品而言，本質更獨特超群，而是因為它能更好地和其他物質混合，且與咖啡和巧克力相比，茶即便過度稀釋也仍舊可以飲用。[91] 微甜的茶與微甜的咖啡或巧克力相比，更容易使人滿足。但無論如何，要等到茶葉進口商設謀、成功遊說帝國對印度茶葉的種植與生產採保護主義後，英國人民才了解茶的種種好處。

一六六〇年，「可敬的東印度公司」（Honourable East India Company）獲得皇家特許，而該公司也和其他十六家公司包括荷蘭、法國、丹麥、奧地利、瑞典、西班牙和普魯士等，共同競爭印度的貿易權。然而其中最成功且勢力最龐大的，莫過於同時被暱稱為「約翰公司」（John Company）的東印度公司。該公司最早期的業務是進口胡椒，但茶葉才是使其大獲成功的主要原因。

> 該公司早期在遠東的冒險活動，將它引向了中國，而中國的茶也在其日後統治印度中發揮很大的功能……該公司壟斷了與中國的茶葉貿易，控制供給，限制運到英國的茶葉量，從而使茶葉價格居高不下。其不止掌控了全球最大的茶葉壟斷貿易，更使得茶葉成為足以代表英國的飲品。其影響力是如此龐大，迅速掀起英國國內的飲食革命，在短短幾年間，就讓全英國上下的人民從潛在的咖啡消費者，成為茶的消費者。無論是在取得領土、鑄造錢幣、指

揮堡壘與調度軍隊、組織聯盟、宣戰與停戰、行使民事或刑事裁判上，該公司都成為許多國家與帝國的可怕對手。[92]

隨著英國越來越流行飲用茶，走私茶成為一門龐大的商機，讓王室頭疼不已。一七〇〇年，英國合法徵得兩萬鎊稅收。[93]一七一五年，倫敦市場中大量氾濫著中國綠茶（拜約翰公司之賜）；一七六〇年，總稅收超過五百萬英鎊。到了一八〇〇年，光是合法進口的稅入就超過兩千萬鎊。儘管如此，在一七六六年時，英國官方估計的走私茶葉量已經和合法進口的茶葉一樣多。而該年東印度公司從中國進口的茶葉量已高達六百萬磅，超過其他競爭者。直到一八一三年，該公司的行政與商業活動才受到政府干涉，而要到一八三三年，其才被迫終止壟斷中國貨物（主要為茶）的行為。

無論是咖啡或巧克力，都沒有發生相似的故事。而西印度群島的蔗糖發展史上，也從未出現上述壟斷，因每個殖民地都是彼此的競爭對手。然而此四種商品（再加上由糖蜜製成的蘭姆酒以及菸草）的關係，卻緊密地交織在一起。基於諸多因素，茶能贏過巧克力和咖啡，以及就長期而言甚至贏過啤酒與艾爾啤酒。（儘管絕對贏不了蘭姆酒和琴酒！）然而，東印度公司因獲得政府支持而取得完全的壟斷，並讓英國資金徹底掌控印度茶產業的情況，對歷史產生了極大的影響。而印度的茶（一般而言混合了來自中國與印度的茶葉）也在東印度公司圍剿下，發展遲緩。儘管如此，到了一八四〇年，印度還是開始生產茶，並：

暗示著中國茶主宰英國市場的時代已經終結……自班提克爵士（Lord Bentinck）指派的茶委員會成立的六年之內，政府已經展示了**英國製造的茶**擁有量產潛力……在橫跨三代的英國企業努力下，印度的叢林成功化為一片覆蓋範圍達兩百萬英畝的產業，而其中有三千六百萬英鎊的資本額投資到七十八萬八千八百四十二英畝的土地上，每年產出四億三千二百九十九萬七千九百一十六磅的茶葉，為一百二十五萬人帶來了就業機會。與此同時，更製造出可觀的私人財富，並為大英帝國帶來龐大稅收。[94]

而茶葉的巨大成功，以及咖啡和巧克力那較不顯著的成功，都意味著糖的成功。從西印度群島的利益角度來看，自然非常希望其中任何一種刺激性飲品的消費量能大幅成長，因為這些飲料都需要搭配糖。其中，英國貿易尤其注重茶。不過，茶之所以贏過其他競爭對手，卻與其味道不相關。更精確來說，因茶是一種苦味的刺激性飲品，多為熱飲形式，同時能夠加入大量據稱對身體極為重要的甜美卡路里一起喝下——這些都是茶成功的重要因素。另一方面，茶與咖啡和巧克力不同之處就在於，前者集中在單一殖民地上生產，因此對那片土地而言，茶既是獲利來源，也是統治手段，但當時的咖啡與巧克力發展狀態卻並非如此。其中，糖或許是唯一與茶較為相似的例子。

英式飲茶文化的演變與衝突

茶火速取得成功。在十八世紀中葉之前，連蘇格蘭也臣服在茶的魅力之下。蘇格蘭法學家兼神學家當肯・福布斯（Duncan Forbes）回顧當時，並寫下：

在我們開始和東印度群島貿易後……茶葉的價格……變得如此低廉，就連收入最微薄的工人也負擔得起。而大量在哥特堡（Gottenburg）瑞典公司工作的蘇格蘭人們，也帶動了各國茶葉的銷售風氣，並讓此習慣深入**底層**人民的生活。當茶最好的伴侶——蔗糖不再是富人的特權，連最貧困的家庭主婦也買得起，並能隨心所欲地將糖加入白蘭地、蘭姆酒或水中時，茶和潘趣酒便成了所有啤酒及艾爾啤酒飲用者的基本飲品和縱情之物，而這一切的影響是如此突然又全面。[95]

蘇格蘭的歷史學家大衛・麥克福森（David MacPherson）於十九世紀初的文章內，回顧了一七八四年茶葉減稅後，是如何讓茶葉的消費量巨幅增長：

由於中層與底層人民無法負擔將麥芽酒當作唯一飲品，因而茶成為此些民眾經濟實惠的替代物……簡而言之，我們是如此受惠於商業與經濟體制，儘管茶遠從東方、蔗糖遠從西印度群島而來，且還要運費與保險，卻能成為一種比啤酒還要廉價的飲品。[96]

儘管價格低廉確實很重要，但單憑此不足以解釋茶葉消費量不斷成長的趨勢。十八世紀末期田園生活的重要觀察者、大衛．戴維斯牧師（David Davies），觀察到在綜合情勢下，人們如何持續加深其茶、糖偏好，甚至凌駕於其他食物之上。戴維斯牧師堅稱，倘若環境許可，農村的窮人們都會養牛以生產並飲用牛奶，但那往往超出一般人的負擔。而他極為詳盡的紀錄，也支持了他的論點。此外，由於麥芽在當時為需繳稅的商品，因此對窮人而言，自已釀酒更是力所不逮：

> 在麥芽稀缺、難以獲得牛奶等艱難的情況下，唯一能讓他們浸潤麵包的飲品只剩下茶。而茶（和麵包）也成了無數家庭的每日餐點，平均而言，這樣的餐食一天花費不會超過一先令。倘若有人能找出一項更便宜、更好的食物，我甘願冒險代替所有窮人，感謝其偉大的發現。[97]

而戴維斯牧師對圍繞在茶的爭論顯得有些激動：

> 儘管飲用茶的情形比想像中普遍，但其在勞動階層的普及率卻不高。就數字來看，其所占的消費比例相對較小，尤其以**金額**來論的話。
>
> 儘管如此，你卻宣稱**茶為奢侈品**。倘若你說的是以精製糖搭配上等熙春茶，再以鮮奶油

來調和味道，那麼我欣然承認確實如此。但這並不是窮人口中的茶。相反地，用幾片最廉價的茶葉為泉水增添一點顏色，並加入最粗劣的紅糖，這才是你斥責的窮人們的奢飲。但那於他們而言是生活所必要。倘若我們現在剝奪他們此一權利，他們的生活將立刻只剩水和麵包。喝茶並不是窮人貧困的原因，而是貧窮帶來的結果。

說到底，這確實是一件很奇怪的事：歐洲的尋常百姓在日常生活中，迫切依賴兩件遠從地球另一端運來的物資。但倘若由於昂貴的戰爭開銷，與國家情勢變遷而導致的高稅金，讓本國最貧弱的族群無力負擔本土的天然產品，而被迫去消費進口物資，這自然絕非他們的錯。[98]

確實，「尋常百姓在日常生活中，迫切依賴兩件遠從地球另一端運來的物資」發生在如此早期的英國，實為一件非常驚人的事。令人訝異的地方不僅在於，此時期的英國在很大程度上已經成為工薪族群的國度，更在於其顯露出殖民地與殖民母國間，由資本而打造出的緊密關聯。對當時人們的日常生活而言，茶與糖是如此不可或缺，以致確保其供應量穩定已成為重大的政治、經濟議題。

而其他英國鄉村生活觀察者，如弗雷德里克・艾登爵士（Sir Frederick Eden），也同樣提到在鄉村地區，茶與糖消費量的成長。艾登蒐集了大量個別家庭開銷數據，而這些來自一七九七年的數據充分顯示了蔗糖的消費趨勢。其中一個數據為住在南邊的六口之家，年現金收入為四十六鎊，但其食物開銷卻略超過此數字。根據估計，該家庭每週花兩鎊買糖，等同於一年花一百鎊在糖上、人均消費將近十七鎊——這在當時是多麼令人驚訝的數字。北邊家庭的收入則更少。該家庭僅有五個人，但其食物開銷卻不成比例地低。儘管如此，該家庭每年還是有二十鎊用於食物，其中糖和茶花費一鎊十二先令，糖蜜八先令，整體而言占了食物開銷的十分之一。[99]

十八世紀的社會改革者喬納斯．漢威，卻對窮人用茶的行為非常反感。以下的描述能讓我們清楚感受到他激烈的情緒：

> 工人與技工企圖模仿貴族的行徑，這簡直是我們國家的詛咒……這是一個愚蠢至極的國家，尋常百姓為了滿足那墮落的口腹之欲，情願放棄自家的健康食物，跑去追求來自遙遠國度的食品！在某些街道上……你可以看到乞丐們……喝著自己的茶。你也可以看到那些修路的工人們喝著茶；就連推著煤車的礦工也喝茶；還有更荒謬的，那些堆乾草的人甚至一杯接著一杯地買茶……這些人明明沒有麵包吃，卻還是喝茶……窮苦的威力完全抵不過茶。[100]

當代專門研究英國營養學歷史的勤勉學者約翰．博內特（John Burnett），溫和地斥責了漢威的觀點，他指出：「當時的作家們炮口一致地撻伐工人階級，批判其過於鋪張浪費，信誓旦旦地堅稱只要更懂得約束自己，那些人就能獲得更充足且多樣的食物選擇。然而他們似乎都沒發現……茶和白麵包已經稱不上奢侈品，而是生活最低限度，在此限度之下只存在著飢餓……一週兩盎司的茶，花費八便士或九便士，但能讓許多人那冰冷的菜餚變得熱騰騰。」[101]有些學者指出以茶替啤酒，就營養學而言絕對是一種損失。茶之所以不好，是因為其為一種含有丹寧的興奮劑，且人們還用以取代其他更有營養的食物：「窮人在喝下一杯熱茶後，獲得了虛幻的溫暖感，但一杯冰冷的啤酒卻能帶給他們更多的營養。」[102]

而蔗糖之所以在十七世紀晚期至十八世紀末成為大量消費品，並不僅僅是因為它是茶的甜味劑。從漢娜・葛雷斯夫人那本堪稱史上第一本、且再版了十一次的甜點烘焙書（一七六〇年），我們或許能窺探在新興中產階級出現下，已婚婦女開始從事一些體力活的事實。其也充分證實了糖已經徹底深入英國的飲食習慣。此本開創性的書籍不僅提到糖雕設計和迷你糖雕的製作，也提到許多甜味卡士達、酥餅、奶油夾心糖的食譜，而所需食材包含：波特酒、馬德拉酒、沙克白葡萄酒（甜雪利酒）、雞蛋、鮮奶油、檸檬、橘子、香料和大量各式各樣的糖。企圖指導新興中產階級如何製作酥皮甜點與各式糕點的葛雷斯夫人，同時也讓我們確信蔗糖不再是一種藥物、香料或權貴玩物（不過權貴確實還是將糖玩弄於股掌間，只不過是以另一種方式）。

對窮人來說，除了將蔗糖當作茶的甜味劑，蔗糖的另一個重要用途，就是用來搭配複合式碳水化合物——尤其是麥片粥與麵包。所謂的「燕麥布丁」（Hasty pudding），事實上為燕麥粥，經常會添加奶油、牛奶或糖蜜一起食用。[103]十八世紀時，糖蜜明顯地脫離了昔日的使用框架。儘管在當時情況下，糖蜜仍舊為甜味劑，但其為燕麥粥所帶來的甜味，顯然比為茶帶來的甜味還明顯（儘管當時的茶經常泡得很甜）。

雖然十八世紀上半葉，工人階級購買力開始提升，[104]但此時期的營養品質卻開始下滑。

人們的額外收入都用在新產品如刺激性飲料、蔗糖（且使用量越來越多），和那些企圖仿效上層社會生活的事物上。但將這些事物貼上「模仿」的標籤，卻不足以充分解釋一切。基本上，產生新習慣的環境與從誰身上學到這些習慣，兩者同樣重要。比方說，很可能許多新學會喝茶和吃糖的使用者，對自己既有的日常飲食並不滿足。其中，有些人根本食不果腹；有些人則厭倦了現有食物及其具有的大量澱粉特質。而此種熱騰騰的刺激性飲料再加上甜美的卡路里，則正中人們的下懷。或許，對那些長久以來缺乏營養的族群而言更是如此。

有時會對英國社會史提出尖銳評論的C・R・費伊（C. R. Fay）寫道：「清爽且撫慰人心的茶，是沉默大眾最自然而然的飲品，且其易於沖泡，簡直是世上廚藝最可怕之人的天賜之物。」[105]比起咖啡或巧克力，茶確實比較容易沖泡（且茶葉價格很快就跌下來）。然而此種飲料最終之所以獲得壓倒性勝利，東印度公司厥功甚偉。但在改變英國飲食上，蔗糖的角色或許就跟茶一樣重要，而前者也確實提供了更多的卡路里。

英國人在飲食上添置新食品，象徵著英國消費習慣與外界——尤其與該帝國殖民地有所聯繫。對許多人而言，多元的食物選擇是顯而易見的優點，有時甚至帶著一種魔力與有些諷刺的幽默：

> 我對我們可以多控制牙買加與東印度一年，感到由衷歡喜。這樣人們就有多點時間可以囤積日常生活用的茶與糖。我只在乎生活的必需品，而不在乎那些淘金或淘鑽石熱，或是盜採蘇木（logwood）的樂趣。那些企圖將我們局限在英國島內，想讓我們重拾古時候那勤

> 儉、溫順、賢良的老英格蘭生活的政府支持者，質問我們在茶與糖出現之前，是如何生活的。確實，古代比較好。但由於我恰巧不是生在兩、三百年以前，我實在無法想像那稀釋的橡實麵糊和塗著蜂蜜的大麥麵包，是否稱得上一頓豐盛的早餐。（一七七九年十一月十五日，霍勒斯．渥波爾 [Horace Walpole] 致賀拉斯．曼爵士 [Sir Horace Mann]）。[106]

隨著經常搭配飲料食用、或代替麵包的酥皮甜點益發普及，用作飲料甜味劑的蔗糖也日漸普遍。但要一直到十九世紀蔗糖價格大幅下滑，而果醬得以量產時，蔗糖的甜味劑功能才取得空前發展。不過，隨著茶與其他異國飲品的飲用量逐漸成長，非自家所生產的麵包（經常為甜的）消費量也出現成長。曾著迷於咖啡館的十七世紀晚期法國旅行者米森，對英國的甜點也同樣充滿了熱情。「聖誕派，」他寫道，「堪稱此類酥皮派的集大成之作。其有技巧地融合了牛舌、雞肉、雞蛋、糖、葡萄乾、檸檬和橘皮等各式各樣的香料。」[107]當然，此種佳餚在十八世紀早期，不太可能經常出現在英國底層窮人的餐桌上。但隨著人們越來越熟悉蔗糖，蔗糖也普及於世，酥皮點心和布丁於焉更為盛行。如今，紅糖（棕糖）和糖蜜普遍用於烘焙、甜點、麥片，或拿來塗抹麵包等各種新用途中。

伊莉莎白．艾爾頓（Elisabeth Ayrton）在其那本輕快而辭藻優美的《英國烹飪》（*The Cookery of England*，一九七四年）中，詳盡地描述了英國人的嗜甜如命：

> 一直到邁入十八世紀、蔗糖的價格跌到每磅六便士之前，蔗糖對許多人而言是過於昂貴

的奢侈品。當糖價下跌後，人們便改用大量的糖來製作派、塔與甜點，取代過往只會在酥脆派皮上撒上薄薄一層從糖塊磨下來的糖粉、利用葡萄乾來替代糖的作法。

起初，甜點只是第二或第三道菜的一部分，而該道菜餚往往包含了魚、負擔較輕的肉類、派、塔、蔬菜或水果。到了十九世紀初，其經常跟在美味的餐點後頭，成為一道獨立的菜餚（儘管並非總是如此）。在十八世紀初，所謂的「甜點」②經常是以麵粉為基底，再添加果乾、糖和雞蛋製作而成。隨著時間過去，甜點出現上百種變化，食譜更翻倍成長。即便是身處在貧窮線的人們，其晚餐倘若沒有附上甜點，就不算完整。

熱甜點、冷甜點、蒸甜點、烤甜點、派、塔、鮮奶油、果凍、水果奶油布丁和水果烤布丁、什錦海綿蛋糕和果酪甜點、乳酒凍和艾菊、凝乳類甜點和冰、牛奶布丁、牛油布丁——「布丁」已經成為如此通用的詞彙，包含了如此多種英國傳統烘焙糕點，讓我們光是一一列舉那些幾乎已經消失在我們餐桌上的輝煌過往，就忍不住一陣暈眩。108

蔗糖意義的再鑄造：擴大化vs強化

新的食物和飲料憑藉著不尋常的速度，融入了英國人的日常生活，而在所有新事物之

②【編注】此段引文所提的「甜點」，原文為「pudding」。然pudding泛指英國各式甜點，或是所有加熱後黏稠或凝固的菜餚。此處為避免混淆，穿插使用「甜點」與「布丁」譯法。

中，蔗糖扮演了尤其重要的角色。但人們不會在不清楚一件事物的特質，以及可以如何運用該事物的情況下，就輕易地將那些事物添加到自己的飲食中。喝茶、吃著沾了糖蜜的麵包或甜粥、烘焙香甜的蛋糕與麵包等，不僅逐漸融入到工作、消遣、休息與祈禱的日程——也就是全部的日常生活中，更深入許多特殊節日如生日、受洗、結婚、喪禮等場合內。在任何一種文化裡，此種融入的過程也是一種「挪用」（appropriation）：將嶄新且不尋常事物融入自身文化的過程。

儘管如此，在階級複雜的社會裡，「文化」從來就不是一個全然統一且同質的體制。其包含了不同階級所展現出的相異行為與態度，而此種差異則體現與反映在表述、實踐和改變形式各異的思維、目標和信念上。文化「物質」，包括實物、描述語言、行為和思維方式，可以向上或向下流動，能從統治階級流向民間，反之亦然。而當此過程發生時，其意義也可能有所改變或轉化。但假設此種擴散較常從上到下，或較容易從下往上，都是過於天真的想法。不過，財富、權威、勢力和影響力確實會影響傳播的方式。

蔗糖、茶、菸草等物品透過各異的形式和用法，以不同的比例鑲嵌進英國社會體制內，而它們也各自乘載了不同的意涵。除此之外，各階層的年齡、性別與社會規範的差異，也都會影響這些新用途的常態化與習得過程。某些時候最受某些新物質影響的是社會中的老年人，有時是年輕太太，有時又是所有嬰兒。就糖的例子而言，先前探討到的許多文獻告訴我們，蔗糖那典型地向下傳播過程，會同時伴隨蔗糖在使用者心中象徵意義的改變——無論是實際意義或隱含意義皆然。由於蔗糖具有多種型態，因此也會隨著消費群體的不同，及其用途差異如香料、藥物、裝飾、甜味劑等，而被賦予不同的意義。

概括而論，隨著蔗糖開始成為裝飾品、甜味劑和防腐劑後，其作為香料和藥物的比例也逐漸下降。當糖用以裝飾、增甜和防腐後，使用者更完整掌握了它的特性，糖也因此衍生了更廣闊的意義。蔗糖部分地形塑了英國社會的「飲茶情結」（tea complex，雖然我對此用詞仍稍有疑慮），而此「情結」為英國社會中一股由上至下的社會風氣（儘管各階層仍有複雜而幽微的區別）。蔗糖既是茶的甜味劑，也是許多佐茶甜點的基本成分。作為裝飾，蔗糖在儀式慶典，如結婚、生日派對、喪禮等的重要性無庸置疑，因為它能化身成具有紀念意義的事物（儘管不再如往昔那樣涉及國家層面或主教的就任大典）。作為食物防腐劑，蔗糖的潛力則還有待開發。

隨著此些用途大致成為制式用法時，有兩種不太一樣的過程發生了，而這兩種過程同時具有「儀式化」（ritualization）特質（在此缺乏更適當的詞彙來描述）。所謂的儀式化應當與規律性，以及正當、正確、認同感有關，但此處並不只局限於和宗教相關的行為，而是指新物質的融入與重新賦予象徵意義的過程。其中一個現象可稱為「擴大化」（extensification）：越來越多人知道糖，且頻繁地、甚至是每日都會接觸到糖。而只要固定消費蔗糖——尤其是廉價的紅糖和糖蜜，即便需求量不大，仍舊會逐漸削減蔗糖的誘人奢侈品或稀缺珍寶地位。在十八世紀，隨著蔗糖用作茶、咖啡、巧克力、酒精飲料的甜味劑，以及成為烘焙食品或水果點心的原料，其也變得越來越日常化、庶民化。而益發頻繁且大量的消費（且出現了創造、強化特定意義的新食材與消費情境），更進一步加深糖的日常化特質。或許我們可以稱糖是一種款待方式，儘管它是一種相當平易近人、可靠且可期待的招待方式（將其類比於茶或甚至是香菸，也許更具說服力）。隨著蔗糖日漸普及、益發「家常」，使用者心中也賦予了蔗糖儀式性意義，而這份意義會隨著使用者的社會地位與文化階級有所不同。這本身就屬於擴大化的一環：意義的再鑄造，從過去及曾經只屬於某個群體中剝離。

相較之下，「強化」（intensification）則強調延續舊有用途、更忠於初始意義，以及更具仿效意味（此處使用該詞或許最為貼切）。社會上從未盛行加冕典禮、宗教高層的就任典禮、騎士受封儀式，但儀式用的糖卻深入民間。因此這裡的「強化」意味著：儘管人們在儀式性場合使用糖的偏好，可追溯自古早時期的舊有習慣，但蔗糖曾具有的社會與政治內涵，卻已消失。比方說，外層披覆著精美糖霜與圖樣的婚禮蛋糕、節日裡加了香料與甜味的特殊肉類與家禽菜餚、在為了離別與遠行而舉辦的儀式（包括喪禮）上所端出的甜食，以及眾多包含著甜蜜意象的詞彙等，充分顯示了此種延續性。

蔗糖的防腐效用

人類很早就發現蔗糖的防腐效用。在一份西元九世紀的文獻中，也提到在波斯生產並出口的水果糖漿、糖漬酸豆等類似食品。就防腐功能來看，蜂蜜和蔗糖可以互相替換，但蔗糖效果更好。蔗糖可以去除水分從而杜絕微生物孳生，讓其成為長期儲存固體食物（甚至是肉）的最安全方法。如同液態的糖或糖漿可用來浸泡食材，結晶化的糖也可以用於包覆或密封不同食材。

而糖的此種特性也被紀錄在歐洲十三、十四世紀的文獻裡，且可能早就廣為人知。在《香料概要》（*Compendium Aromatarorium*，一四八八年）中，薩拉丁・達斯庫羅（Saladin d'Asculo）描述了該如何利用濃縮蔗糖液來防止發酵，以及利用厚厚一層糖霜來保存乳製品。帕拉塞爾蘇斯也提到了利用糖來預防腐敗。[109]英國王室則於十五世紀時，認識到蜜餞果乾此一美味佳餚，但該產品無疑更早就流傳到英國。值得注意的是，在亨利四世與納瓦拉的瓊於一四〇三年的婚宴上所出現的「糖漬梨」（perys in syrippe），因為當時「唯一可保存水果的方法便是將其置於糖漿中煮沸，並以大量香料來增加風味」。[110]近乎兩個世紀後，在米德爾頓伯爵（Lord Middleton）那位於諾丁罕夏郡沃萊頓廳（Woollaton Hall）的家庭帳目中，紀錄了以驚人的天價五先令三便士，購買兩磅一盎司的「橘皮果醬」，而這也顯示了「此種進口果醬有多麼奢侈」。[111]儘管我們很難精確地換算，但兩磅果醬的價格在當時約可以購買一磅的胡椒或薑（同為異國舶來品），或將近十四磅的奶油、二十九磅的起司。

在接下來的幾世紀，此類精緻的奢侈小點，仍舊只有王室與極富裕之輩才能享用。但就如同蔗糖的其他用途，社會上的非皇宮貴族族群同樣渴望享用它們。至少在十四世紀以前，蜜漬水果就已經從地中海進口到英國。而一種被稱為「蘇卡德醬」（Socade），與如今橘皮果醬意義幾乎相通的產品，則出現在十六世紀的進貨清單裡。[112]在史金納公司（Skinners' Company）於一五六〇年舉辦的宴會上，端出了包含「橘皮果醬」與「蘇可醬」（sukett）等的蜜餞。由於當時並沒有任何一條法律禁止社會底層者使用糖，因此潛在使用者主要受蔗糖的稀有性和高價格所箝制。而在最初的時候，蔗糖出現的場合也多為同業公會或企業團體的餐會上，而不是平民百姓的餐桌。

然而在十九世紀以前，還有另外一種利用糖來保存食物的作法，但隨著果醬取得難以撼動的極重要地位後（一八七五年），該方法也漸漸沒落，並趨近消失。在一四〇三年的亨利四世婚禮上，端出了「糖漬梅子、玫瑰糖、水果醬、鼠尾草、薑、白豆蔻、小茴香、大茴香、香菜、肉桂、番紅花粉」，[113]該清單清楚地呈現了各式各樣的甜食。宴會中最先上桌的是香料（無論是否加糖）。盛裝在昂貴金盤或銀盤的樸質香料被傳遞著，而盤子則以金銀絲線來點綴，並刻印著家徽紋章與珠寶墜飾（顯然象徵著男性貴族的身分地位）。在其之後為糖果盤（drageoir），它和香料盤一樣珍貴且綴有華麗的裝飾，上頭盛著各式甜點。與香料盤並駕齊驅的糖果盤，則顯示了女性的尊貴。一直到十七世紀以前，無論是香料盤、糖果盤或蜜餞盤，皆為一種特權的展現，暗示擁用者的皇家地位與不容置疑的財富。[114]

自十四世紀以來，英國國王的儀式慶典上都會端出蜜餞與香料來款待賓客，而主要上菜時機為第二輪或後續上酒時。另一方面，白豆蔻、肉桂、香菜等香料為「消化劑」（digestive，該字在英文以外的語言如法文和義大利文中，如今也多具有此意義）或幫助消化的藥。而盛裝在糖果盤上的甜品，則稱為「dragée」。儘管「drageoir」此一字彙已消失在現代英文中，但卻留存了「dragée」一字，且在字典裡具有極重要的三層意義：第一層意義為糖衣堅果；第二為裝飾蛋糕、外表類似於珍珠的糖果；第三個意思為糖衣藥錠。這一個單字總結了糖最早且最主要的三種用法。而「comfit」（和法文的 confiture 及英文的

confection 同源）則保留至今，用來指內層堅硬（堅果、種子、水果）、外層包覆著糖的甜點。

在十四世紀威尼斯商人巴杜齊・培戈洛地（Balducci Pegolotti）的帳目，以及十四世紀以後的王室交易賬戶裡，皆提及了結晶化的糖、玫瑰糖（zucchero rosato）和紫羅蘭糖（zucchero violato），而它們或許就是 comfit 的原型。[115] 但這些點心並沒有做成花朵外型，只是帶有花的顏色或香氣。而真正的 comfit（外表包覆著一層硬糖）則可清楚地追溯自威尼斯，且無疑能追溯到更早期的北非和中東。意外有意思的是「confetti」一字，其原指「五顏六色的糖果」，而後延伸出「五彩繽紛的碎紙片」之意。不過在某些語言中（如俄羅斯文），此字仍保有「糖果」意涵。當然，這個字和 comfit、confit 和 confection 皆為同源。

然而多數英國人第一次見到的蔗糖防腐形式，卻不大可能是包裹著糖衣的水果乾，或保存在糖漿裡的水果。縱使工人階級開始大量飲用加了糖的茶以後，上述產品依舊為奢侈品，且並未以如同茶的速度向下普及。可以肯定的是，在十八世紀中期，社會中層的人民也知道了 comfit 和類似甜點，而勞工階級或許也開始熟悉其中一、兩種類型。就算研究主題是以醫療而不是食物或甜點為主的波密特（Pomet），也留下了簡明扼要的點心描述：

> 甜點師傅以糖衣包覆了各式各樣的花朵、種子、莓果、果仁、梅子等，稱作「糖球」（sugar-plum）。其內容豐富難以言盡，製作過程更無比繁複。而店舖內最常見的，莫過於葛縷子糖（carraway）、香菜、南帕黑（nonpareille，包覆糖的鳶尾根粉），但時下巴黎最

流行的是綠茴香。除此之外，我們還有杏仁軟糖、巧克力、咖啡、莓果、開心果等。116

儘管此種舊時的食物保存法，至今仍以各種瑣碎的形式留存下來，但其重要性已為其他方法所超越。如同作為飲料甜味劑的蔗糖，保存食物用的蔗糖在英國經濟與日常生活上占據了前所未有的新地位，不過這一切是在英國人開始大量消費糖漬水果後才發生。又一次地，我們看見罕見物質如何轉為常見物品、昂貴甜點如何變成物美價廉的食品，而此一轉變又引發後續更多改變。比方說，由十四世紀皇家御廚端出來的「糖漬梨」，一路演變成十九世紀的 Tip-tree、Keiller、Crosse and Blackwell、Chivers 等各種品牌的果醬與橘皮果醬罐頭。

由於英國民眾對於水果還保有舊時代的恐懼，因而製作果凍、果醬和橘皮果醬的製造商與商人們，必須想辦法克服這樣的抗拒和不信任心態。此外，還需要找出一種絕對安全，並且價格便宜到足以降低生產成本的保存媒介，否則大量生產仍舊不可能實現。在蔗糖的價格因為十九世紀中葉的自由貿易運動而大幅下跌後，工人階級的果醬消費量也開始成長。與此同時，糖價下跌也帶動了其他形式的蔗糖消費量成長。而蔗糖消費習性的改變，也同時伴隨著其他飲食與品味轉變。不過，要等到一八七〇年後，「果醬與工人階級」（我從安潔莉卡・楚魯德 [Angeliki Torode] 一篇重要論文中所借來的詞彙），117 才正式結合。但在某種程度上，半液態與液態甜味劑早就以糖蜜的形式，進入無產階級的飲食與體驗中。儘管糖蜜和果醬、果凍非常不一樣，但其很有可能是「售出」各種果醬產品的推手。糖蜜從其最早、更近似於原始糖蜜的型態，透過逐漸進步的精煉手法製造成更清澈、呈金黃色（模仿蜂蜜）的糖漿，再於十九世紀末成為價格實惠的產品。

在艾德華．史密斯（Edward Smith）所紀錄下的一八六四年蘭開夏郡（Lancashire）的工人飲食習慣中，顯示了工人階級大量食用麵包、燕麥片、培根、一點點的奶油、糖蜜、茶與咖啡。廉價的果醬於八〇年代開始出現在市場上，並立刻大受歡迎。這些果醬往往只含有非常些微標籤上所標示的果肉，其餘成分則是由最廉價的水果或蔬菜肉泥所烹製而成，再依需求增添色素與香氣。甜美的罐頭果醬深受貧窮家庭的歡迎。窮苦人家的孩子三餐之中，往往就有兩餐為麵包配果醬。[118]

約翰．博內特於十九世紀中葉時寫道，「在工人階級中，有八成至九成者的生活主要依賴麵包。」[119]因此，英國是一個早已習慣攝取糖分（尤其是透過茶），同時又依賴大量碳水化合物的民族。那麼，人們還會吃些什麼？由於工人階級所食用的各種食物間，彼此關係非常緊密，因此在探討蔗糖所扮演的角色時，我們不能將每一種食物分而論之。一些來自蘇格蘭的資料則別具意義，其顯示人們將麵包搭配果醬，讓我們看到此種新組合是如何在一個正面臨其他時代變革的蘇格蘭社會內，弱化了人們舊有的飲食模式。

R．H．坎貝爾（R. H. Campbell）概略研究了自十八世紀中葉至一次世界大戰期間（在這一時期，全英國飲食習慣基本上差異不大），蘇格蘭人的飲食習慣。此研究極有助於我們了解蔗糖是如何隨著時間，循序漸進地深入尋常百姓的飲食偏好。十九世紀蘇格蘭地區的長期性農業勞動者（稱「hinds」，亦即經驗老道的農場工作者），其薪資有三分之二是以物資來支付，其中也包括了食物。儘管如此，這些沒有土地的勞動者，其待遇仍舊比臨時性農業勞動者好。隨著以物資來支付薪資的比例逐漸下降（部分原因在於，大眾批判此種作法讓雇主握有過多權力），這些勞動者的飲食條件也變差了。「選擇的自由，」坎貝爾寫道，「導致了飲食水準下降。」而這樣的後果並非偶例。[120]儘管可以自己選擇食物，蘇格蘭的勞動者仍舊大量食用各式各樣的燕麥粥，只因為在十九世紀的多數時期裡，這就是最便宜的食物。由於燕麥粥價廉且營養充足，因此和其他薪水相當的英國勞工相比，低價的燕麥粥確實讓蘇格蘭勞動者擁有更好的飲食水準。

在看到坎貝爾所提供的，該世紀末蘇格蘭其他工業化城市（如愛丁堡、格拉斯哥 [Glasgow] 和丹地 [Dundee]）的數據後，一幅截然不同的景象浮現了。這些城市的飲食被認為缺乏蛋白質（尤其是動物性蛋白），而原因非常明顯：「過度食用麵包、奶油和茶，而不是和鄉村區域一樣食用燕麥粥與牛奶。」[121]坎貝爾就和所有研究愛丁堡的人一樣，提出了相同的疑問：「為什麼人們沒能保留農村地區那更便宜、更具有飽足感的飲食習慣？為什麼人們在擁有選擇食物的自由後，卻做不出明智的選擇？」而他提出了一個和其他人不同的答案。

這位學者是這麼總結的：「當……問題是關於該吃即食的麵包還是生的燕麥粥時，懶惰占了上風，整個家庭也只能為此受累。」[122]「但根據於丹地進行的調查所揭露的情況，」坎貝爾繼續寫道，充分解釋了為什麼在現金收入上升的同時，飲食的營養水準卻下滑的矛盾現象。由於丹地這一區的黃麻產業為婦女帶來了許多就業機會，因此該區的許多家庭主婦都外出工作。當妻子外出工作後，便會讓整個家庭的營養水準持續下降——必須工作的母親們，沒有時間來籌備「用餐時間」所食用的燕麥粥或湯……因此早餐和晚餐常常變成麵包加奶油。而由於學校的用餐時段和工廠的用餐時段不同，因此孩子們必須自己回家找點吃的……

家庭主婦的時間壓力，足以解釋其何以選擇營養價值較差的飲食。真正主宰食物內容的是節省時間的需求，而不是營養水準或錢……最值得注意的地方在於麵包消費量的成長。在丹地的某個例子中，就出現總食物開銷為十二先令十一便士，其中麵包就占了六先令五便士。而一對擁有五個孩子的夫妻，其家庭每週甚至會吃掉五十六磅麵包……在該城市裡，大家都不燉湯了。倘若蘇格蘭的人們能維持燉煮蔬菜湯的習慣，就算其飲食極度缺乏蔬菜也無傷大雅。但現在妻子們必須工作，因此根本無法燉湯。而研究丹地的學者們發現，只有母親不外出工作的家庭，蔬菜湯才會是「餐桌上的必備菜餚」。123

約翰．博內特的論點不僅和坎貝爾相吻合，也和我針對蔗糖所提出的論述相符。

在數百年的時光裡，白麵包和茶從有錢人的奢侈品，一路轉變成窮人們的飲食象徵。而原因之一是社會仿效，然而此原因並不是特別重要……那些曾經是富人餐桌上配角的食物，卻經常是窮人餐桌上唯一的食物，也是距離挨餓僅有一步之差的最低飲食限度。這些食物如此矛盾地成了維繫生命所必需的最廉價食物。儘管以白麵包配肉、奶油或起司，吃起來更香，但這些都可以捨棄——只需要一杯茶，就能讓冰冷的飯菜變得溫暖，還能帶來撫慰和激勵。在十九世紀中葉，一磅茶葉就要價六先令到八先令，屬於奢侈品，而勞動階級家庭每週消費兩盎司（經常搭配上一塊烤焦的麵包，好讓茶的顏色更濃郁），還稱不上過於奢侈。在工業化早期階段，此種飲食有項額外的優點：它總是隨手可得，且幾乎不需要費時準備。[124]

但真正的關鍵點與果醬有關。在一八七〇年代以後，

> 果醬變成極為重要的食物，對工人階級尤其如此。自由貿易讓此時期的果醬產業得以繁盛發展，而免除蔗糖進口關稅更讓蔗糖價格大幅下滑，且供應充足。果醬中有五〇%至六五%的重量，都是糖……而絕大多數果醬工廠的產品，都是為了滿足本地市場的……都市勞工階級……這些人所攝取的水果，主要多來自果醬。在一八四〇年代以後，那些仍以麵包為主食的族群，開始盡情地使用糖，而景氣較不好時，則改用糖蜜取代奶油塗抹在麵包上，或加到茶裡（而不是使用糖）。在一八六〇年代的勞動階層家庭開銷帳目中，經常會出現布丁或黑醋栗蛋糕。在謝博姆·羅魯（Seebohm Rowntree）針對鄉村勞動力所進行的研究中，即便是最貧窮的家庭也會購買或製作果醬（水果的來源多為被風吹落的果實，或甚至是偷來的）。只有在極度貧窮的家庭裡，母親才會為著是否要打開果醬而猶豫，因為果醬毫無疑問地會讓孩子們多吃一點麵包。在任何情況下，一九〇五年的果醬製造商（除了同時也製造昂

貴果醬的 Blackwell 和 Chivers 以外），絕對會同意自己最廣大且獲利最多的客群就是勞動階級。曾幾何時被視為奢侈品的果醬，如今卻成為生活必需品，同時也是可以用來取代更昂貴奶油的食物。[125]

在這段觀察裡，共出現了幾個論點。首先，顯然（至少對十九世紀的英國來說）食物選擇的考量，有部分是根據可支配時間，而不是單純地以相對價格來決定；第二點，燃料顯然也是飲食開銷的一部分，因此可以省卻這筆開銷的食物，往往更具吸引力；第三，家庭內的勞動分配塑造了英國人的食物偏好。若妻子離家工作賺取收入，便會限縮全家的餐食內容，即便其就業事實上能提高家庭收入也不例外。此外，儘管不如上述幾點明顯，但就蔗糖發展卻同樣重要的一點是，有充分的證據顯示，食物的營養價值並非均勻地分給所有家庭成員。確實，有證據指出妻子與孩子出現全面性地營養不足，這是因為該國文化傳統上強調「養家糊口者」應獲得充分的食物。

毫無疑問地，工廠體制以不尋常的方式，如強調節省時間，或提供婦女兒童薪水極低但負荷極重的工作等，讓蔗糖與其副產品進入了工人階級的飲食習慣中。自家烘焙麵包的比例下滑，象徵著傳統烹飪體制的轉變——從耗時且耗燃料的烹飪，轉移到我們現在所稱的「方便速食」。幾乎可以無限期保存且無需冷藏的甜味果醬，不僅受到孩子們的熱愛，且當它配上外頭買來的麵包時，滋味也比更貴的奶油好，從而超越或取代了燕麥粥，如同當初茶取代了牛奶和自釀啤酒般。在實務上，方便速食讓需要上班的妻子們，可以省去一或兩餐的準備時間，又能確保家人所攝取的熱量。對那些下了班的童工，或正在上班的工人而言，熱茶經常取代一頓熱騰騰的餐點。而此些改變為英國社會邁入現代化下，不可或缺的一段歷程。此外，其所伴隨的社會變遷，也繼續影響著世界上其他區域的現代化進程。

當吃甜點成為一種習慣

在一七〇〇年以前的英國，蔗糖除去用來裝飾或製成果醬外，其非藥用用途主要有三：香料和 dragée（糖果）、本身帶有甜味或加入糖的酒精飲料、烘焙甜點。而最後一項也成為英國上百萬名工人習慣在家享用的「甜點」（sweet）。此種料理的標準化，也成為英國日常飲食史及蔗糖史的特色。

十五世紀以前，烘焙甜點並不常出現在英國食譜中，但在那之後就變得非常普遍。奧斯汀（Austin）從兩本十五世紀的出版品中，挑選了部分內容集結成一份名為「各式烘焙菜餚」（Dyverse baked metis）的食譜選集，裡面提供了許多菜譜，包含使用蛋黃、鮮奶油、番紅花等各式香料與糖（有時為蜂蜜），將其混合並製作成擠在酥皮杯、托盤或貝殼模具中的卡士達。[126]在接下來的世紀裡，這樣的食物變得越來越常見，但要一直等到蔗糖發展史的晚期，甜點在餐點中的地位才真正穩固。我認為只有當具有甜味的物質價格夠低，且產量充足到人們每一餐都不禁念及它時，特定菜餚與特定甜味間的關聯才能牢繫。每一餐都要攝取甜食或期待甜食端上桌，並非一件自然或必然發生的事。事實上，也不過在數個世紀前，上述情況才成為西歐人飲食的常見特徵，並於更晚近時，才確立甜點為最後一道餐點。然而，這對現代人而言卻是如此習以為常，導致我們甚至無法想像那種截然不同的模式。有鑒於在西方飲食物中，一種味道（甜味）與一道菜（甜點）間的關聯，是所有口味與菜餚中最為穩固的，因此自然值得我們去探討這一切如何產生。

大概是到了十七世紀晚期，在上流社會中才終於確立了最後一道菜餚為甜味料理的模式。米德寫道，在中世紀的盛宴中，「就算有安排甜點，也不會有人特別在意。」[127] 即便在糖雕的展示（有時也包括食用）已經成為固定環節以後，甜點端上來的順序也一直都是隨機的。舉例來說，在亨利四世的加冕典禮上，第三道菜餚中包括了「卡士達塔」（doucettys），而宴會的最後並沒有端上任何甜點。甜漬水果則可以出現在任何一道菜餚中，例如在第三道菜開始之前，出現了「糖漬榲桲」（quincys in comfyte）。同樣地，在亨利的婚宴典禮上，儘管每三道菜就會端上一座將氣氛推入高潮的糖雕，但其餘少數可稱作甜點的杏仁鮮奶油和糖漬梨子，則是在第三道菜的一開始即端上。米德認為十五世紀的人就跟現代人一樣，非常喜愛甜點，但中世紀的用餐者並不在乎菜餚的順序。[128]

法國王室於十五世紀開始享用那些看上去近似甜點的餐點。在一場由兩位貴族舉辦，招待法國國王與其宮廷貴賓的盛宴上，總共設計了七道菜。而從第五道菜開始出現甜點：水果小餡餅、卡士達、奶油盤、橘子和「糖漬檸檬」。第六道菜則有鬆餅、紅酒做成的香料藥草酒和第七座糖雕（席間的每一座糖雕都放上了國王的家徽與紋章）。米德傾向於認為英國之所以出現甜點，是因為模仿法國。由於英國王室的絕大多數習慣都是效仿法國宮廷，因此這樣的論點是有可能的。

而認定英國勞動階級之所以學會吃甜點只是出於對統治者的模仿，此解釋雖看似合理，卻也過於表淺。英國貧民第一個與糖相關的飲食習慣為「喝茶」，而喝茶的風氣由統治階級向下層、從城市朝鄉村快速擴散。但大眾最初並不視喝茶和其他成癮性飲料為用餐的一環，且茶和糖在一開始也並未進入傳統家庭飲食中，是後來才逐漸融入。事實上，比起家庭，此兩者最初的關係與工作更為緊密。

如果說最早的外國或異國「休息食物」（interval food）為帶有咖啡因和高熱量的糖的簡易溫熱液態興奮劑，聽上去確實相當合理。而人們一學會此種飲食搭配後，很快就將其帶入日常飲食中。由於糖價便宜，大眾得以使用糖蜜，不久後，隨著商店販售麵包的情況越來越普及，布丁也出現了。儘管上述過程的時間線是靠推測的，但具有一定的準確性。其點出了從窮人的用糖方式來看，甜點的重要性不過排在第三（而不是第一）。

進入十九世紀後，甜點（多用「布丁」這個字來指稱）漸漸變成一種常態，並在十九世紀晚期蔗糖用量大幅成長下，地位漸趨穩固。但此種轉變並非獨立事件，而是伴隨著其他飲食習慣和英國餐點結構的改變。比方說，其中一項根本性改變為麵包與麵粉消費量下滑，因為越來越多食物（包括糖）變得較容易取得，價格也更為便宜。無論是美國還是英國，上述的消費量下滑情形一直持續到二十世紀。而這樣的消退似乎與蔗糖消費量上升、肉類（或至少是脂肪類）消費量上升，呈互補關係。但這樣的改變是否意味著（或最終促成了）某種程度的營養提升，則有待討論。[129]

在「提升平均總卡路里攝取量」方面，蔗糖既是複合式碳水化合物的輔助，同時卻也對前者造成了排擠效果。自一七五〇年以後，英國飲食中越來越常見到酥皮點心、燕麥布丁、果醬麵包、糖蜜布丁、餅乾、水果小餡餅、小圓麵包和糖果；而一八五〇年以後，此種情況更是擴散氾濫，你可以找到無限多種蔗糖搭配麵粉類的複合式碳水化合物的方法。人們漸漸習慣在熱飲中加糖，並在吃著烘焙甜點時，搭配這樣的飲料。無論是在歇工休息時刻、起床或睡前，來一杯茶、咖啡或巧克力的習慣蔚為風潮（但以喝茶為最大宗）。而一邊吃烘焙點心，一邊喝此類飲品，也成為常見的風俗（儘管此種搭配並非固定不變）。

隨著甜品逐漸成為各階層午餐或晚餐的固定餐點，蔗糖的使用範圍也擴散得更深更廣。所有人在食用小麥製品或熱飲時，幾乎都會搭配各種形式的糖。而其占人體熱量攝取總量的比率，也從十九世紀初的二％，在一個世紀後猛然躍升到約莫超過十四％。即便此數字已令人吃驚，但它仍然可能低估了實際情形，因其只是全國平均數字，且沒有關注到不同年齡層、性別與社會階級的蔗糖消費差異。蔗糖對窮人的吸引力尤其強大，因為和其他更營養的食物相比，糖分更有飽足感，而此點乍看之下或許是件好事。

在十二世紀至十八世紀間所發展出來的各式各樣蔗糖新用途，最終也讓蔗糖成為多功能的大眾消費品。而逐漸加深的分化過程（用量越來越大，且更加頻繁且廣泛地使用），標示著十九世紀下半葉英國的蔗糖消費史。很快地，這樣的情形也擴散到其他工業與新興工業化國家。而在我們這個世紀裡，類似的情況也出現在更貧窮、非工業化的國家內。蔗糖從一開始的香料、藥物，轉變成一種基礎且極為特別的食品。

而蔗糖的異常多用途特質，也讓蔗糖的使用方法出現重疊。自人類視消化和禁食為追求健康和純潔的方式以來，食物和藥無論是就思想還是行動層面，總是被連結在一起。而幾千年來，糖也一直被視為「食物」與「藥」的鏈結。[130]但如前述所討論到的，蔗糖的用途並沒有被局限在醫療上。在十五世紀時，經常令現代讀者退避三舍的甜膩糖果，近乎成為英國王室所有場合中的必備佳餚。英國王室對甜點的熱愛，顯然已超越其他歐洲大陸的國王與皇后們。一名十六世紀的德國旅行家，在宮廷中見到伊莉莎白後，寫道：「六十五歲（他們告知我們的歲數）的女王殿下，神色威嚴，鵝蛋型的臉龐，即使布滿皺紋仍舊美麗。她的雙眼細小，卻烏黑而溫柔；她有點鷹鈎鼻，嘴唇細薄，牙齒發黑（英國人食糖過量所導致的缺點）。」[131]作者也繼續說到，許多英國的窮人看上去比富人還要健康，因為這些人負擔不起沉溺於蔗糖的代價。當然，此景在接下來的數世紀裡，出現了徹底的改變。「我國男士與女士們對甜食的熱愛，」英國歷史學家威廉・B・瑞（William B. Rye）寫道，

讓一六〇三年和大使一同來到英國的西班牙維拉梅迪亞納伯爵（Count Villamediana），大為震驚。其描述了坎特柏立（Canterbury）的英國婦女們不斷透著格子窗窺探……這名西班牙貴族向這些「充滿好奇、魯莽而美麗的女子們」，展示了桌上的糖果、糖漬點心和甜點，「她們滿心歡喜。（據說）除了那些因為糖而帶有甜味的食物外，她們什麼都不吃，且經常也以糖來配酒或肉。」[132]

西班牙人數世紀以來早已熟悉各式各樣的蔗糖，且早在這則紀錄發生的一百多年前，就開始出口糖到英國。值得注意的是，一六〇三年的西班牙外交使節竟然會對英國人如此嗜甜的情況感到震驚。而在此年之後的半個世紀，英國也開始從自己的第一個「蔗糖殖民地」進口蔗糖。除此之外，我們也可以肯定那些「好奇、魯莽而美麗的女子們」，絕非傭人或女僕。

同樣地，我們也很難斷言，英國的蔗糖消費史僅僅證明了人類對甜味與生俱來的熱愛。美國歷史學家約翰・內夫（John Nef）認為，北歐對蔗糖的喜愛，應源自於地理性因素。引用他本人的句子：「北邊經濟文明的成長」，意味著食用那些「不比地中海所栽種的蔬果鮮甜多汁」的水果與蔬菜。[133]為了讓這些水果更美味，就必須使用糖，他如此解釋。但此論點難以令人信服。因為就蘋果、梨子和櫻桃等水果來看，其鮮甜的程度絕對不遜於熱帶水果，此外，我們也很難解釋為什麼北邊的人遠比南邊的人，更嗜甜如命，且就連當今蔗糖消費量最高的區域，仍主要落在北邊地區。早在歐洲認識蔗糖以前，從中國南方一直到印度、波斯和北非的亞熱帶地區，就有食糖習慣；而威尼斯人在十世紀前接觸到蔗糖後，便覺驚為天人。[134]

從酒糖歷史看英國人的嗜甜偏好

或許，英國人特有的嗜甜如命，與其文化中的酒精歷史更為相關。將近數千年以來，英國人的主要酒精類飲品為利用麥芽穀物製成的艾爾啤酒，而一直到十五世紀中葉，其地位才受到啤酒的挑戰。艾爾啤酒帶有甜味、而非苦味，是因其中的麥芽糖分並未完全發酵。一四二五年左右，人們開始在製作艾爾啤酒時加入啤酒花，而這麼做不僅大大延長了艾爾啤酒的保存期限（且正式成為所謂的啤酒），同時也讓其出現了苦味。但其風味的改變顯然並未嚇退那些已經習慣飲用甜艾爾啤酒的消費者，艾爾啤酒繼續為世人們所飲用。[135]因此，在人們習以為常的甜味飲料之外，又多了一種新的苦味飲料。而人們也一直對艾爾啤酒中不同於水果及蜂蜜的甜味，抱持著熟悉感。

在英國大受歡迎的飲料除了艾爾啤酒，還有其他甜的、或加入甜味的飲料。用蜂蜜製成或加入蜂蜜調味的酒精飲料——mead、metheglin、hydromel、rhodomel、omphacomel、oenomel（全都為蜂蜜酒），也成為一種特殊類別。比方說，製作 mead 的流程是將蜂蜜發酵後進行蒸餾，或和酒、葡萄汁、玫瑰水等液體混合，製作成帶有些許異國情調的酒精飲品。但蜂蜜相較而言價格較昂貴，且供應量（即便在十六世紀以前）並不充足，而十六世紀修道院制度的廢除，更劇烈衝擊了蜂蜜的產製，摧毀了（蜂蠟）蠟燭唯一的重要市場，導致蜂蜜價格再次上漲，削弱了這些以蜂蜜為基底的飲料產製。[136]

此外，還有另一個結合酒精（尤其是葡萄酒）與糖的飲料類別。莎士比亞筆下的法斯塔夫（Falstaff，其嗜酒成性），最喜歡喝的「糖加沙克白葡萄酒」就是其中一例。但最受歡迎的莫過於香料藥草酒——一種經常以香料和糖來增添風味的葡萄酒。在蔗糖與葡萄酒的進口量開始成長後，這種酒也取代了過去的蜂蜜酒和發酵蜂蜜飲品。而英國人的酒中加糖習慣，也廣為人知。漢斯仁（Hentzner）於一五九八年寫到，英國人「會在飲料中加入大量的糖」，[137]而范恩斯・莫里森（Fynes Moryson）於一六一七年討論到英國人的飲酒習慣時，也評論道：「鄉下人與粗人只會飲用大量的啤酒或艾爾啤酒……而紳士們則獨鍾於加了糖的紅酒，但這是我在其他地方或國家從未見過的飲用法。由於英國人如此偏愛甜味，因此小酒館（我指的不是商人或紳士們的酒窖）裡的葡萄酒都會混合糖，以取悅客人。」[138]

上述觀察並不是想強調英國人特殊的嗜甜癖好（儘管確實多少凸顯出這點），而是長久以來英國人對甜味飲料早已習以為常。可以理解的是，「喝成癮性飲料如咖啡、巧克力、茶加糖」會成為慣習，一方面是因為這些飲料帶有苦味且人們對其感到陌生，另一方面也是因為在飲品中加糖是英國人由來已久的習慣。當人們以「無需酒精就可使人興高采烈」的說法來推廣茶時，在茶裡加糖對那些長久以來熱愛在酒精飲料裡加糖的嗜糖如命者而言，是再自然不過的加分之舉。而茶、咖啡和巧克力就這樣以自己的方式，成為蔗糖消費量增長的助力。儘管我們或許無法稱茶、咖啡和巧克力為根本的推動力，它們卻無疑地加快了蔗糖的消費量。

茶、咖啡和巧克力從未真正取代酒精飲料，它們只不過是與其競爭。兩派勢力長期相互較量，至今仍未停歇。而在英國社會歷史下，禁酒的概念，大大影響了兩者間的競爭。提倡禁酒的主要依據是道德理由：保護家庭、勤儉、可靠、誠實與虔誠的美德。而禁酒本身也攸關英國國內的經濟：一個講求效率、以工廠為根基的工業化資本主義，不可能仰賴總是無故缺席、醉醺醺的工人來建立。因此，酒精或無酒精飲料的問題，絕不是單純的道德或經濟政治議題。當然，也絕不單純是關於「品味」或「教養」的問題。

十七世紀晚期及十八世紀，全英國的酒精飲料消費量持續成長，但茶與其他「禁慾性」飲料的成長更為驚人。十七世紀，琴酒由荷蘭進口而來，到了一七〇〇年，有時進口量甚至高達五十萬加崙。[139]一六九〇年，一條針對法國的法案通過，准許英國國內利用穀物來製造eau de vie（生命之水，亦即白蘭地）。而此一在國家競爭下衍生出來的奇特產物——「英國白蘭地」，也一直持續生產到十八世紀。[140]從十六世紀中葉以後，僅有具有執照的商家才能販售艾爾啤酒和啤酒（蘋果酒 [cider] 則要到一七〇〇年才被加入清單中），但「烈酒」卻可以在不需要執照，且僅需課以極低稅金的情況下，隨意販售。到了一七三五年，琴酒的消費量估計成長到五百萬加崙——成長了十倍！

由於製作烈酒用的穀物價格上漲，導致了新一波的啤酒熱潮，並在十八世紀中葉和茶葉相互角逐、競爭。除此之外，也必須提及蘭姆酒。一六九八年，英國只進口了兩百零七加侖的蘭姆酒；在一七七一年至一七七五年間，其年平均進口量遠超過了兩百萬加侖。[141]事實上，這個數字還是低估了實際情形，部分原因在於其未考慮英國製糖業的副產品——糖蜜（而蘭姆酒是利用糖蜜蒸餾而來）；另一方面則是非法走私猖獗。換而言之，茶、咖啡和巧克力必須面對各式各樣的對手。而幾乎所有飲料的生產或消費，都伴隨著蔗糖。

而茶之所以能贏過其他同樣帶有苦味的咖啡因飲品，原因有三：其一，就算省著用茶葉，其味道也不至於完全走樣；第二，茶葉價格在十八世紀與十九世紀間穩定地下滑（尤其在一八三〇年代，東印度公司結束壟斷後）；第三，英國殖民地開始產茶（和第二點有關）。此外，這也為英國政府帶來一筆可觀的稅收，如一八四〇年代，最便宜的中國武夷茶

（bohea），就被課了三五〇%的稅。

但茶葉不僅僅是一個能讓政府直接獲利的進口品，世界上某些規模最大且極為重要的零售企業如立頓（Lipton，和其早期競爭者唐寧茶［Twining］），甚至是憑著茶葉來建立自己的帝國。[142]號稱「禁慾飲品」的茶，不僅具有能讓人振奮的成分，還能同時加入大量熱量。到了十九世紀中期，在禁慾運動的推波助瀾下，漢威最討厭的茶搖身一變成了恩賜之物，如同下面詩文所描述的一般：

> 從你身上我見到了未來，
> 熱情的擁護者橫貫英國南北，
> 在喜悅中，我見到為你神魂顛倒的年輕人，
> 鄙視那為高腳杯而迷惑的愚人。
> 酩酊的巴庫斯（Bacchus）③終於放棄自身花冠，
> 讓愛與茶凌駕於酒之上。[143]

儘管如此，酗酒情況並未消失，工人階級家庭更不可能在一夜之間就成為禁酒主義者。工人階級的酒精性飲品消費量仍舊很高，在十八世紀與十九世紀裡，有些勞動家庭甚至會將

③【編注】巴庫斯，古羅馬神話中的酒神，頭戴葡萄枝和常春藤編成的花冠為其象徵。

其收入的三分之一、甚至是一半，花費在酒精上。即便如此，禁酒運動確實降低了酗酒行為，尤其是那些處境較優、條件也較好的勞動者。[144]茶在漸進消除或減少酗酒行為上，扮演了極為關鍵的角色。又一次地，我們無法確定上流社會者的行為模式，造成多深遠的影響。儘管禁酒運動是中層與上層社會的思維及道德意識的產物，但這並不表示只有工人階級才會酗酒。

蔗糖消費的社會學意涵

我曾強調蔗糖可用以標誌階級身分——彰顯一個人的社會地位、吹捧他人或讓他人感覺到自己的不足。無論是作為藥物、香料、食物保存媒介，或尤以糖雕為代表的公共展示，蔗糖常被塑造成具有宣告性與階級性功能。某些特別強調「奢侈品在現代化過程中所發揮的功能」的學者，對這樣的情結有不同的見解。舉例來說，維爾納．桑巴特（Werner Sombart）認為蔗糖（和許多其他物質）影響了資本主義的興起，因為女性對奢侈品的偏愛導致歐洲核心區域的蔗糖產量與進口量上升。

> 儘管如此，在某一點上，我們似乎看法一致：甜食消費和女性支配相關……
>
> 而此種存在於（舊式）女性主義和蔗糖間的關聯，深遠地影響了經濟發展史。由於女性在資本主義早期占有支配性地位，讓糖迅速地成為廣受喜愛的食品。也正是因為人們廣泛地

使用糖，那些具刺激性飲品如咖啡、可可和茶才能迅速為歐洲人所接受。這四種商品的貿易；在殖民地生產可可、茶、咖啡和糖；以及在歐洲精煉糖和加工處理可可，都是發展資本主義的重要因子。145

或許只有這段話的最後一句，我們能毫無保留地接受。「女性在資本主義早期占有支配性地位」是一個難以理解（甚至稱得上神祕）的主張。而斷言女性是「讓蔗糖成為眾人喜愛的食物」的主要推手，則同樣令人困惑不已。就連後半段句子中所隱藏的因果關係（蔗糖的可得性奠定了成癮性飲料的使用習慣），也讓人無法明白。儘管如此，試圖在女性與蔗糖使用間尋找關聯的桑巴特並沒有錯，因其意在嚴謹分析誘發消費的情況。要想分析蔗糖與加糖食物間的關聯，就必須分別探究工作時期與休息期間，以及性別、階級所導致的隔閡。簡而言之，也就是觀察西歐在新崛起的經濟秩序下，整體的消費社會學。

蔗糖最初為一種奢侈品，也是權貴階級們的社會地位體現。香料盤與糖果盤的差異（如同稍早所提到的），或許反映了男性與女性的差異，但此一差異僅發生在同一社會階層下的個體間。當較富裕的平民開始使用這類奢侈品時，他們擴充並再區隔了這些奢侈品的用途。當蔗糖被社會中絕大多數人口視為日常生活必需品時，它們便逐漸融入至新環境中，並成為新使用者的日常習慣。正如同早期的香料盤與糖果盤是貴族用來彰顯及向他人，如伴侶、同輩和（排除）地位低賤者，宣告自身階級地位。對廣大、身分較不尊貴的族群而言，蔗糖的新用途也能發揮社會及心理功能。

就本質而論，某些新用法其實只是將上層社會的用糖方式與象徵意義轉移到下層，也就是對舊有模式的「強化」；然而有些更普遍的新用法，則牽涉到在新環境中使用舊有物質，並賦予其嶄新或修正過的意義，也就是對舊有模式的「擴大化」。而茶的發展恰恰闡明了上述的過程。

儘管一開始，茶只出現在十七世紀中葉的倫敦等都市裡的茶館與咖啡館中，且為貴族與時下權貴餐桌上，用於彰顯自身地位的食品，但十八世紀的作家仍清楚點出，對於窮人——尤其是鄉村地區的勞動者而言，茶絕不僅僅是一種奢侈品。正是茶和糖，最早成為勞動者於工作休息時間所飲用的食物。而「午茶時光」（the tea）不僅用來指工作休息時間，也可以指一種休閒活動，但兩者所承載的意涵並不相同。「午茶時光」也自然而然地演變成一種吃喝活動。由於十八世紀的中產階級習慣只吃少量的午餐，到了下午時，常常會感到飢餓：

> 因此用茶的需求必然出現，甚至在茶出現之前，這種需求就已存在。茶一開始由婦女專享，因為在那個時代的午餐時間，兩性習慣彼此隔開，而男性往往在認真地喝酒。五點的茶，意味著吃完正餐後端上來的茶（就如同我們現在吃完午餐後會模仿法國人喝一杯黑咖啡般），同時也拉開了奧伯里牌（ombre）、克里比奇紙牌（cribbage）、雙陸棋（backgammon）和惠斯特紙牌（whist）的序幕。此種「輕食茶點」純粹由女性所發展出來，或許也可以視為是對舊時法國「小食」（goûter）的模仿，其間男女會一起喝著甜酒並吃著餅乾、花色小蛋糕（petits-fours）。[146]

專門評論英國社會事件的P．莫頓．尚德（P. Morton Shand），認為「午茶時光」可以追溯至歐洲大陸的習俗與貴族間的習慣，然而就貧窮的工人階級而言，這不僅僅是一種模仿，因為對他們而言，早在「午茶時光」成為一種社交場合以前，其就已經是生活中不可或缺的一環。然而，尚德將物質與事件連結在一起的作法仍相當具說服力（儘管不太精確）：

在英格蘭的兩性隔閡沒那麼嚴苛以後，女士們開始會在起居室裡喝茶，而男士則同時在一旁喝波特酒、馬德拉酒或雪利酒……隨著女性不再死板，男性也沒那麼魯莽，交際往來變得更和睦，而這也是捨卻酒精讓頭腦更清醒的緣故。女人用自己的茶杯獲得勝利，而玻璃酒瓶則逐漸在她那具絕對優勢的領域之中被放逐。情竇初開的年輕男子，欣喜地出現在女性的社交場合中，樂於讓女性取代抽菸室中可以灌三瓶酒的魯莽男伴。在倫敦俱樂部（男性特權僅剩的避難所）於八月首度提供下午茶服務的那一年，是社會史上極為重要的一個日子……

下午茶很快成為婦女放縱甜食控本性的藉口……茶不該視為另一頓餐，而是第二份早餐。麵包和奶油只是掩飾，那小巧的蛋糕才是真正的魅惑、真正的「放縱之物」。沒有多久，男人就完全臣服在女人之下，接受並和女性一起享用那遂其所願而選食的額外小點心。直到今日，無論是在工作或閒暇時光、在家裡或在外頭，鮮少有英國男人願意被剝奪喝茶的權利。茶並非一頓不折不扣的正餐，而是一個可以進食的藉口。它是歇息，也是對那緩慢時間的一個挑戰，並「讓白天出現了一個洞」……另一個好處則是下午茶時光極富彈性，因此人們從下午四點到六點半，隨時都能享用。147

對於一六六〇年代以後的中層民眾而言，尚德的推測：「茶和酒精原本為兩性各自的飲料，直到沙龍誘使男士也加入下午茶行列」，或許為真，但卻無法解釋工人階級的情況。「在飲茶變成富人的習慣後，」他補充道，「較低層的中等階級者自然也企圖仿效，但只能以自己獨有的方式來進行（據我所知，只有公立學校那難以消化的六點鐘茶與此相似）。」[148]在尚德的解讀下，下午茶的出現徹底改變了進食的模式。「晚餐提前了一到兩個小時，再搭配上茶此種新享受，而這道猶如複製早餐模式的混合餐點，卻被命名為下午茶……人們總愛拐彎抹角地說『我吃了蛋（或魚）……來搭配茶』。」[149]顯然，茶、喝茶的習慣和「下午茶」在不同的背景下，有截然不同的意涵，不僅達成不同的營養與儀式性目的，也實踐了不同的價值。

一個世紀之後，茶、糖、糖蜜、菸草等其他許多進口食品，也穩固地扎根於工人階級的飲食習慣中。它們成為新的生活必需品。一八五〇年代以後，茶與糖的消費量穩定成長。以糖為例，一八九〇年代，人均年消費量略低於九十磅。早在一八五六年，蔗糖消費量就比一百五十年前成長了四十倍（且此時期的人口增長甚至不到三倍）。[150]一八〇〇年代，全英國的茶葉年消費量為三億磅，而在關稅均等化、茶葉價格因此下跌後，消費量更立刻於一八五二年暴增為十億磅，隔年甚至繼續成長。倘若價格沒有下跌，消費量也不可能成長得如此快速。而蔗糖在勞動者飲食中的地位，還有更大的拓展可能，且糖價下跌後，也出現了許多新的使用方式。一八三二年至一八五四年間，人均蔗糖消費量約**增加**了五磅。一名學者寫到，一八五四年，「傭人獲得的配額，從每週四分之三磅成長為一磅」，而我們從而推論「人均年消費至少為五十磅，這對成年人而言並不算多。」[151]確實不多，因為到了一八七三年，此數字繼續成長。到一九〇一年，該人均數字首度超越九十磅。

即便此數字令人吃驚，它仍模糊且隱匿了蔗糖消費的社會學意涵，因為人均數字不過是全國平均。在關稅於一八五〇年均等化後，英國窮人所消費的蔗糖量，毫無疑問地超越了富裕階級。在工人階級所攝取的卡路里之中，含有大量蔗糖的食物（如糖蜜、果醬、加在茶和烘焙食物中的粗糖、布丁、烘焙點心等）所占的比例越來越高，而蔗糖本身也成為工人階級每日飲食中，越來越重要的原料。孩子們在很小的時候，就養成了吃甜食的習慣；加了糖的茶出現在每一頓餐點中；果醬、橘皮果醬或糖蜜更是密集地出現。十九世紀晚期，甜點確立為一道菜餚，甜味煉乳終於成為佐茶和烘焙水果的「鮮奶油」，而商店買來的甜餅乾則成為必備茶點，茶更成為各社會階層展示待客之道的標誌。[152]到了該世紀的尾聲，在我們經常可於其他世紀反覆看到的進程中，麵包逐漸被其他食品所取代。

學者們認為，麵包消費量衰退也意味著生活水準上升，而「麵包與麵粉消費曲線的下滑，同時由呈上升趨勢的蔗糖與甜食消費曲線所填補。」[153]然而，無論是就短期或長期的生活水準來看，蔗糖消費量都不足以作為參考指標。[154]自蔗糖價格於一八四〇年至一八五〇年間下滑了三〇%，又於此後的二十年間額外下滑了二五%以後，消費成長反映的應是「蔗糖價格相對其他商品較低」的事實，而不一定是生活水準提升。無論如何，蔗糖的人均消費量在十九世紀下半葉劇烈增長（如之前所提的，尤其是在勞動階級間）。

德拉蒙和威爾布拉漢認為，麵包和麵粉消費量下滑，應同時伴隨著蔗糖與肉類消費量上升，但另一名研究者在探討了供應面的數據後，指出肉類消費量並沒有成長。在一八八九年至一九一三年這四分之一個世紀裡，根據全英國市場上所供應的肉量來看，每週人均肉類可得量為二．二磅。而為了讓此數據更貼近本書的分析，我們必須考量到階級差異所導致的肉類消費量差異，以及個別家庭內的差異。而營養歷史學家德瑞克．奧迪（Derek Oddy），也清楚地解釋家庭內部的飲食差異：「尤其是動物性食物，絕大部分都只是他（父親）一人的晚餐，或其晚餐的佐菜。」[155]奧迪也引用了艾德華．史密斯醫生於一八六三年留下的筆記，該筆記指出只有父親能享用「為全家人」買的肉，而母親也認為這具有道德正當性：「無論如何，此一重要事實已然建立——勞動者每天都會吃肉和培根，而他的妻子與孩子卻一週只能吃上一次。但勞動者與其家人都認為這樣的餐點是絕對必要的，好讓父親能在工作中表現更好。」[156]作為勞動家庭細心觀察者的彭伯．里維斯太太（Pember Reeves），則寫道：「肉是為了男人而買，而最大的開銷往往是用於準備星期天的晚餐，因為那一天男人也會在家。且剩下的冷菜男人隔天就會吃光。」[157]

而這樣的觀察也充分解釋了，在十九世紀勞動階級的飲食習慣中，肉類與蔗糖消費量明顯增長：「麵包是窮人的主食，但在人們負擔得起肉類，且能縱情於加糖食物後，麵包的消費量就減少了。」[158]此種陳述暗藏著一種假設，但那並非普遍原則。即便花在食物上的總體開銷成長了（的確，即使收入增加，用於食物支出的比例也提高），但此一數據本身並無法充分證明飲食水準提升。除此之外，家庭成員間也極有可能出現因文化模式所導致的差異性消費，像是每個人的蔗糖消費量都增加了，但相較於成年男性，女性與孩子的蔗糖消費量成長得更多；每個人都吃得到肉，但比起女性和孩子，成年男性卻能吃到多到不成比例的肉量——這些都暗指了截然不同的事實。

我們有理由相信，十九世紀晚期的飲食習慣事實上相當不健康且不符合經濟效益。比方說，人們以麵包為大宗主食，其次則是馬鈴薯，但肉類開銷卻高得不成比例，且只能換得極少的量。少量的「茶、肉汁（烤肉所滴下來的脂肪）、奶油、果醬、蔗糖和青菜，」里維斯太太寫道，「更像是調味品而不是食物。」[159]但這些額外的補充卻是必須的，奧迪說道，「能讓以澱粉為主的餐點更像是一頓正餐。」[160]與此同時，勞動的丈夫獲得了肉，太太和孩子卻只得到蔗糖：「我們**見到**許多擁有妻子、三個或四個孩子的勞工，儘管每週只能賺到一英鎊，卻身體強健，工作狀態良好。而我們所**見不到**的，是妻兒為了讓丈夫獲得充足的食物，長期處於匱乏飢餓的狀態中，因為母親知道全家都必須仰賴丈夫的薪水。」[161]里維斯太太表示馬鈴薯為午餐所「不可或缺的食物」，但並不是全家都吃得到：「糖蜜，或如所有街角小店所稱的金黃糖漿，經常搭配著牛油布丁吃，而這樣的搭配往往就是勞動階級家庭中，母親與孩子的午餐。」[162]奧迪寫道：「此景充分闡述了特定食物間的互補本質。對一頓飯的主菜而言（多為澱粉食物），其必須伴隨特定形式的脂肪與糖。而在缺乏肉類蛋白的情況下，蔗糖成為替代品，並反過來決定該攝取何種澱粉。」[163]

再一次，我們見到了以碳水化合物為主食、佐以配菜的原則。儘管如此，我們會在許多西方國家裡（其中，又以英國最先），見證現代化的必然結果：「配菜」（加工過的脂肪與蔗糖又比蔬菜、水果或肉更具代表性）逐漸取代了「主食」。

缺乏美味食物，可能導致普遍性的營養不足：

從有限的肉類食品消費量可看出，肉類在勞動階級的飲食中，不過是有助於攝取大量澱粉食物的媒介。因此，當經濟因素導致飲食中的肉類減少時，便會壓制澱粉食物的消費量……由此我們必然得出一個結論：此時期收入較低（如每週收入少於三十先令），且需撫養發育中孩童的家庭，其成員每日僅能攝取到兩千到兩千二百大卡，蛋白質則為五十至六十克。有鑒於當時普遍的家庭食物分配原則，即父親獲得高得不成比例的蛋白質，因此我們根本無從想像勞動工作者、其妻子、成長中孩子此三者截然不同的生理需求，又該如何獲得滿足。根據十九世紀下半葉對勞動階級家庭的第一手觀察資料中，我們可推論出，在此情況下，婦女和孩子經常處於營養不良狀態。[164]

對勞動階級的生活而言，逐漸增加的蔗糖用量同時帶來了正面與負面影響。一方面，考量到勞動階級飲食的卡路里不足狀態，蔗糖無疑能為其提供部分所需熱量。而這也意味著加了糖的茶（幾乎已經成為一種慣常）、更多餅乾和更多甜點，能賦予人們多樣化且更多的熱量。如我們所見到的，博伊德．奧爾男爵指出在一個世紀內，英國飲食出現的最重大變化就是蔗糖消費量增加。[165]與此同時，儘管蔗糖能提供更多卡路里，卻也意味著其替代了其他更好的營養來源。雖然隨著「在菜餚中加糖」的行為普及後，總體而言或許減少了進食與準備食物的時間，但人們攝取的食物的營養價值是否提高，則仍是疑問。隨著論點從考量實際收入狀況，轉移到如今所謂的「生活方式」上，其答案也變得更不可靠。

蔗糖用途增加和蔗糖消費量成長，和現代化社會飲食習慣所出現的許多重大改變，並行不悖。其中一個改變就是調理食物和防腐食物興起，後者尤其包括（但不僅限於）以糖保存的食物：以罐頭、瓶子和各種包裝來儲存的軟、硬、固體和液態食物。而所用的蔗糖媒介，包括用水果製成的果醬、果凍和橘皮果醬，或保存水果的液態糖——從糖蜜、「金黃糖漿」到糕點師傅所使用的單糖漿（simple syrup）皆有。人們將糖漿倒在或混入其他食物中，或加到濃縮牛奶（勞動階級最喜歡的「卡士達」就是以此製成）、[166]餅乾（美國人稱的「cookie」）、英國人熟悉的蛋糕，以及加入帶有巧克力（軟）或不帶有巧克力（硬）的糖果中。

在十九世紀末開始於工廠內施行休息制度後，很快地，上述蔗糖應用和產品大量出現在休息場合中。而那些利用熱帶商品來生產食物的工廠，也開創性地在工廠內設立食堂——一個能便宜買到茶、咖啡、可可、餅乾和糖果的地方，因此再次加速了上述食品的發展。[167]簡而言之，調理食品出現後，外食或全家不一起用餐的情形也越來越常見。而這些情況賦予人們選擇食物的自由，並讓消費者能跳脫用餐順序，同時也告別了晚餐桌上家人間的交流，擺脫固有的用餐及時間模式。二十世紀初，蔗糖就像是時代的縮影，成為「快速熱量」的來源。自此之後，蔗糖的好處遍及世界各地，而一九〇〇年以前發生在英國人生活中的變遷特徵，又再次上演。

英國的蔗糖使用史，展現了兩個基本改變：第一個，顯示了在一七五〇年以後，加糖的茶與糖蜜的受歡迎程度；第二個，揭示著在一八五〇年以後，大眾消費時代的來臨。在一七五〇年至一八五〇年間，無論貧賤或身處的地方有多偏僻、遑論性別或年齡，每一個英國人都接觸到了蔗糖。多數人在認識到蔗糖後，立刻愛上蔗糖，且渴望的程度往往超過自己所能負擔的程度。一八五〇年以後，蔗糖價格大幅下跌，而人們的偏好也透過消費量來體現。蔗糖就這樣從一六五〇年的珍稀品、一七五〇年的奢侈品，在一八五〇年以後，轉變成不可或缺的生活必需品。

此外，可以肯定的是在一八五〇年以後，蔗糖的最大消費群體集中在窮人身上，而在一七五〇年以前卻是富人。這也標示著蔗糖從稀有珍品演變成日常生活商品的最後一次轉變，同時也成為第一批體現資本主義下，勞動生產力與消費關係的消耗品。隨著英國的資本主義經濟持續擴張，蔗糖在一七五〇年的地位與一八五〇年相比，存有本質性差異。而這樣的差異和發展中的工業化經濟，以及本國經濟和海外殖民地間關係的改變都有關。

一般認為，種植園所生產的原料如粗糖，能透過兩種方式來幫助殖民母國的經濟：一種是透過直接的資金轉移，如將獲利轉入殖民母國的銀行以再投資；另一種則是作為殖民母國商品的購買市場，像是機械、衣物、刑具和其他工業商品。而在考量到這些潛在資源的獲利之於殖民母國的資金後，學者們對是否獲利一事仍有爭議，但種植園還帶來了第三種潛在貢獻：為殖民母國的勞動階級提供低廉的食物替代品，如菸草、茶和糖。由於此種替代品為勞動者的能量輸出與生產力帶來正面影響，其同時擔負起穩定資本主義獲利的重任——尤其資本主義本身正是殖民經濟的集大成。

而綜觀一七五〇年至一八五〇年，和一八五〇年至一九五〇年之間的差異，就能讓我們進一步理解前述論點。在前一時期，蔗糖（尤其是與茶混合）並沒有為英國的勞動階級飲食增添顯著的熱量，儘管其能讓茶變甜，也確實能增添少量易於吸收的卡路里。更重要的是，香甜的茶或許能增加工人們吃下更多淡而無味的複合式碳水化合物（尤其是麵包）的意願，同時還能節省需外出上班太太的時間，以及烹飪用燃料的開銷。在以碳水化合物為主的飲食中，茶和糖為邊緣角色。而在第二時期，蔗糖所提供的熱量增加了，因其不僅出現在茶和燕麥中，更出現在許多食物裡，且使用量更勝以往。與此同時，我們也見到英國放棄部分的殖民地利益，或者，更好一點的說法是，重新調整殖民地相關事務的優先順序。而在十九世紀成為英國勞動階級飲食中最重要元素的廉價蔗糖，不僅地位掛帥，更關鍵影響了人們攝取的卡路里。在一九〇〇年，人均攝取的總卡路里之中，平均有六分之一來自蔗糖。倘若我們根據社會階級、年齡和家庭差異重新修正這個數字，蔗糖占工人階級女性及兒童所攝取的卡路里比例，絕對會更叫人驚訝。此外，在第二時期，主食與配菜的差異開始消失。

英國的蔗糖消費史，也繼續在其他國家內上演，儘管有時也會出現懸殊差異。蔗糖幫助了全世界的勞動貧窮人口填補不足的卡路里，更成為工廠休息時間所出現的第一種食物。除此之外，有部分證據顯示，具有文化正當性的家庭內部消費差異（昂貴的蛋白質食物多由成年男性獨占，絕大多數的蔗糖則由妻子和孩子食用），具有廣泛的適用性。貧窮家庭內的食物分布不均，或許就像是一種文化合法授予的人口控制手段，因其系統性地剝奪了兒童攝取蛋白質的權利。「有強力但非公開性的論述，反對將稀缺的資源用在嬰兒和兒童的營養需求上。以極簡化的言論來說，學齡前兒童因營養不良而造成的死亡，為最廣泛使用的實際人口控制手段。」[168]令人不快的是，我們輕易就可見到蔗糖是如何被這類「人口控制」體制所利用。雷根政府企圖將公立學校營養午餐計畫中，富含蔗糖的番茄醬定義為「蔬菜」，也不過是較近期的實例。

這些資料同時也讓我們看到更多關於性別與蔗糖消費的關係。一名又一名的（男性）觀察者展示出奇怪的預期心理，如認定女性比男性更熱愛甜食，相信她們願意用甜食來達成某些捨此則難以企及的目標，認為甜的事物無論是就實際意義或象徵意義而言，都是女性而非男性的領域。當然，此種經常耳聞的說法本身就是一個有趣的現象：「女性與甜味間是否有特定關聯」確實是個可探究的議題，但需要更多謹慎且客觀的研究，才能解答。

英國的蔗糖史本身是由許多「意外」事件所構成，例如在十七世紀中期，引進苦味刺激性飲料等。但蔗糖消費於此之後所出現的成長，卻不是偶然——它是英國社會各種潛在力量所引致的直接結果，也是行使權力所造就的直接成果。這就是權力與權力運作環境的本質，也是我即將探討的主題。

Chapter 4

Power

權力

不到兩個世紀，一個多數國民食物原本皆為自給自足的國家，就這樣成了進口商品的消費大國。一般而言，對消費者來說，這些新奇的食物，取代了過去熟悉的食品；而這些新穎的食物，又逐漸從充滿異國情調的精緻點心，轉變成經常可見的日常消費品。隨著改變發生，食物也獲得了新的意義，但這些意義（食物對人的意義、人們的消費又象徵著什麼意義）往往也會隨著各式各樣的社會差異如年齡、性別、階級與職業等，有所不同。此外，這些意義往往也和該國統治者的目標及企圖痛癢相關，更和國家自身的經濟、社會及政治命運休戚與共。

此處的「意義」，有兩層截然不同的意涵。第一層，或許能稱為「內涵」意義——存在於特定族群的習慣與生活作息中，體現在餐點與用餐活動中，也內隱於社會群體自身裡，也就是當人們為了展示自己明確知道這些事物所具有的意涵時，所展現出的「意義」。舉例來說，好客就「意味」著自尊（self-respect），而自尊「意味」著明白自己的社會階級地位，而知道自己的地位則「意味」著提供適當的招待——問候、發出邀請、端出茶、糖和糖蜜做成的小點心等。日復一日，年復一年，人們終其一生，無論在生日或結婚、喪禮及慶典上，抑或工作之餘的閒暇時光中，新型態的消費都將帶著相似或近似的意義，被嫁接到舊有模式上。

在稍早之前，我已提出了取得、習俗化「內涵意義」的兩種過程。在「強化」方面，主要是指複製、仿效，甚至是模仿他人（多為上層者）的消費行為。比方說，以雕飾來妝點的結婚蛋糕，再配上糖果盤、祝詞、以硬糖雕塑的人偶，象徵的絕不僅僅是新「食物」；蔗糖消費牢牢嵌入於特殊場合中，更內化成儀式的一部分。隨著擁有結婚蛋糕的習俗從社會頂層向下滲透，我們預期此種用途勢必會因為不同的環境與條件出現改變。然而，該習俗所具有的模仿特質是如此顯著，因此其為一種「強化」的過程。

而英國工人階級的蔗糖與相關食品的消費量之所以成長，卻不是出於模仿行為，尤其在考量到其環境背景與那些享有更多特權者迥然不同。相較於過去蔗糖對富人的意義，蔗糖產品對於窮人更為重要（前者只是炫耀地位，後者為重要的卡路里攝取來源），且窮人攝取蔗糖的機會大量增加，也因此蔗糖的新用途和意義與過去的權貴階級大幅脫鉤。而此種創新就屬於「擴大化」的範疇。

在此兩種事例中，新使用者會將他們感知到的行為與內涵意義挪為己用，而有些時候，新用途與意義也會在並非出於模仿的情況下產生。在「強化」過程裡，新事物的出現及該事物（一定程度上）所具有的意義，是當權者所造成的結果。而在「擴大化」的過程中，當權者或許會影響一項產品的供應，但物品的意義卻是由新使用者來賦予。就更宏觀的歷史進程而言，在我們探討全英國人口是如何接受蔗糖的過程裡，當權者不僅掌握了絕對的蔗糖供應權，同時也掌握了糖類產品被賦予的某些意義。

當我們思考到消費內容，以及對參與者所衍生出的意義可以象徵著整體社會（尤其是掌權者時），我們就能掌握到另一層意義。同時我們也需思考，當權者或統治者如何利用內涵意義的擴散，以及將此些意義體現的消費行為，來鞏固自身的地位與利益。在此處我們可以得知，社會族群所消費的種類或程度並非永恆不變，而關於人類特質或潛能的特定信念，也是可調整的。反過來說，人們可以刺激和操控內涵意義的散播。倘若同時掌握該食物的可得性，以及食物所具有的意義，便能作為柔性統治的手段。

附加了特定「內涵意義」的物質與行為，有助於確立社會活動。人們藉由社會學習與實踐，串聯起兩者以及其所象徵的意義。比方說，在婚禮上，米和戒指別具意義，就如同喪禮上的百合花與蠟燭般。這些基於歷史而出現、成長、改變、甚至消亡的意義們，皆屬於一種象徵（symbol），因而帶有文化專有性（culture-specific）與獨有性（arbitrary）。它們不具有普世皆同的意義；它們之所以具有特殊「意義」，是因其出現在特定文化與歷史脈絡中，亦即參與者已對其所蘊含的意義有所認識的情況下。沒有任何一種象徵能獨立於外界而存在，象徵之間也不存在與生俱來的連結，但它們可以與時俱進，並藉由自身存在所表現出來的「暗示」，去強化其他象徵。正如同我們可以回頭追溯象徵之間彼此毫無關聯的時刻（舉例來說，在茶和糖風馬牛不相及的時候），我們也能發現，在某些時候，象徵與象徵間的穩固鏈結，因某些改變或原因而斷開或失效（例如：美洲殖民地改變飲用習慣，拋離了茶及其象徵意義，改以咖啡取代）。

而人類的大腦會評估特定時間與地點下應當的社會行為，進而組織物質（如茶）、事件（如用餐）、想法及意義（如待客之道或平等）成相應模式，並於特定條件限制下運用它們。舉例來說，由於所有人類都需經歷出生和死亡，因此生與死是一種普遍現象。而當我們運用象徵、賦予事物意義，並據該意義而行動時，便具有普遍性且符合我們與生俱來的本性，如同學習走路、說話，或甚至如出生及死亡般自然。但我們如何連結物質與事件，並賦予特定意義，卻是不可預測的，且會受我們身處的文化及歷史洪流左右。正因我們是人類，我們才會將生理性事件（如出生和死亡）轉化成社會性活動。而每一個人類組織都會依自己的方式，來執行這些活動。但大型、複雜、囊括多種相互重疊亞群體的社會，通常欠缺單一的社會慣例以建構生命的意義。這些成員之所以存在著巨大差異，部分原因在於各自的生活方式不同，以及個體在受歷史影響下所能接觸到，進而實踐生命意義的行為、目標和對象皆相異。

十七世紀的英格蘭社會，就如同其歐洲大陸的鄰居們，因為出生、財富、種族、性別、職業等差異而深受分化。在這樣的社會下，消費行為出現了懸殊差異，再由社會規範強化此種差異。因此，新消費是如何出現、由誰消費，以及該團體其他成員如何接觸到此種消費、是否得知與此消費相關的意義，體現了英國社會本身的組織，並標示了社會內部權力的分布。

在接近十七世紀末時，蔗糖還是一種罕見且珍稀的物資，因而對多數英國人而言，它並不具特殊意義（儘管他們要是品嘗過糖，肯定會認為糖相當誘人）。此外，權貴階級之所以能從觸及到糖（購買、展示、消費並以各種形式來浪費蔗糖），獲得無窮樂趣，是因為這件事涉及到社會認可、從屬關係和差異。無論是烹飪時將蔗糖混合其他罕見且珍貴的香料；用蔗糖保存水果；在粗劣的醫療「藥物」中將蔗糖摻雜碾碎的珍珠、金子；或利用浮誇的糖雕作為世俗與精神性力量的實體展示，全都確立了蔗糖的意義，更顯示了特權階級者如何利用蔗糖來展現意義。

而這些大量衍生的意義，也反映在語言和文學中。語言意象不僅暗示了甜味物質所具有的特定情感、欲望與情緒，同時也很大程度地讓我們看見歷史上蜂蜜被取代的過程。蜂蜜的意象在英國由來已久，就如同其在希臘與拉丁文學中一樣。此兩種物質都和幸福及健康相關，能讓情緒高漲，且經常帶有性暗示。在人類品味與偏好架構中舉足輕重的「甜味」，也被應用在人格特質以及大量的行為、音樂和詩詞上：印歐語系的字根「swād」為「sweet」（甜）和「persuade」（說服）的字根；在現代英文中，「sugared」或「honeyed」的言論，則意味著「花言巧語」和「甜言蜜語」。

喬叟（Chaucer）留下的蔗糖文獻並不多，其主要強調蔗糖的稀少性和珍貴性。到了莎士比亞時期，文獻數量大幅成長，儘管這些文獻主要仍以蔗糖的珍稀性為焦點，但呈現的意象卻大相徑庭。「玉手纖纖的姑娘，讓我跟你談一句甜甜的話兒，」《愛的徒勞》（*Love's Labour's Lost*）中的俾隆（Berowne）這樣說道。「蜂蜜，牛乳，蔗糖，我已經說了三句了。」公主俏皮地回應道。或如《皆大歡喜》（*As You Like It*）中，小丑試金石

（Touchstone）逗弄著奧德蕾（Audrey）：「因為貞潔跟美貌碰在一起，就像在白糖上面加蜂蜜。」又或者如諾森伯蘭（Northumberland）在格洛斯特郡（Gloucestershire）的荒原中，對波林勃洛克（Bolingbroke）所說的：「您的清言妙語有如糖，使得難困的路程也甜蜜愉快。」或者最終地，勃拉班修（Brabantio）在奧賽羅（Othello）及威尼斯公爵面前所說的：「這些格言使人甜，或使人苦，兩面都有力，意義大是不清楚。」值得一提的是，在莎士比亞過世的半個世紀後，英國才第一次進口了來自「蔗糖島」巴貝多的糖。自十七世紀以後，英國文學中也越來越常出現蔗糖意象。而這樣的意象也銜接起我們所討論到的兩種非常不同的「意義」：其一是，由於蔗糖越來越普及，其內涵意義變得就連英國離特權最遠、最窮困的階級也會使用；另一層則是之於帝國、國王，以及那些靠著英國本地勞工生產力上升及海外產業帶來財富，並同時靠它們鞏固自身利益的族群而言，蔗糖所象徵的意義。

上述第二層意義，也體現在政治經濟學家如約西亞·蔡爾德或陶比·湯瑪士，或弗萊德里克·史萊爾醫生的作品中。這些人對蔗糖的興趣伴隨著大英帝國的勢力同步增長（隨著帝國拓展疆土，甘蔗與其他種植園作物量也得以成長）。他們不只讚頌蔗糖的醫療、防腐性、營養價值等各種當代人所宣揚的美德。事實上，他們更常將蔗糖的優點視為無庸贅言的真理，轉而探討征服如何帶來貿易；對英國、王室——當然，還有那些被迫為奴的勞動者而言，為何種植園生產適時應務；作為製造業催化劑的商業，其整體重要性為何；以及當前英國那些未開化者接受文明薰陶的好處。但顯然在大英帝國內，蔗糖並非總是聚寶盆（許多投資者和種植者最終宣告破產或甚至因此坐牢），不過它仍為王室及資本家累積了堆山塞海的財富。

就英國的西印度群島殖民地而言，蔗糖在大英帝國中的影響力於十八世紀晚期，即喬治三世（George III）統治時期，邁入高峰。以英國西印度群島殖民階級為研究對象的歷史學家羅威爾・拉格茨（Lowell Ragatz），講述了喬治三世在其首相陪同下，拜訪威茅斯（Weymouth）的故事（儘管可能為杜撰的）。在見到西印度群島殖民者那穿著打扮如同自己般華美的侍從及富麗的馬車後，喬治三世顯然極為不悅，慍怒地抱怨道：「蔗糖、蔗糖，是嗎？全**都是**蔗糖！關稅呢，哼，皮特（William Pitt），關稅怎麼樣了？」[1]

蔗糖在大英帝國經濟上所具有的意義，與其從英國人民日常生活中最終所斬獲的意義，截然不同。但蔗糖的供給與價格則為帝國政策的直接結果，而政策的形成部分根據市場，更多則是根據蔗糖的未來趨勢。在英國本土市場開始成長後，被再出口的蔗糖比例大幅下跌，而「生產糖」本身也在大英帝國扎下更穩固的根。在生產的控制權穩固以後，英國國內的消費量也持續上升。許久之後，即使基於差別關稅所施行的保護政策在國會遭遇失敗，以及西印度群島殖民者也失去保護主義後盾時，蔗糖消費量仍不斷成長，且就算在非洲及亞洲殖民地也加入甘蔗種植與製糖產業，甚至在甜菜糖產製技術開始在全球經濟中迎頭趕上蔗糖時，蔗糖消費量也沒有消停。約莫到了十九世紀中葉時，上述所提到的兩種意義，在某種程度上也融為一體了。

由於英國人認為蔗糖為生活必需品，為其供應蔗糖便成為政治及經濟義務。與此同時，那些利用上百萬名從非洲偷來的奴隸，以及從印第安人手中偷來的上百萬英畝土地而積攢了驚人財富的獲利者（透過將蔗糖、糖蜜、蘭姆酒等商品販售給非洲人、印第安人、殖民者和英國勞動階級者等來牟利），其與英國社會掌權者的關係，也益發穩固。儘管許多商人、殖民者和企業家最後鎩羽而歸，但於十七世紀中葉後，家鄉（英國）的新商品市場無疑已取得了長期的經濟成功。從這個有利視角來看，蔗糖的意義就和所有殖民地產品、貿易和母國消費的意義相通。而帝國以及支配帝國政策的階級，其勢力也不斷成長和壯大。

但多數人類學家在思索意義時，其所想的是截然不同的內容。引用克利弗德・紀爾茲（Clifford Geertz）的論點，人類深陷在自己所編織出來的意義脈絡中。我們僅能根據既有、特定的文化體系，來賦予現實意義，進而感知並解釋外在世界。此一觀點將認知秩序置放在我們與世界之間（我們必須**認為**這個世界是可以**觀察**［分類］的，而不是反其道而行），且對任何一個視文化為人類的專有定義性特徵（defining feature）者而言，此觀點是具有說服力的。

但即使人性能賦予客觀世界意義（且不同的人類族群會刻劃不同的意義），我們仍必須質疑這個過程如何、由誰、在何種歷史情境下完成。意義究竟棲居何處？對多數時間下的多數人而言，我們相信意義內建於事物中、內建於事物與行為間的關係內，但意義並非由上天賦予，而是學習得來的。我們多數人究其一生，所仰賴的是一套在久遠以前就已經寫好的生命劇本，而我們只需認同劇本中的意象，而非創造。這樣的論點，並不是否認個體差異性或人類增添、轉化和拒絕意義的能力，而是強調作為個體的我們所編織的意義網絡，事實上極為渺小且纖細（且經常很瑣碎）。在極大程度上，此意義網絡也只是棲身在就時間與空間而言，皆超越個體人生的巨大網絡之下。

我們仍不清楚這是張因人而異的網，抑或是每個人共享同一張網。但在這複雜的現代社會裡，想像此種意義網絡會比試著證明它存在容易。我們解釋網絡所蘊含的意義的能力有限，因為我們每一個人所能提供的普遍性解釋，都需要建立在我們相信生活在這複雜社會的人們，（至少在某些程度上）同意彼此不可能弄錯一件事物的涵義。儘管此點有時為真，但並非總是如此。有時人們確實同意某些事物的**本質為何**，卻不意味著他們也同意此件事物所具備的**意義**。即便在非常簡單的層面上，此種困境仍可能發生。我們必須學習到稻米「意味」著繁殖力，且一旦我們學成後，便會覺得此種連結符合常識或「天經地義」，但事實並非如此。倘若存有任何解釋，那也是歷史性的解釋。當我們傳承自身言行的意義給孩子時，在我們的解釋中，絕大部分會是指導孩子如何執行那些早在他們出生前，我們就已經學會的事。在一個根據團體、區塊或層級而切割的社會，每個團體學到的意義各不相同，有點像我們習得的方言、說話方式也不同般。而依據這樣的差異，我們應該可以詮釋這些預想中的意義網絡，尤其在某些意義從一個群體擴散到另一個群體時。否則，關於此種同質網絡的假設將反過來掩蓋意義的生成與散播，而不是展露。這或許就是最明顯的意義與權力銜接處。

蔗糖大眾市場的出現

歐洲之所以在十八、十九世紀出現了影響深遠的飲食與消費習慣改變，並不是出於隨機或偶然，而是那股創造了世界經濟，形塑了母國與殖民地、衛星國家間的不對稱關係，又從技術與人力方面，為現代資本主義建立起龐大生產及分配機制的推力，所導致的直接結果。但這並不意味著那是意料之中的改變，又或者其造成的結果通俗易懂。我們不能匆促拼湊所有關於蔗糖的歷史，如英國如何成為全球最大蔗糖消費市場；生產蔗糖的殖民地與負責精煉並消費蔗糖的母國之間的關係；蔗糖和奴隸、奴隸貿易間的連結；蔗糖與苦味液態刺激性飲料的關聯；西印度群島在保護殖民地經濟、贏得國家特別輔助蔗糖上所扮演的角色；對企圖增加稅收的皇權而言，蔗糖出現得恰到好處等，並貼上「原因」或「結果」的標籤，好像列舉所有史實後，一切就將不證自明。但我們可以點出特定的長期趨勢，因其帶來的普遍結果一目了然。例如，「蔗糖的相對價格呈穩定且不斷下降趨勢」便顯而易見，儘管有時也會出現短期上漲。整體來看，即便在十三、十四世紀的英國，對蔗糖的需求仍頗為可觀（儘管蔗糖的價格讓許多人望之卻步）。關於蔗糖價格的最早記載出現在一二六四年，每磅要價一或二先令，約等同於現在的好幾鎊。隨著大西洋島嶼在十五世紀末成為蔗糖產地，英國的蔗糖價格也跌到每磅三或四便士的低點。十六世紀中葉，蔗糖價格再次上漲，而這或許是因為亨利八世（Henry VIII）讓貨幣貶值以及新世界白銀開始湧入的關係。但蔗糖的價格不曾像其他「東方」商品那般攀得那麼高，即便在埃及落入土耳其人手中後（一五一八年），價格也未飆漲。這或許是因為英格蘭的蔗糖多數（或幾乎）已經由大西洋島嶼所供應。[2] 但即便在那麼早期的時候，蔗糖的相對價格仍舊比十六世紀頭十年的價格高。與此同時，蔗糖的消費量仍舊向上成長。根據埃倫・艾利斯（Ellen Ellis）的看法，貨幣貶值所引發的經濟危機，並沒有迫使英國「那些養羊並以極高價格販售羊毛製品、且早已是蔗糖主要消費者的商人和地主們」，「放棄消費生活中的美好事物」。[3]

十七世紀，蔗糖價格繼續下跌。一六〇〇年，最高級的蔗糖價格為每磅二先令；到了一六八五年，其價格下滑到每磅八便士。而蔗糖交易時所採用的重量單位變化，也同樣反映了蔗糖的下跌趨勢：

> 在早些年時，有錢人買糖是以磅，或多數時候以塊（loaf）為單位，而大人物們最喜歡收到的禮物，就是一塊糖。即便是史賓瑟勳爵（Lord Spencer）這樣闊綽的人物，也是以塊為單位來購買糖，只有一六一三年和一六一四年出現兩次例外，因其被賞賜了二十塊糖。一六六四年，首次出現以英擔（hundredweight）①為單位來交易糖（且糖也不再是塊狀），每英擔的售價為八十四先令。而一六七九年，也再次出現同樣的購買形式。[4]

十七世紀中葉蔗糖的產量猛然驟升，由於上升速度過快導致蔗糖價格下跌（一六四五—一六八〇年間，跌了七成），對加勒比海生產者帶來短暫的不利影響。[5]而這波跌勢對消費者也極為重要，因新消費者的數量顯著激增。根據薛瑞登的估計（前面章節引用過，請見一〇〇頁），在一六六〇年至一七〇〇年間，消費量成長了四倍，而一七〇〇年至一七四〇年

---

①【譯注】重量單位，在英國相當於五〇．八公斤，在美國約等於四五．三六公斤。

間，又翻了三倍。然而，蔗糖生產過剩的情況，也確實影響了大西洋地區經濟數十年。在阿姆斯特丹，粗糖的價格在一六七七年至一六八七年間跌了三分之一，[6]而英國的紅糖價格也在一六八六年創下新低，低到在接下來的兩個世紀內，未曾出現同樣的低價：

十七世紀的消費量之所以成長，或許部分原因在於巴西及後來的西印度群島供應蔗糖，讓糖價趨於低廉。但即便在一七三〇年代蔗糖價格呈上漲趨勢時，對蔗糖的需求仍繼續成長。而蔗糖價格出現了不只一次的短暫崩跌，似乎也反映出蔗糖多次生產供過於求的情況：如十五世紀末，當馬德拉、加納利群島和聖多美以前所未見的規模，開始供應歐洲蔗糖時；以及一六八〇年代，當西印度群島大量生產蔗糖，徹底威脅了巴西種植園的發展時；還有一七二〇年代，當牙買加和聖多明哥擺脫了戰爭的折磨，從而擴大了加勒比海地區的蔗糖產量時。但隨著時間過去，對蔗糖的需求又再次解圍了這樣的困境，就連一七七〇年代古巴加入蔗糖供應鏈後，市場也毫不費力地吸收其驚人的產量。十八世紀末，蔗糖前景是如此燦爛美好，就連美洲以外的模里西斯、爪哇和菲律賓，也投入生產行列。[7]

而「美洲以外」的發展，也代表了全球蔗糖貿易的成熟。在蔗糖已經轉變成日常必需品的英國，漸進地以「自由市場」取代對西印度群島殖民者的保護主義，而這也確保了英國國民可以享有用之不竭的蔗糖（戰時除外）。但「自由貿易」的成功，也伴隨了一定的政治代價。正如同有些人因取消差別關稅而受益，也有些人數世紀以來一直是靠著差別關稅來受惠。最終，是那群提倡讓更多人民以更低廉價格享有蔗糖者贏得勝利。

而英國國內的蔗糖消費性質與規模，也在一八五〇年徹底改變：儘管最早也要等一六五〇年後蔗糖才普及，但在一個世紀內，就連國內最貧窮者也開始使用蔗糖；接著，在一七五〇年至一八五〇年間，蔗糖從奢侈品轉變成日常必需品。自此之後，更勝一籌的甜菜糖生產與熱帶甘蔗產製間的競爭，毫無疑問地逐漸消弭了差別關稅壁壘，從而使製造商之間的競爭較為公平（至少在帝國內部），與此同時，更鼓勵了外國製造者來角逐英國本土市場。

我們無法指出在某一給定的年分中，英國有多少比例的人口消費了多少比例的進口蔗糖，也無法指出此消費是以何種程度或於何種層面成長及擴散。但毫無疑問地，在蔗糖從稀罕之物轉變成日常食品的兩個世紀中，蔗糖的進口量和國內保有量穩定成長（且相較於人口成長量，前述成長量更大）。到了十九世紀中期，英國的蔗糖食用量達到前所未有的高峰，英國人更對蔗糖展現出前所未有的渴望。而上述事實都是自由貿易提倡者之所以獲得成功的基礎，他們正確地相信，自己可以仰賴前一世紀蔗糖消費成長（即便在窮人間也是如此）所開創出來的需求彈性。二十世紀，蔗糖的人均消費量繼續向上爬，直到最近數十年間，才穩定落在每人每年一百零五磅的數字上。

在過去一個世紀裡，西方世界許多（儘管並非全部）攝取蔗糖的人口，其攝取量逐漸攀升（少數人的年消費量達到一百零五磅或一百一十五磅，或每人每天三分之一磅）。就英國而言，蔗糖價格自一八五七年後穩定下降，而消費量則穩定成長。儘管蔗糖價格顯著地影響了英國人（尤其是窮人）是否能購買所需的蔗糖量，卻無法解釋當蔗糖價格相對較高時，為什麼人們還是攝取這麼多的糖。而開放貿易所帶來的糖價下跌風潮，也讓英國資產階級下的兩個派系彼此對立。毫無意外地，工廠資本主義那一方獲得了勝利。

而為了改變蔗糖販售者在大英帝國市場中的相對地位，所需要的政治勢力則看似（實際上也是）判然不同於過去英國史上，影響無產階級消費者選擇的非正式「力量」。唯有根據消費的社會情境去考量一個人的偏好與渴望，他擇其所想、所需食物的消費行為才有意義。或許讓十九世紀中葉的英國勞動者消費菸草、茶和糖等產品，是讓他們達成前一世紀政治理念所許下的承諾的罕見途徑。尤其對勞動貧窮者來說，能攝取越多高糖量食物，就是對英國社會變化的最貼切反映。

重商主義（儘管只有在鮮少時候，這些想法才會匯聚成堅實而一致的政策）認為，對任何人或國家而言，「需求」都是固定的。市場不會成長，只會達到平衡。政治經濟學家查爾斯·達維南特（Charles Davenant）這樣描述：「我們在生產自家產品時，有個基本限度，超過此限制，則沒有出路。舉例來說，當羊毛製品、鉛、錫的產量超出我們的消費量時，我們可以將其出口，因為我們的國土已經住滿了人口，不可能再增加更多需求了。同樣地，海外人民對這些商品的消費量也有限，自然無法超出此限制。」[8]

此一普遍沿襲的見解認為，價格越低則獲利越少，並不會因為銷售量增加而獲得彌補。人們對於靜態市場的信念是如此堅定，導致「尋常百姓仿效富人的穿著或消費習慣，成了道德經濟失序的象徵。這樣的消費習慣會榨乾國家財力，更會侵蝕上帝所制定的社會階級差異。為了阻止上層社會風氣向下擴散，當權者頒布了數條禁奢法令（儘管只是徒勞）。」[9]雖然當時人們普遍認為即便窮人負擔得起，也不該、更不能消費那些富人喜愛的事物，還是有一派勢力企圖增加這樣的消費。許多人如湯瑪士、史萊爾、班傑明．莫斯利和喬治．波特，也在不同時期、抱持殊異的觀點，爭論應該擴大蔗糖需求，或更貼切而言，創造需求。他們認為蔗糖對人體裨益良多，因此任何人都不應該被剝奪這份食用蔗糖能得的匪淺助益。自陶比．湯瑪士之後，英國國內有許多聲浪提倡審慎地擴大需求，而不是將就過去那地位所造成的差異。

荷蘭經濟歷史學家揚．德福里斯（Jan DeVries）則認為，為了擴大需求，應徹底調整經濟生活的兩個面向（通常被視為所謂的「前資本主義」或「原始經濟」）。第一，無論是商品販售者或消費商品購買者，必須有更多家庭（或工薪者）參與市場。第二，（勞動者）的工作傾向，指僅為了滿足既有消費水平而勞動，且工作量不會超過必要限度（亦即所謂的「後彎勞動供給曲線」[backward-sloping supply curve of labor]）[2]必須改變。許多十七世紀、甚至是十八世紀的理論學家，認為勞動者賦有此保守傾向，並不會受外界力量撼動。德福里斯引述了威廉．配第（William Petty）於一六七〇年代所發表的《政治算術》（*Political Arithmetic*）一書，認為：「那些雇用大量窮人的成衣商等商人們發現，當糧食（穀物）豐收充足時，窮人的勞動力價格也相應上揚，甚至出現勞動力短缺現象（這些勞動者是如此放

②【編注】後彎勞動供給曲線模型假設，勞工會在「有薪工作與無薪休閒」間抉擇，並假設工作對勞工來說並不快樂，且休閒是所得上升，需求量會增加的正常財。因此，當所得增加到一定水準後，勞工反而會減少工作時數，而減少了勞動市場上的勞動力供給。

肆墮落，竟只願意為了飲酒或吃飯而勞動）。」[10]這樣的想法一直延續到十八世紀：「在一定程度上，稀少性……推動了工業……製造者們（也就是工人）可以在連續工作三天後，餘下時光皆在遊蕩或買醉……那些生活在製造業國家的窮人們，只為了能維持每週的放蕩生活而工作，從不願意多花點時間努力。」[11]

一方面，當時的政治經濟學家認為「平凡人」工作只為了滿足生計，多埋首一分鐘都不肯；另一方面，他們也認為「平凡人」只會愚蠢地放縱自己，去消費那些無論就道德、醫療或其他原因而言，都不利於自身和社會的事物。而社會上也是意見紛紜，有些人基於某些商品對消費者及國家大有助益，因而支持擴大消費此商品（如蔗糖）；而有些人則反對擴大消費，多數理由在於這些產品會殘害消費者的身體及道德觀，且不利於國家政治及經濟。隨著時間過去，那些鼓吹消費者應基於自身購買力而增加消費量的抗爭，不落於那些想要擴大市場占有率、提高自身利潤而渴望更「進步」的資本家之後，形成兩股齊頭並進的勢力。儘管少數例子（例如，會影響勞動效率的酒精飲品）的發展並非如此，但在茶、糖等類似的刺激性物質上，情況確實如此。

縱然德福里斯認為，「我們應該讚揚十七世紀的商人與製造商，他們展現出遠超過自己所能掌握的想像力和激進主義，用行動創造了一個與擴大需求相容的社會秩序。」[12]而這樣的社會秩序，確實出現了，並顯著地影響了蔗糖市場（當然也帶來了負面影響，只是程度較為輕微）。

一六〇〇年至一七五〇年間，正值北歐都市人口大量激增的時期之一。人們開始以飼養牲畜和生產飼料，取代了大量的蔬菜種植。由於過去的農業工薪勞動者開始移往發展中的城市，因此有越來越多沒有土地的人口被雇用。而累積效應則是有越來越多人開始依賴市場，就連日常消費品，如麵包和啤酒，以及不久後的菸草、蔗糖和茶，都離不開市場。在某種程度上，隨之而來的政府徵稅（其為累退稅，窮者所負擔的稅金根本不成比例地高），抑制了消費需求。但其同時也迫使國內的生產力為市場服務，以獲得足夠的收入來應付開銷，亦即當地生產者為了維持自身的購買力，努力生產更多。而對我的論述而言極為必要的一項改變是，無產階級的工作時程表在國家經濟結構的轉變下出現變化，使勞動階級獲得了體驗新口味的機會，以及新的飲食場合。

這些並非發生在一朝一夕間。而主流意見也並不是一下子就支持蔗糖的大眾市場出現。在王室和種植者的國會朋友們，發現種植園的產品既可以食用，還能徵得大量稅收後，又等了大半個世紀，才出現將論點建立在「擴大勞動階級蔗糖消費可能性」的蔗糖提倡者。而這些提倡者因為將廉價蔗糖置於殖民地利益之上，故成為當時西印度群島殖民者的政治敵人。

著名的英國歷史學家艾瑞克·霍布斯邦指出：「工業革命早期的經濟理論或經濟實踐，並不仰仗勞動人口的購買力，因為一般認為其薪水僅夠維持生計。」

> 有些時候，部分的勞動階級能賺到足夠的收入，去購買比自己「更高等者」所消費的商品（經濟繁榮時期偶會發生）。但這時中產階級者就會悲嘆或嘲笑其行為過於狂妄，不懂得節儉。一直等到十九世紀中期，高薪所帶來的優勢（無論是激發更高生產力，或增加購買

力），才被少數思想開明且進步的雇主察覺到。[13]

毫無二致地，是政治紛爭最終導致西印度群島蔗糖失去關稅優勢，並邁出釋放無產階級購買力的重大一步。但確保蔗糖消費量增長的並非人們的食糖習慣，反倒是規律機械聲轟轟作響、工廠四處林立的消費環境，而這同時也是廉價蔗糖的出現時機。勞動者為了掙得更多，工作得更賣力。而那些支付薪水者，不僅能憑藉更高的勞動生產力來獲利，還能從勞動者益發頻繁地向商家購物的行為盈利。[14]

蔗糖利益爭奪與勢力角力

在社會科學中，鮮少有如權力這樣引起諸多爭執的概念，而關於權力的定義，目前也仍未取得人人滿意的共識。但當我們旨在釐清究竟在什麼樣的情況下，未受任何公開武力與暴力脅迫的國家會劇烈改變自身行為時，我們便無法避開「權力」一詞（或與之相近的詞彙）。當然，我們也可以僅將此種改變解釋為意志或自由選擇的表現——就糖的例子而言，就是獲得過去得不到但渴望的事物。不過這讓我們必須去假設：每一名英國人在日復一日、年復一年中，獨立自主地選擇並購買蔗糖及相關的嶄新、昂貴商品，直到全英國在不知不覺間，成了食糖之國。忽視權力此一概念，就像對那些因為蔗糖需求穩定成長而獲益的社會、經濟和政治力量視而不見。而我們無法如此不合理的天真。

蔗糖史有力地點出了，作為大英帝國內最炙手可熱食用商品的蔗糖，其可得性以及可得的環境，實際上是由英國大眾所觸及不到的外力所決定的。畢竟曾有一段沒有任何英國人知曉蔗糖的歲月，而在數世紀之後，蔗糖卻搖身一變成為無比昂貴的珍稀品。約略要到一六五〇年以後，蔗糖對英國統治階級才漸趨重要，致使進口量開始成長：節節攀升的經濟實力與迅即出現的政治力量，支持了可種植甘蔗、生產粗糖的殖民地占領行動，以及滿足勞動力需求的奴隸貿易。英國國內消費量占進口蔗糖量的比例成長，而糖價下跌。儘管那些渴望蔗糖的消費者購買力有限，消費量卻仍舊穩定增長。這也意味著有越來越多的人，消費越來越多的糖。而蔗糖的用途和它在飲食中的地位也出現變化且蓬勃發展著。無論是在人們的意識中、在家庭預算中或國家經濟、社會、政治生活中，蔗糖都變得越來越重要。

而這些改變都與「外在」意義相關——蔗糖在殖民地歷史、商業、政治陰謀、政策與法律制定上的地位——卻也和「內涵」意義相關。這是因為賦予蔗糖意義所根據的規定或條件，多是由蔗糖提供者決定，而非消費者。在英國權貴階級第一次吃下蔗糖，並賦予其新意義之前，他們必須先得到蔗糖。接著，隨著蔗糖越來越普及且為人熟知，其用途也出現改變。因此我們可以假設，某些伴隨著使用方式所傳達的意義，是後天加工的結果；而有些則是綜合他處學來的概念。

一六五〇年以後，蔗糖價格開始下跌而數量增加。因此有更多的人得以使用蔗糖，而多數情況則是配茶（或其他新飲品）一起享用。向下散播是一個緩慢、波折又持續的過程，但在即將踏入一七〇〇年以前，速度加快了。如我們所見，蔗糖在新使用者的飲食中扮演了截然不同的角色。從許多方面來看，有充分證據顯示，英國出現了占取更多殖民地，建立更多種植園，輸入更多奴隸，打造更多船隻，進口更多蔗糖和其他種植園作物的現實動力。而隨著窮人也開始享用這些物資，英國本地市場（而不是出口市場）能穩定成長的可能性，便日漸明朗。

企圖增加蔗糖消費量的用意昭然若揭，但此舉也引來許多反對此嶄新且陌生物質的聲浪。消費者自然是希望能消費糖，甚至為了得到糖而情願放棄其他消費機會。但我們也必須注意到，英國社會內部出現了各種可能因此種新產品的生產與消費而獲利的團體。

在西印度群島首次生產蔗糖後，英國人開始注意到蔗糖及其背後的利益。早已獲得貴族與有錢人讚譽的奢侈品——蔗糖，很快地又成為一種充滿前景（儘管風險也高）的投資。在有錢人和冒險者眼中，奴隸貿易、航行、種植園，與利用種植園、奴隸和蔗糖作為抵押的信貸，以及（很快就出現的）精煉和零售機會等，都意味著獲利的可能。但不是只有富人看準這批機會。知名的千里達歷史學家艾瑞克．威廉斯在其深具開創性的奴隸貿易與蔗糖研究中，指出儘管利物浦的貿易由不超過十家左右的少數商家所壟斷，許多奴隸商人卻利用大眾集資的方式，「從律師、布料商、零售商、理髮師和裁縫師那裡，獲得足夠的資金。而這些冒險事業的股份會切割得相當細，有些人獲得八分之一，有些人是十五分之一，或甚至是三十二分之一等等。」[15] 儘管如此，這些「小夥伴」完全沒有投資種植園的機會，他們從家鄉拿出來的資金，只是用來加速奴隸商船與銀行方面的作業。種植園幾乎都是個人所有的企業，而多數種植者也都是家鄉有足夠勢力可以支撐其事業的人。

然而，也有少數並不是出身富貴的人，最終成為富裕的種植者。在理查・帕瑞斯（Richard Pares）那本精彩的《某筆西印度群島之財》（*A West-India Fortune*，一九五〇年）中，詳細列出了尼維斯島（Nevis）上平尼家族（Pinney）的甘蔗種植事業。由此書可見到，親手打造此一家族企業的亞撒利亞・平尼（Azariah Pinney），如何運用買賣所得（販售父親與手足給他的貨物），最終取得了一小塊種植園，從此財運亨通。而堪稱對西印度群島殖民階級發展最為了解的帕瑞斯，並不是要我們體會蔗糖島嶼上白手起家的熱血氛圍，而是年輕人海外打拼背後有家族支持的重要性。此外，擁有特殊技藝，如記帳、打官司和販售等，能讓那些沒有本錢的人成功成為種植者。[16]或許最主要的一點就是種植園提供了開創性機會，正如同奴隸貿易及種植園體系所衍生出來的貿易與商業活動，推動了殖民地與母國。

但無論是大股東或小股東，這些贊助各層面蔗糖經濟活動的集資者，自然期待著蔗糖事業的成功。而除了這些人之外，還有種植者。這些種植者多來自富裕家庭，而種植事業往往讓他們的財富更為龐大。在種植園逐漸發展成熟期間，這些人的生活方式就跟其在母國政治圈所具有的影響力（在特定時期裡），一樣遠近馳名。就連如帕瑞斯這般冷靜且不受情緒左右的歷史學家，也忍不住寫道：

> 一直在人道主義者於十八世紀末強迫殖民者擬定法律以前，許多殖民者根本沒有制定一套供給奴隸食物的制度。而即便有法律規範，執行標準也是低得可憐。根據《法國黑色法

典》（*code noir*）的規定，殖民者每日所需供給奴隸的蛋白質量只不過略超過一小塊醃魚，而這樣的法律卻仍舊不受遵守。有些種植者根本不給奴隸食物，或是用蘭姆酒來打發他們、讓他們自己去換食物，或讓他們禮拜六、日到自己的土地上耕作，以餵飽自己。倘若奴隸因為喝了蘭姆酒而醉倒，讓其禮拜六、日來不及耕作或根本荒廢，那麼他就只能繼續挨餓。他們的主人幾乎無視於他們的蛋白質需求，無法理解奴隸為什麼要絕食抗議，也不懂他們怎麼會因為抓螃蟹而沒時間睡覺、甚至死亡。每當我想起利根（Ligon）所描述的巴貝多種植者的奢靡盛宴，思及那些來自西印度群島殖民地的錢，如何揮霍在約克郡選民及交際花哈麗特・威森（Harriette Wilson）身上，或年輕的威廉・貝克福特（William Beckford）在里斯本所舉辦的私人演奏會和各種踰矩行為，或方特希爾修道院（Fonthill Abbey）、甚至是柯德林頓圖書館（Codrington Library），再想起這些錢都是那些不眠不休地工作長達十二小時的非洲奴隸所賺來的，我只會感到無比的憤慨和羞恥。[17]

威廉斯也告訴我們諸多關於這些殖民地種植者的行徑，而其中許多人甚至是英國國會的成員，因而具有左右國會的力量。

在與十八世紀的其他大型壟斷者、握有土地的貴族，和掌控沿岸城鎮商業的資產階級結盟後，此一勢力龐大的西印度群島利益團體，在尚未改革的國會裡發揮了足以讓每一位政治家躊躇的勢力，並象徵著一個堅實、「無論在任何緊急情況中都能獲得政府各部門支持力量」的陣營。他們堅決抵制任何關於終止壟斷權、廢除奴隸制或解放奴隸的聲音。任何企圖增加蔗糖關稅的行為，也總是招致他們的敵視。[18]

那些自身利益與此立場相符的種植者、銀行家、奴隸販子、海運商、精煉商、零售商、政府官員，或預見蔗糖可能為財政帶來可觀收入的人們，全都屬於我們所探討的權力行使者。而這些人各自施展了不同的權力，讓王室和國會們全都站到支持擴大種植者權利的一方，並繼續維持奴隸制，且確保絕大多數人民能獲得蔗糖和相關製品（糖蜜和蘭姆酒）。而英國海軍之所以推行蘭姆酒配給制度，主要也必須歸功於這些人的努力（在英國於一六五五年占領牙買加以後，就開始「非官方」地執行此配給）：自一七三一年以後，每人每日可以領到半品脫。到了十八世紀晚期，此配額成長到每個成人海軍每日可領取一品脫，而這種偷偷摸摸施行的社會主義對還處在嬰兒階段的蘭姆酒產業而言，自然是求之不得。十八世紀末期發放蔗糖與糖蜜給窮人的官方配給，也是類似的支援方法。

當給予西印度群島利益團體的保護代價對昔日的支持者來說，已經過於沉重時（這些人已經敏銳地察覺到，國內尚未開發的蔗糖消費市場的巨大潛力，並虎視眈眈地等著蔗糖價格下跌），權力就將以截然不同的方式運作。而當許多廢奴主義者（先是反對奴隸貿易，後來更直接反對奴隸制本身）自身的經濟利益與這些種植者徹底相反，並因此採取對種植者意味著摧毀種植園的立場時，同樣的情況再次上演。儘管不同的利益團體總能在某個時間點下取得和平共識，但流動的經濟利益往往也會導致這些團體最終鬧到窩裡反。（引用另一名評論家的言論，其在一七六四年時表示五十名或六十名的西印度群島投票者，其勢力足以扭轉下議院中的任何一項表決。但艾瑞克·威廉斯也補充道，在國會改革後，出現了另一派同樣強大的勢力：「蘭開夏郡的棉花利益團體。其口號不是壟斷，而是自由放任。」）[19]

於是，各式各樣的聯盟已經時刻準備好換邊站，而事實也確實如此發展。但他們看似反覆無常的立場，並沒有削減他們在關鍵時刻發揮自身權力的能力。統治階層在政治與經濟上的影響力，則確保全英國上下都能享用到數量不斷增加的蔗糖及類似商品。而這些影響力也以特定的立法創制權體現，從而影響稅賦和關稅，或政府內部組織為了分配物資而購買的蔗糖、糖蜜或蘭姆酒（如海軍和救濟所）；又或者以規範的形式，影響商品的純度、品質標準等。然而，這些過程中也包含了非正式的權力行使：透過派系、家族關係、大學與公立學校人脈、暗中脅迫、友情、俱樂部成員的人脈、策略性使用財富、允諾工作機會、誘騙等各式各樣現代新聞閱聽者都很熟悉的方式來施加壓力，並與官方特權合作。

而這樣的權力及運用，則與「外在」意義有關——讓各種形式蔗糖成為可得物質的天時地利人和。但在「內涵」意義的形塑上，權力的行使也沒有缺席。

形塑「內涵意義」的權力

一六八五年，當愛德蒙·福尼（Edmund Verney）以學生的身分來到牛津時，一封來自其父親的家書提到了他行囊中的物品。而這些物品包括了橘子、檸檬、葡萄乾和肉豆蔻，以及「三磅的紅糖，一磅經磨碎並做成塊狀的白方糖，一磅的紅糖冰糖，四分之一磅的白糖冰糖。」[20]並非每個年輕人都能去牛津念書，也不是所有人的家境都如此富裕講究，然而這份清單所展示的「日常所需」，不過發生在英國占領牙買加的三十年後。

而十七世紀末的蔗糖價格下跌趨勢，不僅促使無數比福尼還貧窮的英國人（在眾多甜點之中）開始享用布丁，也激發出蔗糖的新用途，讓蔗糖脫離富裕人家的餐桌與廚房。舉例來說，亞瑟·楊格（Arthur Young）所描述的納特頓（Nacton）救濟所菜單中的牛油布丁，就是創於十八世紀，被用來救濟極度貧困者的常見食物。而在楊格的描述中，也流露出對這些人的些許不滿：

> 過去每週的最後兩天（禮拜五和禮拜六），晚餐都是固定供應豌豆粥，但他們要求替換成麵包和奶油。那是他們最喜愛的晚餐，因為可以配著茶吃。我很驚訝他們的請求竟獲得准許，但他們說自己經允許可以隨意花這兩便士。而他們將全部的錢都花在茶和糖上面，好搭配那頓麵包加奶油的晚餐。
>
> 自我放縱讓他們捨棄生活必需，選擇隨心所欲地過活，但那些錢原可花在更恰當的事物上。[21]

蔗糖的各式各樣用途，最終也獲得了許多在地、獨有且特別的意義，而只有嚴謹的區域研究才能根據地方和地域層次，來證實這些多樣化的發展，如喪禮蛋糕、聖誕派、布丁和糖果、卡士達等等。但這其中涉及了兩種運用：一種是來自上層階級使用方式（及部分意義）的向下及向外「強化」；另一種則是獨立創造出來的新用法。在結合這兩派發展後，我們也得以見到權力之於「內涵意義」的關係。

在日常生活的軌跡中，社會群體會將行為、事物以及彼此間的關係，轉變成蘊含不同意義的單位（unit）。舉例來說，涉及飲食儀式時，人們或許會特地食用不尋常的食物（平時被禁止或依照傳統、古法製成的食物），或食用儘管常見但其在儀式中的意義全然不同的食物。相關例子不勝枚舉，如：踰越節家宴、聖餐、感恩節的火雞等。而利用攝取特殊食物來象徵時間單位（如週）的結束，或表示當天為休息日，也同樣非常普遍。

在十七、十八世紀的英國，嶄新與改良後的蔗糖使用方法逐漸嵌入宮廷儀式、慶典中，並相當盛行於權貴間。其中，多數方法都源自法國或義大利，並透過王室間的交流、甜點師和糖雕師在英國落腳，或藉由各國統治階級的社交互惠行為，流入英國。當這些用途向下傳播時，人們或許會刪繁就簡，而此種簡化一方面是出於經濟考量（財富差異自然是一種阻礙），另一方面也是因為尋常百姓根本沒有足以炫耀的社會地位。無論是節日裡以香料與甜味佐肉類和禽類的特別組合；宗教慶典中的各式各樣甜點；利用甜食表達謝意或祝福他人早日康復；在分開和別離的儀式（包括喪禮）食用甜飲和烘焙點心——諸如此類運用蔗糖的例子，都是強化與擴大化的證據。

為了強調或彰顯現實及世俗權力、威望的運作而舉辦的慶典儀式，在缺少支持力量及舊有象徵意義的情況下，順著社會階梯向下散播。而在這波潮流中，真正發揮影響的是**經濟能**

力，而不是**地位正確性**。隨著時間過去，蔗糖也證明了自身為進行此種轉化的絕佳手段。當勞動階級的窮人也為了慶祝而使用蔗糖時，其消費行為與自我認同間的關係，與英國社會各處正發生的改變一樣。由於此時的蔗糖價格已經下跌，但仍舊保有奢侈品的派頭，且能給予招待者和被招待者特權光環，因此就連許多收入相對較少的窮人，也會大量消費蔗糖以招待客人、滿足儀式需求和維繫社會關係。

使蔗糖變成非凡、儀式性且別具意義的實踐（「強化」），以及讓蔗糖變成平凡、日常且必要的轉變（「擴大化」），對所有社會階層來說，並沒有本質上的差異，或有所區隔。但區分兩者能讓我們更清楚看見，英國社會上發號施令的團體。由於蔗糖對多數人而言都很陌生，因此在其從統治階層向下傳播的過程中，它仍舊獲得了新意義（但某些意義範本來自統治階層的價值規範）。

勞動者食用茶、糖、蘭姆酒和菸草等物質的習慣，和勞動階級的生活步調相當一致。在英國蛻變的那幾個世紀中，其逐漸脫離了過往的鄉村、農業、前資本主義社會，擁抱創新的消費方式（儘管過程不穩定又不平衡）。而在鄉村移往都市的遷徙日漸頻繁、工廠體制正在成型且擴大、人們的工作步調也逐漸加快之時，蔗糖出現在眾人眼中。社會的改變，對人們的飲食習慣產生了越來越大的影響。我們已經見到熱騰騰且承載著滿滿熱量（糖）的液態刺激性飲品與菸草（在其他新事物中尤其顯著），是如何轉變人們用餐、甚至是對用餐的定義，而經濟變遷又是如何改變人們的飲食步調。

而就是在這樣的情境之下，意義與權力相交了。當然，十七世紀那些鼓吹蔗糖優點的人們，並沒有預見自己的國家會迅速成為一個嗜糖的國度，然而他們與其代表的階級，卻確保了整個社會能接觸到越來越大量的糖，並因為奴隸貿易、種植園體制、奴隸，以及不久後的英國國內工業擴散，而獲得無數利益。作為「經過各層努力，從奢侈品轉變成無產階級可負擔商品」的例子，蔗糖就像是人民的鴉片，其消費也象徵了蔗糖生產體制的成功。

十九世紀中期，在致力提倡關稅均等（讓英國市場獲得更多廉價蔗糖的奮鬥）的眾多志士者中，出現了一位本身也是蔗糖代理商的喬治．R．波特，此人極為敏銳而精闢地觀察了英國飲食習慣。他在一八五一年寫道：「儘管（蔗糖）並非生活必需品，但英國長久以來所秉持的習慣讓各階層人民每天都會用到它。在全歐洲找不到任何一個人，能像我們這樣大量地使用糖。」[22]波特反對蔗糖關稅，並認為倘若英國人民負擔得起糖，他們早就準備好迎接更大量的蔗糖。因此對貧者而言，關稅是不成比例且不公平的重擔。他也指出，對一八四〇年代的富人來說，糖就只是廉價商品，無論要價六便士或一先令，他們都會毫不猶豫地掏錢買單；但對其他人而言，卻會造成困擾。為了增加自己論點的說服力，波特大膽假設了消費差異，指出一八三〇年至一八四九年蔗糖價格上漲時，總體消費量下滑：「只有一八三五年例外，每一次的價格成長都會伴隨著消費量下降，而每一次的市場價格下跌則會創造需求。」他也進一步指出（根據「詳盡調查」），一八三〇年代，約略占英國總人口五分之一的富裕及中產階級家庭，其每人每年蔗糖消費量（所有用途）約為四十磅。[23]波特於是總結，英國**其餘**的五分之四人口，在一八三一年的人均年蔗糖消費量是十五磅，一八四〇年為九磅（稅金較高），一八四九年則為二十磅。基於這些數據，他提出了極有意思的論點，指出女王艦隊上的每一位船員，根據官方規定每日可以配給到一．五盎司的糖（亦即每年三十四磅）；而在政府創辦的救濟所裡，那些年長的貧民每年總共可以領到將近二十三磅的糖。

讓我們以稍微不同的角度來看，在取消優惠關稅（其設計是為了安撫大量的西印度群島種植者，以及看似重獲自由的西印度群島人民），及因應全球市場調整糖價以前，英國對窮人的蔗糖消費是課徵累退稅，因而導致窮人階級的蔗糖消費量，甚至比公家機關供養的水手及貧民還低。西印度群島種植園一開始的利益，是建立在歐洲的蔗糖（及相關產品）需求之上，但如同我們所見到的，英國的內部需求最終幾乎完全壓制了再出口貿易。而蔗糖也因此成為英屬西印度群島奴隸制與奴隸貿易的墊腳石。至於那些被迫為奴、負責生產蔗糖的非洲人，與英國那些學會使用蔗糖的工人階級，則出現了明顯的經濟關聯。

對種植者階級而言，解放奴隸是一場敗仗，卻是英國國內深信擴大商業與提高消費量派系的勝仗。英國政府負擔了種植者的賠償金（以及表面上「保護」那些重獲自由者），但相關費用卻轉嫁到蔗糖關稅上，並由國內的窮人買單，讓種植者獲得不成比例的高額賠償。當那些法律保障的關稅於一八五二年、在自由貿易提倡者的攻擊下開始瓦解時，興起了一種「關稅保護了西印度群島自由人」的虛偽說法。但實際上，優惠關稅完全無濟於那些自由人。儘管如此，關稅確實保護了西印度群島種植者，使機械化的製糖工業變得沒那麼具吸引力，更讓英國內部的蔗糖價格居高不下。

而西印度群島種植者因為解放奴隸而受到的「折磨」，也在英國外交部默許其從印度、中國等地方進口契約勞動工人，並防堵重獲自由者取得投票權或土地的情況下，獲得緩解。

種植者的目標是防止重獲自由者，在脫離蔗糖產業的情況下成功活下去，或者如英國國內無產階級所使用的手段：以集體談判和罷工來協商工資或改善工作環境。他們的策略奏效了。儘管西印度群島產的蔗糖在英國的市占率再也沒能登上過去那樣的高峰，「蔗糖島」的定位卻沒有消失，而島上的人民注定必須接受兩種經濟適應，一是重新成為農民；二是作為農村無產階級，但此兩種身分都不具經濟保障。在經濟互惠及促使奴隸制興起的大環境作用下，那些於英屬加勒比海地區生產蔗糖的非洲奴隸們，與英國社會的新興工廠人口牢牢相繫了兩個世紀。現在，這些重獲自由，卻完全被殖民母國忽視的西印度群島居民們，就像是隱形了般，直到一個世紀後他們開始朝帝國中心移動時，才再次引起母國人民的驚惶。

但對波特這樣的人而言，這些他都不關心。他在乎的是增加母國的蔗糖消費量，而不是西印度群島種植者（更不會是西印度群島自由人）該如何活下去。他指責那些「在不經深思熟慮下，就將高價蔗糖和西印度群島殖民地近期被解放人口的幸福混為一談」的人，更宣稱對那些前奴隸而言，自由已經是最棒的回報了。[24]而在當時，波特和那些「自由貿易」提倡者也獲得了成功。於是在二十年內，取消了所有給予西印度群島蔗糖的特殊保護。

隨著蔗糖價格下跌，出現了更多新的蔗糖用法，如橘皮果醬、果醬、煉乳、巧克力和雪酪。在優惠關稅出現第一道裂痕的半個世紀裡，英國勞動階級對於蔗糖的渴望似乎勢不可擋。而這自然涉及了過去的蔗糖體驗，以及飲食的均衡性：

對我國多數人而言，蔗糖就是一種興奮劑（無論是製成酒或是以粗糖形式食用），且就算蔗糖無法讓人完全恢復體力，它也能迅速帶來能量。事實上，某些貧困家庭消費大量蔗糖，和其飲食匱乏密切相關，因為蔗糖能作為獲得滿足的次要飲食，也具有立即見效的刺激效果。這是蔗糖消費中極為重要的一點，且特別反映在孩子們食用甜點與抹醬（麵包）的習慣上。那麼問題出現了——什麼是食物或食物開銷？其多大程度上為一種必需品？此種提問方式或許不大有意義，但我記得或許是蕭伯納在其〈論租金〉（Essay on Rent）中曾提到，我們用乾草餵食工作馬匹，用燕麥餵養獵人。這就是我們對待人口的方式：我們用豐足、多采多姿，且能提供各種滿足的食物來供養上流階級，但卻以乏味而貧瘠的飲食來應付較低層的人口……就經濟觀點來看，「習慣」決定了人們在可支配所得下，會購買何種食物，而大量的習慣純粹決定於階級因素。25

此處，艾胥彼（Ashby）從英國人飲食習慣的轉變切入，再次提及早期蔗糖與刺激性飲品的傳播過程。當我們讀到史萊爾和莫斯利歌頌蔗糖與茶、戴維斯牧師憤慨指出「倘若窮人負擔得起，他們自然會去喝牛奶或啤酒而不是茶」的論述後，我們很容易會以為一八五〇年後，人們能吃下更多蔗糖，是因為糖價下跌。當渴望蔗糖的人口得以接觸到近乎無限供應的蔗糖時（在他們慣於依賴糖以後），意義與權力又在此處交會了。這也是為什麼生產必須連結消費、所謂的「內涵」意義必然與範圍更大的「外在」意義相互聯繫。

根據普遍觀察到的現象，那些能帶給我們極大喜悅的事物，在使用無度後，反而會帶來害處。但糖卻不然，其沒有任何壞處，因此使用糖不可能帶來任何不利的後果……那些抱怨茶會刺激膽酸分泌的人們，可以透過使用糖而減輕症狀，而越精煉的糖，效果越好，因其有溫和且舒緩的作用，能預防不適。26

上述這段話為一位生活在十八世紀中期、對蔗糖抱有無盡熱愛的匿名嗜糖者所寫。他也說，加入糖的母乳味道更佳。此外，糖蜜的營養更勝於奶油或起司，尤其在搭配麵包上；加入糖的艾爾啤酒和啤酒，所釀造出來的風味更棒；蘭姆酒比白蘭地更健康；就連青澀的水果也能因為糖而變得美味。

在當時，此種過度歌頌的情況極為氾濫，但讀者們應該不會弄錯：無論其他訊息內容為何，這些歌頌都是一種政治宣傳，且廣為國會成員、法官、醫生、軍隊長官、商人、仕紳所閱讀。而此種「進步」言論，也讓立法越來越有利於蔗糖等進口貨物。儘管如此，英國人所發展出來的嶄新飲食習慣（有些使用方式貫穿所有社會階級，有些則出現分化），無法用簡單的立法關係或單一且狹隘的「原因」，來充分解釋。我們對甜味與生俱來的熱愛、我們賦予物質世界意義的能力、我們複雜的生理消化機能和社會結構，全都影響著英國蔗糖消費量的成長。但這些也全都無法解釋，為什麼消費量會隨著時間或社會階級而改變，也無法交代為什麼在不同時間點或不同形式下，社會團體會相互影響。

勞動階級生產力的提升，包括飲食習慣在內的生活條件的徹底改變，企圖仿效統治階級的心態，全球經濟的演變，以及資本主義精神的散播——這些因素不能被單獨評估或考量。

但它們確實與其他因素，如：我們的本能天性、象徵能力，或根據社會地位來滿足生理需求的傾向等，相互區隔開來。因為後者屬於常態、與生俱來且可以被描述的活動，而不能根據其起源或效益不同來解釋。

在探討蔗糖以及其他食物或味道，如何進入構成複雜社會的個別團體或各階層的飲食體制前，我們應該先解釋其最初如何出現（尤其是新近的舶來品，如蔗糖），又是什麼力量造就其使用量成長，以及為什麼此種消費變得異常重要，並讓它（以糖為例）從罕見、新穎、沒有價值的事物，轉變成絕對的必需品。倘若一個致力於現代社會食物研究的人類學家，對這些食物從何而來、由誰製造的問題毫不關心，那將是十分怪誕不經的事，因為這樣的漠不關心徹底背離了傳統人類學家對於食物的關注。當食物出現在無文字的社會，如特羅布里恩群島（Trobriand Islanders）、蒂蔻皮亞島（Tikopia）或本巴人的描述中時，該食物的本質及生產環境、資源和可得性，都是社會學分析的必要元素。[27]但當我們在研究現代社會的食物系統時，我們卻不會分析這些特質，這或許是因為食物生產和消費環境相隔太遠。確實，現在很少有人飲食上能夠自給自足，而我們也並非向食物生產者購買所需食物（至少多數食材不然）。與人類學家所研究的小型、絕大多數屬於自給自足式原始社會相反，複雜的現代社會似乎已經徹底切割了食物產製和食物消費。但為什麼有這麼多的食物被製造並供應，而這樣的可得性又如何影響了選擇，同樣是值得我們回答的問題。生產與消費仍舊維持著某種關聯，而就蔗糖的例子而言，早期的生產是基於某些特定族群在設想到消費者（事實上就是英國全體國民）後所執行的。

倘若要研究英國生活的食物儀式化行為，卻不去探討時代因素或考慮階級分化，那麼對意義的探究將局限在單一時間點下，全體英國人民所可能共享的認知。假使毅然決然地抽離歷史脈絡，將讓意義系統和現在混淆，從而導致食物的使用與意義變得模糊不清，而不是釐清它。若剝離過程中的時間元素，就像是抽離蔗糖消費、單論蔗糖生產，只會讓我們的討論局限在單一點上。而要解釋事情何以致此，則取決於社會體制中各組成部分的既存關係。因此，回顧歷史能讓我們釐清一個體制下，各組成部分之間的關係是如何隨著時間，逐漸凝聚成當前的樣貌。

蔗糖從最初的奢侈品搖身變為無產階級生活必需品，而對殖民母國那日益壯大的資產階級而言，蔗糖與其他早期進口商品（指那些耐久的奢侈品，如黃金、象牙、絲綢等）不同，蔗糖擁有全新且不同的政治、軍事重要性。有鑒於種植園長久以來被視為獲利來源——無論是將資金直接送回殖民地母國再投資，或透過母國消費這些加工產品。[28]我們此處所提出的假設是：藉由提供農場與工廠勞動者，令其滿足（事實上，也是令他們上癮）的蔗糖和其他成癮性食品，能顯著降低在母國大都會區創造並複製無產階級的總體成本。

飲食模式演變的因素探究

說穿了，英國勞動階級究竟如何成為蔗糖食用者？勞動人口願意更努力工作以賺取更多薪水（從而消費更多），是現代飲食模式演變的一大關鍵特徵。此外，也必須要有一個具有商業頭腦的人發現這種意願，並將其視為一種值得鼓勵與利用的美德。為了實踐此想法，就需要轉變經濟與政治秩序，而這也改變了英國的農業生活、「解放」農村人口、進而征服與統治了熱帶殖民地，最終為母國帶來了新的食物。不過，我認為某些商品（如蔗糖）的消費成長，是勞動階級生活型態改變所帶來的直接影響，而此種生活型態的轉變也帶來了新的食物型態、新的吃法及「常態」（如新的工作時程）、新的勞動力和新的日常生活條件。

但這並不意味著，英國的勞動階級為此種改變的被動目擊者。一名十八世紀的作家觀察到：

> 在英國，有某些階層的人以幾乎無法察覺的方式彼此交匯，而那股平等精神，更滲透了每一個角落。因此，就像一場競賽般，各種身分與地位的人都興起一股明顯的模仿風氣。那些社會的次級位階者，全都虎視眈眈地盯著自己頭頂上的那一階。而沉浸在此一風氣之下，國家自然也處於難以控制的動盪中。任何一種最新潮的奢侈品，都會如同傳染病般立刻蔓延開來。[29]

儘管這位評論家肯定過於誇大當時的「平等精神」，但其他的評論家也同樣提到勞動階級的人們，正在吸取「比自己更好階級」的生活習慣與風氣。[30]

而對勞動人民行為出現不同看法的社會統治者，以及企圖嘗試有錢人那新奇食物的勞動階級，也共同交織成十八世紀晚期的社會態度。在下一個世紀裡，其他國家也紛紛跟隨英國的腳步，變得越來越都市化與工業化；為了配合工作作息而更改用餐時間；勞動人口開始不在家吃飯，更常食用調理食物，以及在因應這些改變之餘攝取更多糖分。而社會的管理者也察覺到，只要給予勞動者足夠的刺激，並讓其接觸嶄新、可以習得的新需求，就能有效地提升勞動生產力。

而造成此種改變的決定性「因素」，是一個在更廣泛經濟力推動下，所塑造的時代背景或大環境。在這樣的時代背景下，人們做出了新的食物「選擇」。然而事實上，早在人們意識到這是一個選擇前，這些選擇就已經成形。要在短短十分鐘的咖啡休息時間吃「丹麥」酥皮麵包，還是「法式」甜甜圈？這是一個選擇，但人們或許無法自由挑選使人做出選擇的環境。就像是要在三十分鐘的午休時間裡，「吃麥當勞的漢堡，還是吉諾（Gino）的雞腿」這一抉擇的重要性，遠不如限制我們選擇的環境。

相似地，仿效（或模仿）並不是發生在某種非關歷史脈絡的象徵意義真空中。勞動人民為什麼要仿效那些權力在上者的行為，以及這些行為的意義（企圖和交流），並非總是明確的。而喝茶的歷史就是其中一例。英國勞動人口所模仿的是喝茶加糖和牛奶的行為（通常為較劣質的茶，有時甚至是二手茶，或是把熱水淋在麵包皮上，並以糖蜜來增加甜度），而這些行為來自於比他們享有更多特權的人。勞動人口樂此不疲地模仿此一習慣，喝下越來越多加了大量糖的茶，直到一次世界大戰阻止了此一向上攀附的行為。但單純稱此股攀比之風為勞動人口對上層階級的模仿，就能充分解釋相關現象嗎？那杯加了糖的茶既溫熱又提神，且含有大量卡路里；為了薪水只能在惡劣環境下賣力工作，正是典型的喝茶條件；那杯熱茶擁有讓冰冷餐點變熱食的魔力——這些因素全都與之前說的模仿同等重要。除此之外，也必須考慮到關於這些食物的製造地、食物生產的推動者，與勞動者的樣貌、生產管理者、消費地之間的密切關係。畢竟這個帝國擁有一個內部結構，而我們也見到同樣的政治體制既催生出種植園奴隸，也很快帶動工廠的無產階級興起，並在帝國旗幟下，兩者相輔相成地創造出極大利益。

即便如此，這些告訴了我們什麼？為什麼英國人會變成嗜糖如命的國度？答案不是因為嗜甜是人類天性，也不是因為我們就是擅於交流意義的物種，喜歡賦予周遭一切（包括飲食）意義。不是因為社會上的次級團體企圖仿效「上層」，更不是因為身處在寒冷、潮濕氣候的人們，本就比其他人更容易依戀糖。確實，某些內部因素感覺更有說服力：英國勞動階級的飲食無論是就熱量和營養來看，都過於貧乏且單調；勞動人口沒辦法享用一頓熱騰騰的早餐和午餐；新的工作與休息時間改變了就業狀態，終止了農村勞動力與地方仕紳的依賴關係；外包制（putting-out system）的發展；接著是工廠制——這些全都是飲食習慣改變的背景條件。有鑒於此些原因，我們應該站在更寬廣的詮釋基礎上，來審視「人們企圖仿效上位者的膨脹心態」此一解釋。在我們閱讀著關於糖的頌詞，並同時理解這是一個都市化下，朝著更具時間意識、更工業化發展的社會時，我們就不會訝異史萊爾為什麼比漢威更貼近現實。

儘管如此，蔗糖、茶等商品也代表了尋常百姓逐漸獲得的自由，以及提升生活水準的機會。但這樣的假設同樣伴隨著些許問題。此處宣稱的選擇自由，只成立在個體被限縮在某個給定的可能範圍內，而誤以為自己能不受支配的自主選擇。如蔗糖般的商品，之所以能從新鮮玩意兒或裝飾性物品，轉變成英國人體面的良好待客之道，則仰賴人們將其細密地織進自己的日常生活，並賦予其意義、讓彼此懂得享受這樣的消費。

英國人並不是靠創造象徵或授予意義來獲得蔗糖，而是各界動員政治、經濟、軍事等普通公民無法想像的力量。此外，為了生產蔗糖與苦味刺激性飲料，也必須安排大量的強迫性勞動力，否則根本無法提供如此大量的資源。只有在一切條件都吻合時，人們才有辦法行使那美好且獨特的賦予意義能力。簡而言之，那個讓品味及象徵得以發揮功能的商品創造過程，事實上並不掌握在那些被迫為奴、生產商品的非洲人手中，也不控制在英國那些無產階級消費者手中。奴隸和無產階級共同推動著大英帝國的經濟發展，並反過來強化了前者的手鐐腳銬，以及後者嘴中的糖與蘭姆酒，但兩者對此體系的影響力卻微乎其微。消費者逐漸增長的選擇自由或許是一種自由，但也僅止於此。

波特認為「糖價下跌，總是伴隨著消費量攀升」的論點，充分顯現於十九世紀下半葉（該時期蔗糖的稅賦與關稅也同樣下調）。儘管離政府廢稅還有一段漫長時日要走，但在一八七二年，這些稅金已下滑到僅剩一半。稅制歷史學家S．道爾（S. Dowell）的反思，巧妙地闡述了早於我們兩個世紀的思維：

> 毫無疑問地，許多思慮縝密、充滿遠見且關心國家整體財政的人，其視此種突飛猛進的繁榮進步為暫時性而非國家進步常態。他們將注意力放在未來的可能性，並認為應該要繼續

堅持那進一步施行後，有可能會威脅到稅收消亡的減稅措施。就他們看來，茶、咖啡的稅收別具意義：在和平時期，應該對這些商品課徵均勻分布於全體國民，且低到不會讓任何人感到壓力的稅金；而在戰爭時期，這筆稅金將是國家強大的後援。廢除這樣的稅金，就像是敲掉我們稅收體制的支柱。[31]

而此種稅金在創造國家抽稅體制上（透過把錢從個人消費支出中擠出而支撐），扮演要角。在各種異國商品中（尤其是那些融入英國人生活、帶有苦味和成癮性的刺激性飲品），蔗糖尤其適合拿來徵稅，部分原因在於其（與茶葉相比）很難走私。隨著蔗糖為財政帶來越來越多收益，其課稅價值更被大肆吹捧：因為在這股持續且擴張的消費潮流中，背後藏著龐大的既得利益。如同茶葉或菸草，就算當供應短缺而價格上漲時，蔗糖還是能為稅收帶來貢獻。正如同道爾所言，其消費群如此廣泛，「不會讓任何人感到壓力」。因此這樣的自由也讓蔗糖成為協助統治的手段。

當代利用糖霜做成的十九世紀迷你糖偶。（上：羅宏．蘇利．傑洛姆 [Laurent Sully Jaulmes] ／裝飾藝術美術館 [Musée des Arts Décoratifs] ／糖文史中心。下：菲利普．盧瑟列 [Philippe Rousselet] ／糖文史中心）

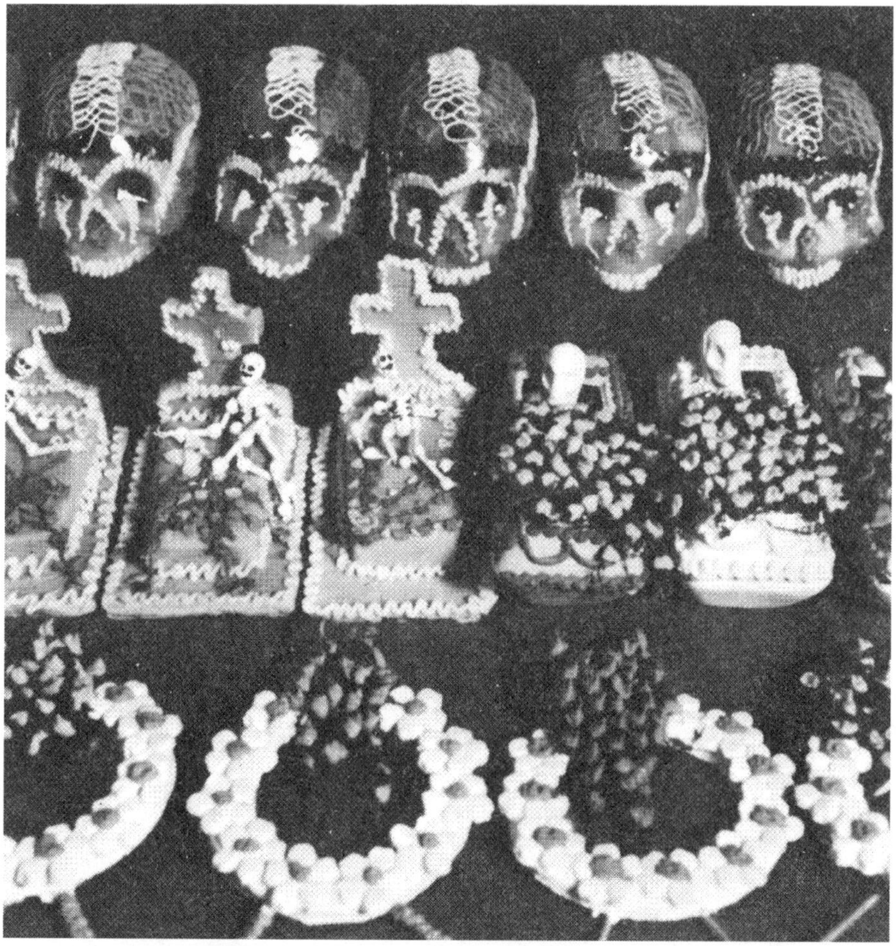

在墨西哥的亡靈節（Día de los Muertos）時，墨西哥人會以糖果骷髏、墓碑、花圈來慶祝，其作品也往往展現出極為驚人的藝術／烹飪巧思。而糖與死亡此種充滿藝術與儀式性的關係，並不只出現在墨西哥，歐洲多數地區也很流行在喪禮上招待甜食。此外，復活節與糖的關係更是顯而易見。（C．吉皮耶 [C. Gibier] ／糖文史中心）

此一展示喬治五世半身像的糖製模型，製作於一九三五年，用於慶祝其即位二十五周年紀念日。該作品讓人想起前一世紀皇家甜點師的傑作。（C · 吉皮耶／裝飾藝術美術館／糖文史中心）

烘焙師瑪莉 · 福特（Mary Ford）和其先生為了慶祝伊莉莎白二世的二十五周年紀念日（一九七七年），利用糖製作的等比例（一：八〇）英國皇家馬車模型。（C · 吉皮耶／糖文史中心）

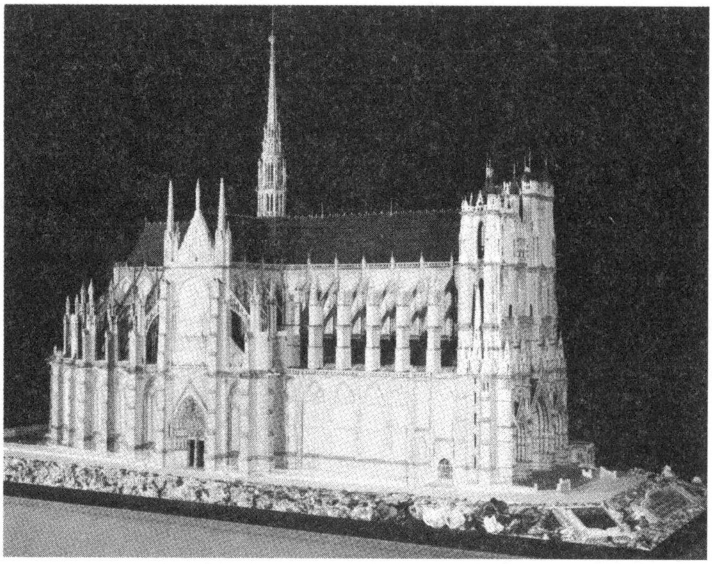

亞眠（Amiens）聖母院的等比例（一：八〇）模型，由糖點烘焙師修伯特．拉姆（Hubert Lahm）於一九七七年創造。該件作品共用了兩萬塊方糖和一百七十六磅的糖釉，高度為五十九吋，長七十吋，寬三十六吋。（糖文史中心）

細部圖。

一艘置於巧奪天工的底座上的帆船。整個作品皆以翻糖來完成，作者為立松博臣（Hiroomi Tatematsu）。（糖文史中心）

這座中世紀城堡為一名英國廚師，在西薩塞克斯郡（West Sussex）的餐廳中所創作（一九七七年）。其或許象徵著前幾個世紀的王室糖雕烘焙師的作品。（糖文史中心）

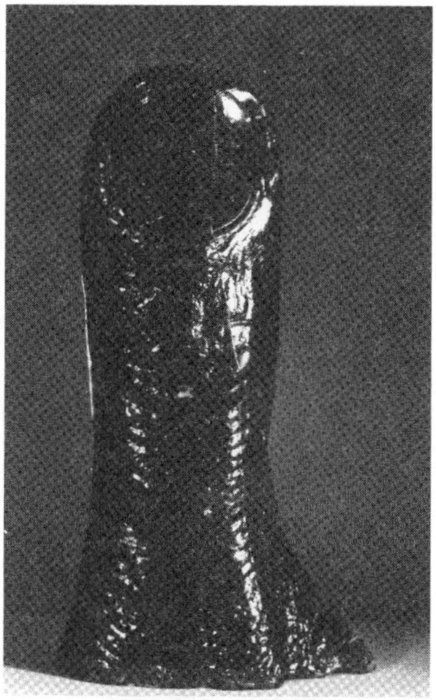

這座「凱撒的大拇指」（Caesar's Thumb）雕像，或許點出了藝術與食慾如何在蔗糖史上相交。儘管某些作品確實兼具美味，不過翻糖甚至可以發揮如黏土或石頭的功能。（C・吉皮耶／糖文史中心）

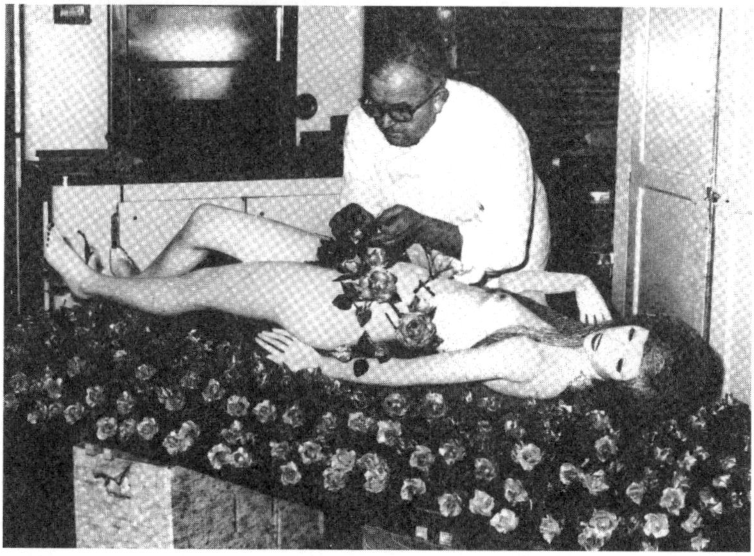

了不起的法籍甜點師傅艾蒂安・多倫尼亞（Etienne Tholoniat），正在為有著棉花糖頭髮、真人大小的巧克力裸女做最後妝點。其底座有六百朵翻糖玫瑰。（糖文史中心）

隨著英國人改變日常食用的品項，以及越來越多民眾肯定大眾消費所帶來的最終成果，蔗糖的價格漸漸於全球市場中確立。但這麼說可能還是過於誇大，畢竟全球市場上或許沒有任何一種食物如蔗糖般，受到這麼多的政治力量操控。倘若說早期的蔗糖太重要，不能由西印度群島種植者獨攬；那麼晚期的蔗糖則是同樣重要到不能讓其全憑市場之力左右。蔗糖既是官僚政治的資源，也是重商主義、工業化、財富的來源。一旦掌握了蔗糖市場與潛在市場的廣度後，維繫蔗糖控制權就變得極為重要。蔗糖戲劇化地展示了隱藏在大眾消費內的龐大權力。擁有蔗糖控制權，並承擔起最終結果，兩者徹底改變了決定母國與殖民地關係的殖民哲學。倘若英國民眾可以從他處獲得更廉價的蔗糖，而英國中產階級可以因為低價賣出更多糖而獲利，那麼說英屬西印度群島殖民地的命運從此被徹底封死，也不為過。

在某種程度上，我們可以為他人定義某些事物的意義，而外在環境讓對方也很難去檢驗我們為這些事物所賦予的解釋，因此他人是否使用這些事物、讚美或批判、消費或不消費的決定權，實際上落入我們手中。我們藉由鼓勵他們消費來影響他們的自我定義，並從而親密地進入其人格構成的部分：他們認為自己是誰、又是什麼？菸草、蔗糖和茶是資本主義下，第一個可以透過使用的方式，傳遞「不同的**消費**能讓人**變得**不同」此一複雜的概念。而此一概念和營養、本能天性或嗜甜無關，也與象徵的意義較無關。然而，其與英國從具階級、以地位為基礎的中世紀社會，轉變成民主社會、資本主義和工業化社會，卻密切相關。

而此處所提出的論點是：我們很難或根本無法證明，大環境改變了工作的節奏與本質、日常生活，從而影響了飲食習慣。但我們可以進一步假設，新食物的本質會顯著影響人們最終接受它與否。那些在英國資本主義幫助下，從上層社會的奢侈品轉變成工人階級必需品的物質，都屬於特定類型：以酒精和菸草而言，它們能讓人暫時脫離現實，緩和飢餓的痛苦。而咖啡、巧克力或茶，則能在不需要補充營養的情況下，提振精神。蔗糖則可產生熱量，且與其他食材混合後，還能增添其他食物的誘人度。其中，沒有任何「想要毀掉英國工人階級的營養攝取，或刻意讓他們成癮，或讓他們牙齒壞掉」的陰謀。但蔗糖消費的持續成長，卻是階級內部爭奪利益的人為結果——而這種內鬥最後也在全球市場對成癮性食品的消化下獲得解決，此時工業化資本主義擺脫了保護主義的束縛，並擴展了一個大眾市場以滿足那些一度被視為自甘墮落的無產階級消費者。

就此觀點來看，蔗糖是一個極為理想的物質。它能讓忙碌的人生看上去沒那麼緊湊；在短暫的休息時間裡，它能（或至少看似）緩解了工作忙碌的壓力；其比複合式碳水化合物更能產生即時的飽足感或滿足；它還能輕易地搭配其他食物，甚至是那些已含糖的食物（如茶和餅乾、咖啡和麵包、巧克力和抹醬麵包）。而如我們所見的，由於人們能賦予蔗糖用途諸多附加意義，它成為極富象徵意義的事物。無怪乎有錢有勢者如此喜愛蔗糖，也難怪窮人會學著去愛上它。

Chapter 5

Eating and Being

飲食人生

一九〇〇年，經蔗糖加工而製的糖，已成為全英國日常飲食中的必要食材。幾乎每一位英國人每天都會攝取糖（通常伴隨著苦味飲料）。無論是在廚房或餐桌上的食物中，或在各式各樣的加工甜食，如果醬、餅乾、酥皮麵包等許多佐茶甜點裡，糖無處不在，且它也經常出現於正餐中。從春天到夏天、從出生至死亡，所有婚喪喜慶都少不了糖。長達千年以來，西方人的每日食物與每日想像就圍繞著麵包和鹽。現在，蔗糖加入了這一行列。麵包、鹽——和糖；一大條的麵包、一大壺的酒——和糖。全人類的飲食樣貌就這樣被漸漸重塑。

在一六五〇年至一九〇〇年間，蔗糖用量急速成長，加工蔗糖的人均攝取量也不斷攀升，而這奠基於數項成果：其中一個是更進步的化工製糖技術，以及更科學地認識了令人驚奇的蔗糖多樣性。儘管蔗糖的多樣性長久以來為人所讚嘆，但在運用新的化學知識後，不僅激發出蔗糖前所未見的嶄新可能性，也是其首度被如此徹底地探索。到了一次大戰時，「糖的強制配給」被視為戰爭期間最痛苦且最直接的折磨——當然，此種折磨對窮人而言比富人來得更苦。[1]就窮人來看，他們很早就接觸到且不顧一切地渴望著香甜的茶、糖蜜布丁、煉乳卡士達、餅乾、抹醬麵包、糖果和巧克力。而那些過得較舒適的「嗜甜者」（這已經堪稱「國民性格」）之所以較為冷靜自持，自然是因為他們能接觸到其他奢侈品。

而如我所提過的，「蔗糖徹底入侵英國人飲食的各個面向」一事，也在別的地方上演，且搬演過程更迅速，但在進入一九〇〇年以後，又出現幾點顯著的不同。以美國為例，早在十三個殖民地起義以前，其就已經深深被糖蜜與其附產品蘭姆酒所擄獲。[2]到了一八八〇年至一八八四年間，美國每年的人均蔗糖消費量為三十八磅，此數字已經遠遠超越世界上其他主要消費者——除了英國。在短短三年內，消費量暴增到六〇・九磅。[3]過了另一個十年後，美國的消費量仍然持續高升。而在一八九八年至一八九九年後（並非憑空無據、隨機冒出的時間點），蔗糖消費量攀得更高。[①]無論英國的資本家是如何在一六五〇年後，開始學會利用蔗糖作為獲利手段，北美的資本家學得更快；那些對北美帝國主義崛起感興趣者，不妨仔細研究美國的蔗糖消費史。

目前仍不清楚北美是因為感知到多大程度的需求，才將熱帶蔗糖產地轉變成各種殖民地，但其動機本質和一個世紀左右前的其他強權毫無二致。但美國外交主義中所存在的重商主義元素（尤其可從美國強化其在加勒比海蔗糖區域的軍事力量感受到），卻出現得相當晚。儘管沒有巴貝多，美國卻有波多黎各；儘管沒有牙買加、古巴，美國在太平洋海域卻擁有夏威夷和菲律賓。毫無意外地，當美國的蔗糖消費市場於南北戰爭後開始快速成長，並一直成長到今天這般龐大後，美國的蔗糖政策一直是政治角力的主題，更是獲取驚人（且經常為不合法）利益的來源。[4]

而法國人的經歷與英國及美國相比，則截然不同。如同英國、但與美國相反，法國很早就發展出「蔗糖殖民地」，且十八世紀就開始進口大量的蔗糖與相關產品，也培養出不少嗜糖者。在十七世紀的多數時間裡，法國因為掌控了歐洲的蔗糖貿易而獲利匪淺，直到後來才輸給了英國。法國的資本家就跟英國的資本家一樣，利用奴隸貿易和蔗糖貿易來獲利。而波爾多和南特（Nantes）在體制內所扮演的角色，就如同英國的利物浦及布里斯托。此外，兩國的殖民經驗也有非常多相似之處：法國早期占領了馬提尼克和瓜德羅普（Guadeloupe），就如同英國當年占領巴貝多；法國在蔗糖產業剛起步時所採用的「契約勞工」，就和巴貝多的契約勞動者一樣；法國轉移到更大的殖民地法屬聖多明哥，就如同英國在克倫威爾執政時期奪走牙買加一般等等。（確實，英國走得更快且更遠。此外，在海地革命時，法國人也被奴隸解放者擊敗並驅逐。）

但無論法國對蔗糖的愛好有多麼狂熱，他們就是無法將法國的消費量推到足以深刻影響法國料理本質，或影響法國飲食習慣的程度。直到今日，法國的人均蔗糖攝取量仍舊低於英國人（儘管差距不大）。法國人以緩慢的速度，逐漸追上英國、愛爾蘭、荷蘭、瑞士、丹

①【編注】一八九八年美西戰爭，西班牙戰敗投降，美國則取得關島、波多黎各與菲律賓等海外殖民地，勢力深入亞太地區，成為太平洋地區的主要強國。

麥、冰島、美國、澳洲等蔗糖消費大國。在一七七五年，英國的總蔗糖消費量為法國的二・五倍，而當時的法國人口甚至約為英格蘭與威爾斯的四倍。這也意味著當時的法國人均消費量，為英國人的十分之一。專門研究英屬加勒比海區域的美國歷史學家理查・薛瑞登則認同，十八世紀的法國消費量反映了當時低落的生活水準，但他同時也認為我們應該去考慮兩國的飲酒習慣。[5]就在英國人因為蘭姆酒和琴酒而逐漸捨棄啤酒與艾爾啤酒，之後一部分人又重拾啤酒與艾爾啤酒，且同時逐漸加深自己對於加糖熱茶的喜愛時，法國人仍舊習慣喝葡萄酒。儘管法國人在十七世紀開始出現喝咖啡的習慣，法國歷史學家朱爾・米榭勒（Jules Michelet）甚至認為其影響了法國大革命，但如此重大的改變卻沒能撼動葡萄酒的消費。即便甜食能提供大量熱量，但嗜飲葡萄酒的習慣，或許弱化了攝取甜食的偏好。

除此之外，料理本身也發揮了極大的影響。法國美食家布里亞・薩瓦蘭（Jean Anthelme Brillat-Savarin）認為蔗糖是常見的調味品。但身為英國品味評論員的P・莫頓・尚德卻寫道，「他只運用了該詞彙在添加味道方面的廣泛意涵，而不是該字之後所衍生出來的特定、專有意義。」[6]與英國和美國相比，甜味在法國味蕾中的地位，似乎從未登上如苦、酸、鹹、辣那般重要的地位。儘管甜品在法國料理中穩占一席之地，但起司的地位甚至更為穩固。在法國食物中，有時甜味會以令人驚奇的方式出現，且更常像是一種香料。法國人對甜味的用法更接近中國人——總在意料之外的地方使用糖，且甜味不太會是一頓餐的高潮。蔗糖在法國與中國料理中的地位之所以較不突出，或許與其料理的出色程度有關。[7]質疑蔗糖是否傷害了英國料理，或十七世紀的英國料理是否比法國料理更**需要**糖，並不一定是帶有惡意的疑問。

蔗糖的能源經濟學

當我們去觀察所謂的低度開發國家時，卻會收穫另一種觀點。在許多已開發國家人口的平均熱量攝取占據七分之一的蔗糖（當然，特定經濟體和年齡族群的攝取量遠高於此數字），其象徵的美好生活意象是如此深入人心，讓某些出名的當局者甚至宣稱此一比例就算再升高也無害。[8]數個世紀前便被視為與公共福利休戚相關的蔗糖，至今仍被許多觀察者視作有濟於世。而為了找出原因，或許多加探討蔗糖是如何從甘蔗被製作出來的過程，能帶來些許幫助。

在如今此一益發講求有效運用能源的社會裡，蔗糖產製的效率也成為蔗糖成功的重大因素。身為當代研究蔗糖產業最認真的學者吉拉德．海格伯爾，如此描述：「在多數情況下，甘蔗（以及甜菜）每單位土地面積所獲得的可利用卡路里，在任意時間點與氣候區域內，都比其他作物來得高。」[9]在理想情況下，每公頃（二．四七英畝）的甘蔗田能產出二十噸的乾原料，其中一半可作為食物或飼料的可使用糖；其餘十噸的甘蔗「廢料」或甘蔗渣，則可以當作燃料、紙製品原料、建材或糠醛（furfuraldehyde，一種液體醛類，可用於製造尼龍、樹脂，或當作溶劑）。假定原料和生產參數固定，那麼每一公頃的加勒比海田地所收穫的五十噸可碾磨甘蔗，可以製作出：

一、**五・六噸的上等粗糖**。以每人每年消耗四十公斤（八十八磅）為基礎，此產量能滿足一百四十個人，且每日能為這些人提供四百二十大卡或每日卡路里攝取量的七分之一（一四%）。

二、**一三・三噸的濕蔗渣（四九%水分、二%可溶性固體）**。作為燃料，此數量約等同於二・四噸的燃油。此外，在去除蔗髓（depithed）和徹底乾燥後，這個量的蔗渣可以製作成超過兩噸的漂白紙漿。假設處理一噸的甘蔗需要五百公斤的水蒸氣，且每一噸的溼蔗渣可以生成二・三噸的水蒸氣，那麼利用蔗渣作為燃料並將五十噸的甘蔗製作成蔗糖，事實上還能剩餘二・四噸的濕蔗渣，或約莫五噸可作為他用的水蒸氣。

三、**一・三五噸的糖蜜成品或黑糖糖蜜**。在甘蔗糖蜜成品中，有約莫三分之一無法加工做成離心分蜜糖，有五分之一為還原糖（reducing sugar）……因此這個量的糖蜜（再加上一點添加物）幾乎可以讓一頭公牛從兩百公斤長到四百公斤。[10]

在這些令人驚嘆的數字之上，我們必須再加上蔗糖作為熱量來源時的相對效益。隨著農業產量在現代科學方法的幫助下逐漸提高，甘蔗長久以來優異於其他作物的產能，也等比例地向上提升。現在，一英畝的亞熱帶田地，可以產出超過八百萬卡路里的糖，遠超過其他產品。儘管將甘蔗和其他溫帶作物相比，對甘蔗有些不利，但比較結果仍讓人吃驚。根據估計，需要超過四英畝的田地，才能種植出製造八百萬卡路里的馬鈴薯；換成小麥，則需要九或十二英畝。（更無需與牛肉相比：要飼養能產生八百萬卡路里的牛肉，需要一百三十五英畝的地！）[11]對如今這個面臨複雜能源問題的現代社會而言，這個數字著實令人驚豔，但在過去，蔗糖便一直是高轉換效率的經濟作物（即便數世紀前的甘蔗提煉技術根本遠不如今日）。這些數據不僅讓我們理解過去，更讓我們正視指向未來的關鍵問題。

若撇除其他食物價值不談，光論卡路里需求，就是一個相當嚴重的問題。不過，儘管蔗糖或許不是優秀的營養來源（且倘若大量攝取蔗糖，我想它還會是極可怕的來源），但環境很早就奠定蔗糖的卡路里來源地位，且地位保留至今，畢竟其似乎為一個絕佳的經濟方案。如果我們將此些作物如甘蔗、玉蜀黍等的優異能量轉換本質納入考量的話（就算因為施肥或耕作等需要密集勞動力，但它們生產食物所需消耗的能量，有近九成來自太陽能），將蔗糖作為解決食物問題手段，確實是一個難以抗拒的選擇。

倘若我們一併考量人類與生俱來的甜味偏好，蔗糖令人驚豔的卡路里產出，此產出背後所暗示的生產效率，與數世紀以來穩定下跌的糖價，我們就不難理解為什麼蔗糖能贏得這麼多新消費者。當然，這些因素並不能讓我們忽視那些創造需求的人為努力，也無法協助我們理解為什麼在數世紀裡，某些消費市場表現得比其他強。但即便是當代思緒最縝密的反糖者，也很難不去認同蔗糖在味道、能源經濟、相對價格及熱量方面的出色特性，而這些全都是蔗糖生產者顯然注意到，並透過政治、學界和專業支持者所大力推廣的。

蔗糖消費的規模、內容和形式轉變

倘若我們再次重提「自農業發展以來，人類飲食就是以複合式碳水化合物為核心，佐以帶有強烈對比味道與口感的刺激性食物（且還能補足營養）」此一論點，便很難界定蔗糖在飲食變遷中的角色。有些人或許會將甜味跟酸、鹹、苦味歸為一類，認為這些都是相對於複合式碳水化合物的味道。但如果帶有甜味的佐菜角色不斷擴大、從而擠壓複合式碳水化合物核心的占比（其提供的熱量從七五％至九〇％，下降到約莫一半），整道餐點的結構便已然改變。此點並不難理解。在西洋料理史上，權貴者最早主要是以富含蛋白質的肉、魚和禽肉來取代大量澱粉，而在十七世紀至二十世紀間，這些食物的重要性與日俱增（甚至對勞動階級者而言，也是如此），但勞動人口卻無力負擔。因此，引進蔗糖等相關食物，就能在不需要增加肉、魚、禽鳥或乳製品的攝取量下，提升無產階級飲食中所攝取到的熱量。

於是，精製糖成為現代化與工業化的象徵。很早以前，人們便這樣看待蔗糖，而蔗糖在「西化」或「現代化」、「發展」的概念下，滲透一道又一道的菜餚。在北美原住民、愛斯基摩人、非洲人及太平洋島嶼住民的眼中，蔗糖成為象徵「進步」的前衛與熱門標誌。普遍來說，人們透過一、兩種方式來認識蔗糖：用自己的勞動力、商品或薪水來交換蔗糖（還有其他受歡迎的西方商品）；或從西方慈善團體手中獲得——這些慈善捐贈通常出現在，西方人察覺到自己與那些「低度開發」的傳統文化長久接觸、導致對方經濟失序後。

而上述歷程，與早期歐洲勢力以及西方資本主義經濟擴散到一個區域又一個區域、一塊大陸又一塊大陸的過程，總體而言相當類似。即便在那些使用蔗糖長達數世紀的社會裡，其中一個不可避免的「發展」趨勢，就是舊式、傳統的糖，逐漸被純白、精製，亦即製糖業者所謂的「純糖」取代。舉例來說，在墨西哥、牙買加、哥倫比亞等早就是蔗糖生產者與使用者的國家裡，享用白糖和單糖漿產品的習慣，是從歐化的上層菁英逐漸向下擴散到都市的勞動階級，再向外擴散至鄉村，而這樣的習慣也被視為社會地位的標誌，或（至少是）對社會地位的渴望。與此同時，舊式的糖卻因為「過時」、「有礙健康」或「不方便」的原因被捨棄。但並非所有的負面標籤都是無的放矢：在加工處理的食物或飲料中，很難使用非離心分蜜的糖。而生產非離心分蜜糖的糖廠，其效率也普遍低於現代工廠。但隨著更為精緻的糖進入到更多消費者的生活後，其具有的現代化意義也益發強烈。最終，傳統蔗糖化身為某種形式的祖傳珍寶——象徵著昂貴的舊時美饌——流傳下來，它們搖身成了有錢人餐桌上，象徵品味的「天然」產品或炫耀性商品（最初也是這些權貴者讓其變得罕見而昂貴）。而以現代方式生產的糖，則為新產製者（其族群全然不同於舊時製糖者）賺取利益。[12]

而鼓勵消費者投入更多「傳統」消費，以及驅使人們做出「現代」消費的背後力量，既多面向又複雜。我們之所以難以釐清此兩股力量，是因為蔗糖商人是為了改變人們的消費模式，才花心思在該模式上。因此，他們關注的是不同消費模式的變動可能。商人們明白，消費習慣不會輕易改變，除非消費情境改變——不只是穿了什麼，還包括在哪個場合、哪個時間、為了誰；不只是吃了什麼，還包括何地、何時以及和誰一起吃。

當人感知到外在環境出現劇烈變化（舉例來說，開始意識到無止盡的忙碌），會激勵他去嘗試不同的事物。對蔗糖販售者而言，他們的目標就是強化市場在消費中的角色。這或許意味著讓消費者對於自己的消費感到不安；鼓勵他們改變消費內容從而改變對自身的定義；或說服他們別人會因為他們的消費內容，而對他們另眼相看。但我們未能全然理解，人們捨棄傳統、擁抱嶄新或現代事物的確切過程。我們知道人們是如何從舊時的紅糖塊或圓錐形糖塊，轉而去購買紙盒裝、袋裝的白糖；也見到人們是如何放棄本地飲料改去喝可口可樂；或捨棄在地的糖果點心，轉而食用商店裡販售的糖。但我們仍無法精確掌握上述過程中的各項環節或確切調整。不過，這些變動極有可能是重複或重現與過去相似的行為歷程。儘管各式各樣的改變接踵而來，我們卻往往能從中觀察到特定規律，或注意到歷史再現，如西方歷史早期消費被外部力量宰制（更早以前則是支配著勞動力）。

隨著蔗糖在社會生活中的地位改變，我們已經了解到殖民母國和蔗糖產地間的關係是如何出現劇烈的改變。一開始，蔗糖是從遙遠的地方、向外國商人購買而來。接著，所有的歐洲中心都市都有了自己的熱帶殖民地，並以重商主義為根基開始生產蔗糖，進而為母國、商業及金融階級帶來繁榮興盛，同時帶動母國商品與殖民地商品的消費，提升母國市場的參與度。隨著溫帶區域甜菜糖的產製方式大幅進步，從保護主義轉型成「自由貿易」的呼聲也越來越高。儘管殖民地依舊是重要的獲利來源，但貿易開放及甜菜糖產製技術的完善（這是溫帶作物頭一次搶占熱帶區域生產力的重要事例），[13]後續也協助了國內的工業化資本家應付殖民地種植者所引發的政治挑戰。

而蔗糖的消費水準與特徵，也反映出其他更廣泛的進程：不同用途下的蔗糖用量，成為發展程度的參照。我們可以比較家用蔗糖（糖果、果醬、烘焙等）和非家用的工業用糖，如大量生產的烘焙食品、有甜味或沒甜味的調理或加工食品（沙拉醬、麵包粉、番茄醬等）。數據告訴我們，開發程度越高的國家，非家用、工業用糖的占比也越高。兩名研究「美國精製糖的使用變遷」的學者指出，在一九〇九年至一九一三年間，直接使用者和家用糖（假定購買單包重量少於五十磅的細砂糖為家用）的平均年消費量為五二・一磅，而到了一九七一年則下滑至二四・七磅。與此同時，工業用糖（食物產品及飲料）則從一九・三磅上升到七〇・二磅。[14]此一趨勢也常出現在開發中國家（儘管較不顯著）。

就消費者的角度來看，工業用糖可以區分成兩種不同的形式：其中一種是家庭外的消費（餐廳、小吃店、結帳櫃檯或電影院等），而這也與其他開發性指標呈現同步上升趨勢；另外一種則是家庭內越來越常出現的調理食品。此兩種體現在加工食品和調理食物的蔗糖消費形式，彼此息息相關；兩者皆是基於廣泛社會影響力所致，也同樣出現在開發中國家內。人均蔗糖消費量快速成長的社會，或許也快速地從家用式蔗糖消費移動到非家用式消費，顯示其市民必然更常外食，或在家裡吃更多調理食物。

而這兩種趨勢都沒有具體點出，此種改變所具有的社會意義。存在於蔗糖與此些廣泛社會變遷間的關係，是象徵性而非實質性的——蔗糖所揭露的事實遠比其用途更為重要，而我們可以藉由審視蔗糖的用處，更好地理解是什麼讓這樣的應用成為可能。無論是就生產或消費而言，蔗糖都處在資本家意圖的交點上，因此蔗糖消費的規模、內容和形式改變，都值得我們深究。

站在生產端來看，蔗糖很早就成為推動海外農業實驗的主導動機，並在加入了資本主義手段與非自由勞動力後，成為一種混合式實驗；站在消費端來看，蔗糖為第一個從奢侈品轉變成必需品、從罕見商品變成量產商品的事物，而此種轉變也體現了資本主義的承諾與實踐。蔗糖產量在過去五個世紀西方擴張期間內的表現，顯示了不規律但顯而易見的地理性運動：首先，這是一種來自遠方的珍稀品、藥品、香料，可交易但無法自產（因其生產過程對當時而言相當神祕）。接著，蔗糖變成昂貴商品，溫帶國家透過海外殖民地種植甘蔗來生產糖，而這些溫帶國家的國民則成為糖的消費者，且這些國民正經歷無產階級化但還不是無產階級（也就是被剝奪了原有的權利，但並非全是工薪勞動者）。後來，蔗糖變成在其他地區生產（不必然是同一勢力所掌控的殖民地）、價格比較平實的商品，並出現各種形式的生產勞動力，其中也包括了無產階級。最後，糖成為便宜的日常生活用品，且經常是由同一勢力國境內的甜菜根製成，而勞動生產者和消費者主要為無產階級，但多數都是透過全球的「自由」市場來交易糖。

而所謂的「開發」蘊藏多種意涵，約莫於十九世紀中葉以後，其也意指「蔗糖消費相對穩定地成長」。在一八〇〇年左右，光是全球市場上的蔗糖產量就高達二十五萬噸。[15] 到了一八八〇年，該數字翻了十五倍，來到三百八十萬噸。從一八八〇年直到一次世界大戰爆發（也是蔗糖生產技術現代化的時期），離心分蜜（「現代」）糖的產量攀升到超過一千六百萬噸。即便於世界大戰期間歷經經濟蕭條與停滯，該時期的蔗糖產量仍超越了三千萬噸。儘管戰爭期間的蔗糖產量嚴重衰退，但自一九四五年後，產量便強勁攀升。在一九〇〇年至一九七〇年間，全球離心分蜜蔗糖的產量成長了近五〇〇%（根據一份資料顯示）；另有資料估計成長應超過八〇〇%。[16]有鑒於在同樣的七十年內，全球人口量也成長了將近兩倍，因此我們可以推論全球的「可得性」蔗糖人均日消費量，從二十一克上升到五十一克。到了一九七〇年，在所有可得性食物的熱量供給上，各種形式蔗糖占據的比率約莫為九%，而此數字現在可能更高。

今日，許多蔗糖消費大國集中在歐洲，但這並不意味著人人如此。冰島在一九七二年的每日人均消費量為一百五十克，此數值居全球最高；而在當時，愛爾蘭、荷蘭、丹麥和英格蘭的每日人均消費量則超越一百三十五克。若以每人每日一百五十克來看，便意味著一年用量約莫超過一百二十磅（亦即每日三分之一磅）。對於愛爾蘭、英格蘭等本就是蔗糖的消費大國而言，蔗糖所提供的熱量或許占每個人總熱量消耗的一五%至一八%。倘若我們有相關數據能顯示特定年紀或階級所反映的蔗糖消費差異，即使數據稱不上令人吃驚，但我們或許可以觀察到某些年紀／階級對蔗糖的顯著依賴。[17]顯而易見地，弱勢群體（不盡然是低度開發國家中的最貧窮階級，反而常是已開發國家中的最貧窮者）消費過多的蔗糖，且年輕者的消費量往往超過大人或年長者。但這些也不比隨意猜測好到哪裡，甚至根據全世界的地域、城鄉、種族及性別差異所推測的蔗糖消費模式，所冒的風險更大。

隨著發展程度提升，蔗糖在調理食物中所占的比例也越高。確實，非直接性使用（如蔗糖消費）也成為開發程度的一種指標。根據健康研究學者阿維德・維埃特林（Arvid Wretlind）的估計，十年前荷蘭食品加工業所使用的蔗糖占總蔗糖消費量比率為六〇%，英格蘭則為四七%。[18]其他分析師則發現，一九七七年的美國，用於加工食品中的蔗糖約莫占總蔗糖消費量的六五・五%。[19]而在低度開發國家中，儘管其蔗糖使用量呈上漲趨勢，卻沒有出現如此龐大的間接使用情形。

當然，蔗糖消費量提升只是「開發」程度改變人們飲食習慣與選擇的例子之一。而隨著蔗糖消費量成長，卡路里攝取量也同時增加。不過，此種增加顯然是單一碳水化合物（蔗糖）取代複合式碳水化合物（澱粉）的成果。在英國，穀物的年消費量從一九三八年的人均二百五十磅，一路下滑到一九六九年的一百七十磅；同時期的蔗糖消費量則從相當低的七十磅（一九四二年），成長到一百一十五磅；也有研究推測一九七五年的人均消費量為一百二十五磅。[20]但人們並非基於營養考量，而縮減複合式碳水化合物的攝取量，尤其考慮到這背離了自古以來「澱粉為主、調味佐菜為輔」的飲食習慣。（需要提醒的是：多數相關研究是以所謂的「耗損數據」[disappearance data] 為基礎，也就是告訴我們在給定時期內，蔗糖、複合式碳水化合物、脂肪等消失的數量。這些數據可以是來自如美國農業部經濟研究局 [Economic Research Service of the United States Deparment of Agriculture] 等機構。當然，倘若能知道蔗糖與其他食物的精確消耗量會更好。但即便只有很少量的人口，此類數據依舊很難取得。）

脂肪／糖的文化意涵

而核心食物占熱量供給的比例下降、佐菜分量不成比例地成長，也只是改變的其中一個面向。隨著蔗糖消費量成長，脂肪消費量也顯著提升。兩名研究此種變遷的學者，以一九〇九年至一九一三年為比較基準，展示了美國的蔗糖每日人均消費量占碳水化合物的比率，在六十年內從三一．五％成長到五二．六％；而複合式碳水化合物的每日人均消費量從三百五十克下降到一百八十克；脂肪的消費量則成長了二五％，來到一百五十五克。[21]在過去十五年裡，脂肪的人均消費量更顯著成長，從一百二十六磅成長到一百三十五磅（一九七九年）。倘若此數字正確，也意味一九七九年的美國，每年人均消費的食物脂肪與加工糖達二百六十五磅。[22]此量幾乎等同於每人每日攝取將近四分之三磅的脂肪與糖。

在脂肪和糖那顯而易見的關係之間（這種聯繫也影響了複合式碳水化合物的攝取），還存在著營養性、心理性和經濟暗示。[23]但在文化層面上，這股趨勢又意味著什麼？

首先，此趨勢會讓我們聯想到越來越頻繁的外食傾向。自二次大戰以後，尤其在最近二十年內，食物財團（也就是所謂的速食餐廳）大量增加，更是一個重大的變化。根據國家廣告局（National Advertising Bureau）的說法，「典型美國用餐者」每個月會光顧速食餐廳九次。而依據《華爾街日報》的報導，有三分之一的飲食支出是花在外出用餐。（當然，儘管我們很想知道這批風潮的席捲速度，以及它體現於哪一類人群、持續多久，卻無法得知。）

第二，家庭內使用調理食品的比例增加，且食物本身的變異性也增加了。現在，我們可以「自由」挑選各式各樣預煮或冷凍的小牛料理，例如同一家品牌推出的不同「風味」料理（如米蘭式、蒜味羅勒番茄醬、檸檬風味、奧勒岡風味、法式）。而只需要改變食物溫度就能立即食用的食品，在所有調理或部分調理食品（包括那些除了加熱以外還需要更多處理的食品）中的比例，也大幅上升。而各式各樣的加熱、冷卻器具，如具高能量輸出的炒鍋、蒸鍋、烤爐、烤焙用具、油炸鍋、熱輻射或對流烤箱也迅速興起，並在販售時標榜著「速度」、「便利」、「經濟」和「乾淨」。

此一發展也直接影響了傳統家庭飲食中，每個人所扮演的角色。專門研究食物與飲食的人類學學者認為，可以借鏡語言學方法，來分析任一餐點與用餐模式。因此，瑪麗・道格拉斯（Mary Douglas）指出，「二元或對比的事物必須在組合關係下才能夠得到釐清。」而她也進一步解釋，其意思是以食物為單位，將其轉換成可分析的序列，如從日常到極少量、從每日到每週或每年，或從每日到特殊日子、節慶或儀式。而聚合關係（paradigmatic relation）表述的是一頓餐點的組成物；組合關係（syntagmatic relation）則說明了不同餐點的組成要素。或者，再次引用道格拉斯的話，「無論是組合和聚合、鏈狀與選擇、序列或集合——隨你怎麼稱此兩軸心，（韓里德）[Halliday] 展示了能如何利用語法或最詳盡的詞彙項目（lexical item），排序種種食物元素。」[24]

然而現代生活的趨勢已遠離了任何的「詞彙」或「語法」，因而此種類比並不是非常貼切。利用語言學術語很難真正地「說明」一頓餐點中的食物，因為飲食所受的結構性限制，無法和語言相提並論。畢竟，我們可以在用餐時間外進食，但我們無法脫離文法來表達語言。而使用者（發言者）必須認同語言中的文法功能（亦即多數人都有共識且能理解），彼此才能溝通。因此，此種文法與飲食的關係，只是一種不自然的人為描述。即便我們都理解的「餐點」詞彙從此消失，進食的行為還是會持續下去。

從現代食品技術專家的角度來看，廢除此種「語法」才是讓量產食物的消費量增長的最好方法，同時極大化他們口中的「個人選擇自由」。儘管他們或許不會承認其意圖是增加消費，但除此之外，也很難推測其他目的。用餐的「聚合」意義、用餐時間的「組合」方式，還有用餐時間的限制，全都可以視為「行使個人偏好權」的一種阻礙。

相反地，倘若所有人都在同一個時間吃飯，那麼用餐者就必須提前、延後或甚至取消有可能耽誤用餐時間的活動。那些由相同食物所組成的餐點，往往也不是以個人最佳選擇為基準，而是基於最低限度的基本飲食標準。此外，具有固定順序的餐點內容，則可能違背某些用餐者偏好晚點喝湯或遲些吃甜點的喜好。至於經常包含著一成不變食物（如羊排、火雞）的儀式性餐點，更可能讓某些討厭此食物的用餐者感到不悅。當其中一人正在傳遞菜盤時，其他想要吃東西的人也必須作出調整，協助同桌者。種種約束展示了社交用餐完全就是：**社會性的**，涉及交流、給予和拿取、尋求共識、對個人需求有常識性了解、因顧慮他人需求而妥協。社會互動讓人們得以表達意見，並彰顯了內團體（in-group）的影響力。但也有人會稱此為「約束個人自由意志」。

旨在售出產品的食品技術專家最希望見到的，就是破除此種用餐安排與「語法」，並創造出另一種標準化的「詞彙」（且範圍可能更廣），即所有人都可以吃自己想吃的、決定食用的分量，甚至想吃就吃（無論時間、地點或場合）。而此種發展所帶來的附加影響，就是一起用餐的社會意義消失了。理想上，我們可以見到一個過胖的女兒吃著各式各樣的優格，熱愛看電視的爸爸在電視前吃晚餐，喜歡跑步的母親享用一大碗的烘焙穀物，孤僻的兒子則無止盡地吃著披薩、可樂或冰淇淋。[25]

隨著現代社會的食物可得性越來越高，餐點的結構以及日常進食的作息漸漸消失了。現在，你隨時都能大口地喝著咖啡或可口可樂，並配上任何食物。同樣的情況，也適用在任何包裹著麵包粉、油炸過的複合式碳水化合物或蛋白質上（馬鈴薯、玉米或小麥麵包棒、雞肉、干貝、蝦、豬肉、魚塊）。人工合成飲料則區分了食療信徒（food faddist）與百事可樂世代的差異；富含纖維的穀物麥片在加了葡萄乾、無花果、棗子、蜂蜜、堅果與堅果替代品後，成為熱量爆表的食品；薄餅乾、起司、沾醬、椒鹽脆餅和「零食」等食物，如今成為社交活動的營養性媒介，而不是反其道而行。具有清楚內在結構的用餐行為，或至少在某種程度上意味著「自家烹調自己食物」的模式，以及此模式的社會化結果和所謂的「傳統」，在當今每一位消費者心中，都可能意味著不同的事物或秩序。每週例行菜色，如週日的雞肉或相近食物、禮拜五的魚類料理，變得不再如此固定，用餐者也開始不認為這些是絕對必要的。而一年一次的例行性食物，像是每年會輪番上市的巴克（Bock）啤酒、鯡魚、當季蒔蘿、新馬鈴薯等，或一年兩次的火雞、新年必吃的水果蛋糕佐甜乳酪醬，如今只能在火雞漢堡、整年都能喝到的巴克啤酒等各種現代佳餚中，見到些微歷史遺留下的殘影。

這些改變讓進食成為更個人化且不具互動性的行為，並剝除了進食的社會性。現在，關於進食的決策（何時、何地、內容、量、速度）越來越不涉及其他飲食者，而是受制於食品技術所決定的食物品項，以及人們對時間受限的感受。

在現代社會中，人們經常會覺得時間不夠用。而這樣的感知，或許是使建構在「以不斷擴大消費為原則」的經濟體制順利運作的必要存在。[26]人類學家和經濟學家也為現代社會所蘊藏的內在矛盾，即更具生產力技術的出現，反而讓個體所擁有（或感受到）的時間更少而非更多，掙扎不已。在時間壓力下，現代人試著藉由同時消費不同事物（如電影和爆米花），來濃縮自己的消費幸福。此種同步（但往往無法讓人特別滿足）的經驗對許多人而言是「自然而然」的東西——如同大量出現在美國大街小巷間、高樓大廈地下室、洗衣室與走道間、加油站、結帳櫃檯、電影院大廳等地方的水果攤、麵包攤、咖啡機一樣。在最短時間內追求最大樂趣，意味著並行（同時）消費，像是邊走或邊工作邊吃；邊開車或看娛樂節目時邊喝飲料等，也意味著消費的場合更多。比方說，邊看達拉斯牛仔隊（Cowboys）對戰匹茲堡鋼人隊（Steelers），邊吃著Fritos玉米脆片，喝著可口可樂，抽著菸，同時還有個女孩坐在自己腿上——這無疑是將大量體驗濃縮在極短的時間內，以享受最大化的愉悅。當然，每個人也能根據自身價值觀，進行完全不一樣的體驗。然而最重要的是，同時進行多種體驗的人們學到只去思考消費此一行為——而不是思考導致他們以特定形式去消費的情境，因為他們感覺自己「沒有足夠時間」去做其他事。[27]

由於增加時間的客觀方式就是去壓縮其他項活動的時間占比，而偏偏這一個世紀以來，工作時間相較之下並沒有顯著改變，因此多數都只是表淺地調整可支配時間，或所謂的「節省時間」。比方說，可在家或在外食用的調理食物，就是基於節省時間所誕生的產品。當然，使用調理食物也意味著個人在食物選擇上的屈從。但毫不意外地，食品加工業大肆鼓吹這麼做是為了增進個人的選擇自由——尤其在食品加工業忽視食物本身所蘊含的意義時。因此，這些議題也可說是個人自由與社會模式存亡間的辯題。

在討論蔗糖如何滲透英國日常上班時間的節奏時，我只能約略地將此種根本性改變，視為工作時間改變、性別勞動分工變化、勞動力再分配、用餐與備餐時間逆轉。我們知道，在蔗糖普及於英國社會後，便大幅改變了英國勞動階級的生活作息與儀式行為。但以此方向所進行的研究往往由於主題過於廣泛（從而流於表面），而無法審慎嚴謹地分析資料。人們改變對時間的感知，就跟重新編排工作時間同等重要，然而這些行為往往不會直接展示權力的運作。確實，正因為此種權力只能間接地顯現，因此才能一直維持神祕感——就好像是配合工廠機械而必須重新定義工作時程、就好像是白晝讓我們不得不如此、就好像是工作同仁強制決定了工作節奏、就好像吃飯必須於特定時間內完食，而不是視進食所需時間來決定我們該用多少時間去吃飯。

改變作息的其中一個副作用，就是巧妙地重塑了人們對自身生活與自我的想像。人們願意付出多少時間來追求不同目標，我們又認為自己擁有多少時間，以及此兩件事之間的關係，全都是由外在因素——尤其是工作步調重組的現代世界，所形塑的日常生活面向。[28] 儘管如此，對工作者而言，工作環境的改變是相當明顯的。這些新環境決定了他所剩下的時間。然而，一個人也只能在工作體制的推擠下，短暫地感受到自己「擁有」的時間。比方說，人們活在自認為擁有該時間的框架下；他們會歷經主觀上的情緒起伏，而這取決於他們是否有能力達到自身績效標準（儘管更常是無法達到）；但他們只會偶然意識到，自己的表現因為被給予或剝奪時間而受到影響，或偶爾知覺到自己掌握了時間。

透過美國的詳盡數據，我們能充分證實時間模式與進食模式息息相關。調理食物的消費量增加，外食頻率上升以及節慶型食物（尤其是出現在親戚聚會場合）減少，這些導致了近數十年來蔗糖攝取模式出現改變，更同時帶動整體蔗糖消費量成長。

在一九五五年至一九六五年間，特定甜食與糖分（如糖果）的人均攝取量，事實上下滑了一〇%。但在同一時期內，冷凍乳製「甜品」的人均消費量卻成長了三一%；烘焙甜食成長了五〇%；清涼飲料則成長了七八%。[29]有鑒於這些數據，我認為或許可以推測用餐時間受到的干預越來越多。「儘管幾乎所有（近期研究中的）受試者都表示，一日三餐的模式是很有用的規則，然而此模式已不再適用於現實情形。」法國人類學家克勞德．費席勒（Claude Fischler）如此說道。儘管該主張所據的研究太少而難以更廣泛地推論，但它指出了有七五%的美國家庭不會一起吃早餐。而每週共享晚餐的次數則下降到三次或甚至更少，且用餐時間往往不超過二十分鐘。儘管如此，對都市的中產階級家庭而言，其家庭成員每日「接觸」到食物的機會居然高達二十次。[30]此數據讓人忍不住回想起人類早期的狩獵時代，那時候只要一得到食物，幾乎就會立刻食用，而不會講究場合或情況。

此種美國現代飲食模式最令人訝異的一點，在於人們對於實際攝取品項和回想自己攝取了哪些品項間的差異。根據美國農業部的數據，我們每人每日攝取的熱量高達三千兩百卡路里。但舉例來說，當我們去詢問白人成年女性前一日吃了哪些食物時，其回想起來的卡路里僅有一千五百六十卡，不僅顯著低於平均，更不到「耗損」數據的一半。[31]有鑒於美國人的平均體重穩定上升，因此我們很難信服這樣的回憶內容是正確的。其顯示了非固定且頻繁的零碎進食模式，而此種進食往往被人們遺忘。

在思考到霜淇淋製品、烘焙品、清涼飲料的消費量不斷上升，蔗糖的消費情形顯然非常貼切地反映了此一實況。「甜點」、烘焙食品再加上飲料（多數為清涼飲料），往往就構成了一日之中那短暫、如正餐般的食物，而這也進一步擾亂傳統的三餐模式。上午十點左右和下午三點左右的點心時間，則擠壓了三餐，使正餐反倒更像是點心。

簡而言之，我們可以發現三餐的架構，亦即用餐的「聚合」與「組合」關係，正在瓦解。當然，在任一西方國家下的任一社會團體中，這樣的情形究竟有多少程度為真，並不確定。然而，我們明確知道在現代生活中，蔗糖消費早於（在某些程度上也預示了）非固定進食習慣的興起。

在消費現代化的過程中，蔗糖還帶來了另一層面的影響。許多添加蔗糖的調理或加工食品**嘗起來並不甜**（像是裹上麵粉後拿去烘烤、炙燒或油炸的肉、家禽、魚肉），而這也是蔗糖消費量大量成長的重要原因，且證明了蔗糖的驚人多樣性。如同資料所指出的，當蔗糖用在非發酵烘焙食品中時，「原本的質地、紋理和脆硬的口感會變得較滑順、柔軟且顏色變更白……這是蔗糖長久以來所公認的軟化特質。」[32]蔗糖同時還能增添清涼飲料的「稠度」，因為「濃稠的液體遠比水更吸引人」。[33]蔗糖能抑制麵包的風味流失（對於一個為求「便利」而期望超市二十四小時營業的社會而言，「保值期限」絕對重要），因其能穩定鹽的化學成分、緩和番茄醬的酸度，或當成酵母的媒介。在這些用途下，糖的甜味並不是重點。事實上，倘若有任何一種化學物質能兼具這一切功能，同時又**不會**導致食品熱量大增，或甚至不會讓食物帶有甜味（適合某些情況），所有的食品供應商絕對會趨之若鶩。[34]這就是十七世紀後的發展現況。

儘管有種種的優點，仍舊未能奠定蔗糖的命運。在過去十幾年間，另一種糖——高果糖玉米糖漿（high-fructose corn syrup，簡稱ＨＦＣＳ）開始進攻糖類市場，尤其是調理食品製造產業。而最致命的一擊，莫過於可口可樂以ＨＦＣＳ取代部分蔗糖，而其餘的挫敗仍有可能紛至沓來。[35]無論如何，ＨＦＣＳ正在入侵其他糖類的消費地盤，且未來的蠶食範圍可能會越來越大。

在美國人均蔗糖消費量已經好一陣子停滯在每年一百磅左右的水平時，其他甜味劑的消費量卻呈穩定且持續（至少七十年）的成長。（這也是為什麼宣稱「糖消費量」並沒有成長的言論，在某種程度上有些偽善，因其指的糖僅限於蔗糖。而這些宣言，要不是出自蔗糖企業代表，就是收到甜頭的營養學教授，故我們應對其言論持保留態度。）因此，所有非飲食性（nondietary）糖類（例如跟水果糖分不同的非自然糖）的人均「耗損」數據，逼近每年一百三十磅。倘若耗損量等於消費量，那麼非飲食性糖類的日常總人均消費量將逼近六盎司（每日）。

而食用者之所以沒有察覺到「非飲食性糖類為一種甜味」，主要有兩個原因。第一個，或許意味著蔗糖的使用量少到難以察覺（儘管毫無疑問地，每個人對於甜味的敏感程度並不同）。第二，這或許也意味著當我們沒有預期時，對甜味的感知度會降低，因而較不會注意到那些非「甜食」類食品所帶有的甜味。倘若我們將非蔗糖的甜味劑（如HFCS）納入消費版圖，就會出現某位學者所宣稱的「可替換因素」[36]狀況，亦即有越來越多可食用物質容易被替代。德國人在二次世界大戰時，嘗試利用天然石油分離出可食用物質的實驗，也只是未來趨勢的一種暗示。而同一位學者也認為人造奶油／奶油的配對，屬於一種最古老的「類比關係」，[37]亦即一種不可能的食物最終變得跟其模仿的食物難以辨別，而蔗糖／HFCS的配對也引發了相似的疑問。無論是在全球或全國市場中，或是因階級分化的蔗糖消費習慣裡，蔗糖與其他具熱量、不具熱量的甜味劑的競爭狀況，就和乳製品與非乳製品的競爭一樣尚不明確。在這樣的改變節點上，文化與科技、文化與經濟、文化與政治是對立的。而隨著近年來HFCS成功所引發的問題（要再次提醒，這只是當前爭論中，一個最具指標意義的例子），在我們任何人的有生之年內或許也無法解決。

在這本書的一開始，我的論點為我們必須視糖——蔗糖為具有多樣化功能，且由文化界定的商品。我強調了其所具有的特殊象徵性「攜帶力量」，一種起初只在權貴間流傳的象徵性影響力，接著當蔗糖開始廣受西方國家勞動階級所識、價格下跌、普及化且備受大眾喜愛後，其一邊背負著舊有意義，一邊獲得更多的新意義。而甜味所具有的情感重量仍舊如此顯著，並沒有因為市場充斥著大量蔗糖所導致的本質性變化而有所改變。美好的人生、富足的人生、滿足的人生，仍舊是甜蜜人生。

由法國化學家梅熱・穆里埃（Mège Mouriès）所發明，但經由荷蘭人將其變成世界性商品的人造奶油，則和蔗糖的歷史呈現有趣的對比。如我們所見，複合式碳水化合物的消費量是從兩方面被漸進地侵蝕：其一為蔗糖，另一則為脂肪。兩者結合、製成了乳製品甜點，其中液態代表為煉乳，半固體代表則為冰淇淋，固體代表則為巧克力糖。在過去五十年裡，蔗糖與脂肪的組合以另外兩種重要的工業加工形式出現：鹹食／甜飲的組合（漢堡配可口可樂、熱狗配橘子汽水、煙燻牛肉配芹香通寧水），以及外皮撒糖的炸物搭配甜飲和冰飲。而後者更代表著，受情境制約的味覺贏過營養價值的特殊勝利。脂肪方面的宣傳文字往往會出現「多汁」、「腴美」、「熱騰騰」、「香甜」、「美味」、「豐富」、「令人滿足」、和「吮指回味」等詞彙；甜味則是以「酥脆」、「新鮮」、「暢快」、「冰爽」、「有益健康」、「令人耳目一新」和「充滿活力」等形容詞來描述。而這些詞彙組合在商業廣告中恰好表達著相反的涵義。[38]

而蔗糖與脂肪的組合，是一種極為重要的食物選擇或偏好。

飲食的豐富性經常和飲食中的脂肪、蔗糖，以及作為「外食」選擇的速食或零食連結在一起。後者不僅被認為是高脂、高糖飲食，更反映了講求「快速」的生活風格，且在某些面向上，強化了生活中的緊湊節奏……脂肪與蔗糖的功效，絕不僅止於增長食物保存期限，它們同樣與食物的豐富性及食物的接受程度息息相關。[39]

論及蔗糖與脂肪，食品技術業者則格外強調「糖何以讓食物變得更美味」。烤製的食品往往會以其「是否順口」來評判高低，而適量的糖與脂肪能讓它變得「順口」（同時意味著吞下一大口食物後，不會留下滿嘴油脂）。蔗糖「讓食物易於下嚥」的特性至關重要。現在，美國允許花生醬的製作過程中，可添加一〇％的糖。因為業者指出沒有任何食物比花生醬更黏口，而蔗糖能驚人地提升其順口程度。此外，利用糖精取代蔗糖的清涼飲料製造商，也面臨了極大的問題。為了讓飲料口感更濃稠（如同蔗糖的效用），製造商使用了各式各樣的膠質，而食品技術業者也告訴我們，這都是因為嘴巴更喜歡濃於水的液體質地。「口感」此一詞彙被用來描述液體（如清涼飲料）所具有的「質地」，而蔗糖能讓其質地更加濃郁或更恰到好處。我們可以發現這些詞彙真正關注的並不是味道，而是質地或甚至是「感受」。

一粒糖的歷史探索

上述的觀察告訴我們，外行人基本上難以感知食物本身的味道。許多被歸納在當代飲食下的「味道」，根本不屬於一種味道。從「裹著麵糊的炸物」此一作法，或許就能清楚地說明這點：麵糊內的糖焦糖化了食物，從而封住食物，防止其烹煮期間流失內部的脂肪與汁液。但無論使用的是蔗糖或其他種類的糖，糖的甜味功能被其他功能所取代；在炸物和飲料餐點中，甜味來源是飲料而不是炸物。但這裡並不是要進一步探究，那些被頻繁食用的方便與快速食物（且經常用爽口、充滿氣泡、帶有刺激性的甜味液體，來搭配熱騰騰、高熱量且總是裹著一層脆皮的蛋白質與複合式碳水化合物），所蘊含的社會心理意義。或許人們認為「富足人生」和這樣的食物密不可分，也或許這些食物所帶來的口腔刺激「與生命早期所體驗到的愉悅有極大相似之處。」[40]

我試著提出現代飲食習慣以某些方式，改變了蔗糖的地位。當全球還有許多人口正在沿著英國與西方世界的軌跡，學習如何使用、並大量食用蔗糖的同時，部分人口卻已經進入完全不同的飲食階段。羅蘭・巴特認為法國人生活中那曾經遠近馳名的美食，如今已出現本質性轉變，而他的論點似乎也完全適用於現代社會：

食物不僅僅是主題的象徵，更是情境的象徵。整體而言，食物能凸顯特定的生活方式，而不只是呈現它。進食此一行為已超越原先目的，能去替換、總結或暗示其他行為，而這也精確地反映了為什麼它是一種象徵。那麼，其他行為是指哪些？今日，我們或許能稱食物的「多義性」（polysemia）體現了現代性的特質。在過去，只有節慶場合才會積極籌備那些具象徵意義的食物。但現在，即便是工作也擁有自成一類的食物（就象徵意義而言）：補充能量的輕食不僅幫助人們走入現代生活，更是人們投入現代生活的表徵……我們正目睹了與食物相關的範疇是如何驚人地擴大：食物融入在越來越多的情景之中。而這些改變往往是出於衛生或美好生活之名，但實際上，請容我再次強調，食物同時也擔負著象徵其出現場景的責任。其具有雙重意義，第一層是營養，第二層是禮儀。而當人們的基本需求獲得滿足後，其禮儀價值也越來越顯著，如同法國的情況。換而言之，我們或許可以說在當代的法國社會下，**食物有持續演變成情境本身的傾向**。41

蔗糖那令人驚異的多樣性，也讓其得以無孔不入地滲透到所有食物內，出現在近乎所有料理中。但隨著調理食品在家庭內與家庭外的受歡迎程度逐漸上升，糖類（尤其是蔗糖）的其他或附加用途，反而漸趨重要。當蔗糖和玉米甜味劑的非甜味用途不斷擴大，甜味在飲食模式中所發揮的功能改變了。在我們的新飲食與用餐習慣中，蔗糖的存在不僅重要，其多樣性特質也讓它在食物中所占的比重大幅增加。

蔗糖在現代歷史上留下了一條囊括大量人口與資源的長遠軌跡，並在那些積極重塑著全球社會、經濟和政治力量的作用下，成為生產網絡的一環。在世界史中，受這些力量而得以釋放的人力與科技力並不均等，而某些成果確實對社會有所貢獻。但透過蔗糖在現代飲食中的地位、人們的擇食權正被奇異且幽微地侵蝕、進食者逐漸成為量產食物的消費者而不是控制者或烹調者、維持特定範疇下的消費以維護食品加工業獲利的多重力量、個人選擇的矛盾性窄化，以及抗拒此一打著方便輕鬆和「自由」名號趨勢的可能性，再再顯示了我們已在多大程度上，放棄了對食物的自主權。

那些不著痕跡地鼓吹著現代化、效率、潮流與個性化的言論，變得越來越巧妙。人如其食；在現代社會下，我們**被變得**越來越如自己所食，那些我們無從掌控的力量總是不斷說服我們，個人消費與自我認同休戚相關。

> 有越來越多商品設計者（即所謂的「創意」人士）不是出身於實驗室，也因而對科技與科學限制非常陌生。行銷專員發現那些由非技術人員所想出來的點子，往往更貼近市場，且通常不會像技術人員那樣關注到某些技術層面的限制。而這也導致多數新產品的資金都用於行銷活動上，而不是技術研發層面……
>
> 而此種生產研發方式對消費行為影響重大……倘若我們將所謂的「濃郁」當成某一種味道的附加物，接著將新產品反覆地冠上「濃郁」一詞，此舉不僅會鞏固人們的「濃郁」認知，更可以誘發蔗糖與脂肪消費量的成長（因其無所不在地強調這是一種優點）……在脂肪的消費上，本該有一個安全係數，而甜味或許也該如此。但根據數據（至少就平均數據而言）我們發現：隨著準備食材的地點從廚房移往工廠，人們對濃郁的感受，加上外界不斷強調濃郁口感（尤其是零食類），導致並強化了消費量成長……看上去，此種相對較不具彈性的食物需求，將導致嚴重的營養失衡……更讓人不安的是，消費者的自由選擇範疇正因為此一將食物當作零售商品來設計的體制，受到壓縮……[42]

而從另一個角度來切入此議題的人類學家李奧納·泰格（Lionel Tiger），也有相似的批判性結論。他認為，隨著現代社會的信念系統益發世俗化後，人們改變了對於自身安全的看法，從而出現了他所謂的「滅絕模式」（extermination model）。其意思就是，個體會利用數據估算環境危機如何影響生存機率，而所謂的「環境危機」則指暴露在輻射或化學物質之下，也或許其中更含括了飲食因素。泰格指出，相信一個人在抽了Y根的香菸後會有X機率羅癌，和「神學領域下相對直觀的連結，即是非對錯不言自明，且特定行為的後果也相對清楚」，是完全不同的。[43]但更重要的或許是人們轉而以數據、流行病學角度來看待風險時，會進一步加重個體選擇飲食的心理負擔：

> 從健康角度來看，個人的命運發展與自身直接相關，儘管在任一社群之內總是存在許多會導致個人疾病風險增高的誘因。舉例來說，就疾病防治角度而言，人們過度依賴且大量存在的公共餐飲設施（如速食連鎖店），就是非常不利的因子。因此，當人們在做一個看似全然個人的決策時，其勢必會受社會情境所限。但由於人們對正確飲食方式的漠不關心或缺乏資訊，以及大量個體及團體企圖仰賴不健康的飲食習慣，來維持既得經濟利益等，導致此種社會情境具有相對不利的破壞性。[44]

法國人類學家費席勒則對「吃零食」（snacking）取代了正餐大為震驚（他顯然對於該動詞非常不悅，並驕傲地宣稱在法國可沒有相對應的詞彙！），並認為「gastronomy」（美食學）正被「gastro-anomie」（胃失序）取代，更質疑那股「飲食去社會化」與「進食不規律」的趨勢。而此類發展正在加速且持續向外擴散中，甚至在那些過去曾明顯抗拒此種過程的傳統大型社會（如中國和日本），也可以觀察到。除此之外，各類因素如：工業化體制下，工作時程的性質轉變、蔗糖所提供的廉價卡路里（無論是成本或原料都很便宜），以及企圖提升蔗糖消費量的特殊利益團體，[45]共同凝聚成一股無論是就個人或整體社會的知識水平而言，都很難抗拒的龐大壓力。

而食物或許不過是一個反映了更龐大、更根本性轉變的表徵（或至少看上去如此）。當整個社會的生產模式，以及當中的時間、工作與休閒本質被重鑄後，飲食習慣也跟著被重塑。倘若這些事件讓我們對現況及自身有所疑問（如果他人也跟我一樣，認為其發展已經掙脫了人為控制——儘管其確實是人為意圖安排下產生的結果），那麼我們就應該進一步了解這些問題。或許比起觀察世界，我們更希望能改變世界。但唯有了解其運作的方式，我們才能以具有社會效用的方式去改變它。

我們人類學家長久以來，經常矛盾地否認世界已然改變和它正持續改變中，從而沒能貢獻我們的能力或甚至是義務，以廣泛了解種種改變。倘若我們被內在的浪漫情緒所背叛，我們將更難察覺和維護自身擁有的力量。而這樣的力量也持續發揮在田野調查中（我必須坦承這本書不太包含此部分），且存在於深入理解人類此一物種的歷史性本質內。人類學家的目的在於觀察人類、物質和行為如何有意義地融合，而無論是現代社會或原始社會，都能給予我們此方面的答案。另一方面，探究現代生活的日常、探討平凡物質（如食物）的特徵轉變，並結合生產、消費、使用與功能性觀點，來審視各種意義的興起與變異等，或許都不失為重振此一瀕臨於失去目標學科的方法。

從蔗糖這樣微小的事物放眼全世界的味覺體驗，或許就像是〈骨頭歌〉（bone song）的大合唱般——「從髖骨連接到腿骨」。而我們已經見識到蔗糖此一「資本主義的寵兒」（引用費爾南多·奧爾蒂斯的精闢見解），[46]是如何成為一種社會轉型成另一種社會的縮影。當英國工人首次端起那杯加糖熱茶時，我們說這是一樁意義重大的歷史事件，因其預示了整個社會的轉型，預見了經濟與社會基礎的徹底重塑。我們必須盡力了解此類事件所導致的後果，因建立在這些事件上的是全然不同的製造者與消費者關係、工作意義、自我定義以及事物本質。而商品內容與商品所代表的意義，也將從此不一樣。正是基於此一原因，人的本質以及生而為人的意義，因而不同了。當我們了解了人與商品的關係後，我們就能對自身歷史，有一番全新的體悟。

注釋

導論　形塑人類發展軌跡的糖

1. 海格伯爾（1974: 51-52; 1976: 5）指出，在部分國家裡，未離心分蜜的紅糖在市場上依舊保有一席之地，並估測（一九八三年七月三十日）全球總產量約為一千兩百萬噸，是一個不容小覷的數字。
2. 在眾多研究之中，我認為最有意思的莫過於克勞德．索梅斯（Claudius Salmasius）、弗萊德里克．史萊爾、威廉．法爾科納（William Falconer）、威廉．瑞德（William Reed）、班傑明．莫斯利、卡爾．李特爾（Karl Ritter）、理查．班尼斯特（Richard Bannister）、埃倫．艾利斯、喬治．R．波特、諾爾．迪爾、雅各布．巴克薩（Jacob Baxa）和甘特溫．鮑恩斯（Guntwin Bruhns），還有最重要的，埃德蒙．馮．李普曼。關於這些作者的特定著作，請參閱參考書目。
3. Malinowski 1950 [1922]: 4–22. 也請參見他的自我反思 Ma- linowski 1935: I, 479–81。
4. R. Adams 1977: 221.

Chapter 1　食物、社會性和糖

1. Richards 1932: 1.
2. Robertson Smith 1889: 269.
3. 同上。
4. Marshall 1961: 236.
5. 當然，此種說法掩蓋了大量考古學和民族學方面的研究，但我無法於此處進行探討。多數學者相信，定居的農業生活、以主食（穀物或根莖類）為根基的種植行為，是發展複雜政治體制（國家）的先決條件，如新石器時代晚期（post-Neolithic）的埃及、美索不達米亞、墨西哥等。一位權威人士（Cohen 1977）甚至於更早的時候指出，事實上，成功馴化動、植物只是解決了因獵到的大型動物數量銳減，而導致的糧食危機。在耕種主食的機制建立後，人口數量開始迅速

成長。邵爾（Sauer 1952）和安德森（Anderson 1952）經典地介紹了植物馴化的故事。考古學家V．戈登．柴爾德（V. Gordon Childe 1936）將其後果比喻成一場革命，並創造了「新石器革命」（Neolithic Revolution）一詞來描述它。關於馴化的有用資訊請見克里斯皮爾斯和薩達沙的論文（Chrispeels and Sadava 1977），及大衛．哈里斯的文章（David Harris 1969）。

6. Richards 1939: 46–49.

7. E. Rozin 1973, P. Rozin 1976a, E. Rozin and P. Rozin 1981.

8. 例子請見 Pimentel et al. 1973, Steinhart and Steinhart 1974。

9. 例子請見 Balikci 1970 on the Eskimos, Oberg 1973 on the Tlingit, and Huntingford 1953 on the Masai。

10. Roseberry 1982: 1026.

11. Maller and Desor 1973: 279–91.

12. Jerome 1977: 243.

13. Beidler 1975, Kare 1975, P. Rozin 1976a, 1976b.

14. Symons 1979: 73.

15. Beauchamp, Maller, and Rogers 1977.

16. DeSnoo 1937: 88.

17. Jerome 1977: 236.

18. 馬葛拉夫（Marggraff 1709-1782）的前瞻性研究，奠定了以甜菜提煉糖的技術改良基礎，並在其學生佛朗茨．阿查德（Franz Achard 1753-1821）的手中實現。但真正製作出塊狀白糖者，則是為了取悅拿破崙而於一八一二年達成此一成就的班傑明．德里賽賀（Benjamin Delessert）。一直等到法國的甜菜糖足以和來自法國熱帶殖民地如馬提尼克、瓜德羅普等地的甘蔗糖平起平坐時，法國的甜菜糖產業才獲得眾人的青睞。

19. Henning 1916. 更近期的研究可參考帕夫曼（Pfaffman）、巴爾托沙克（Bartoshuk）和麥克伯尼（McBurney）一九七一年的文章。亨寧試著利用一個四面體，來表達苦味、鹹味、酸味和甜味之間的關係。在四面體中，此四大味道分別位在四個頂點，而每條邊都是兩種味道的混合，每個面則是三個味道的混合，因此模擬圖如左：

帕夫曼等人認為就味覺連續性的展現上，此圖確實是正確的。此一包含了四種經科學實驗證明味道的味覺系統極為重要，不過有許多專家學者對其位置分配持保留態度。

此外，使用「甘甜」一詞來描述水（且不僅僅用在相較於鹽水或帶有鹹味水而言、較新鮮的水身上，還包括在吃了某些很鹹、很苦或很酸的食物後，喝水時的感受）和描繪食用特定食物後的感受，如干貝、蟹肉等，顯著地拓寬了關於甜味的體驗，打破了其與糖相關、或只是一種味覺詞彙的狹窄定義。而這顯著的差異讓最厲害的甜味學者，也忍不住感到困惑，並因此寫道：「在心理學家探索甜味，或確切而言，化學感覺（chemical senses）時，他們經常被迫模仿羅馬門神雅努斯（Janus）：一邊盯著行為模型系統，只為了找出規範與準則；一邊又要盯著實際的食物、亦即消費發生的時刻，因為此處存在著許多不規則凌駕於規則之上、特殊例外戰勝行為準則的實例。」（Moskowitz 1974: 62.）

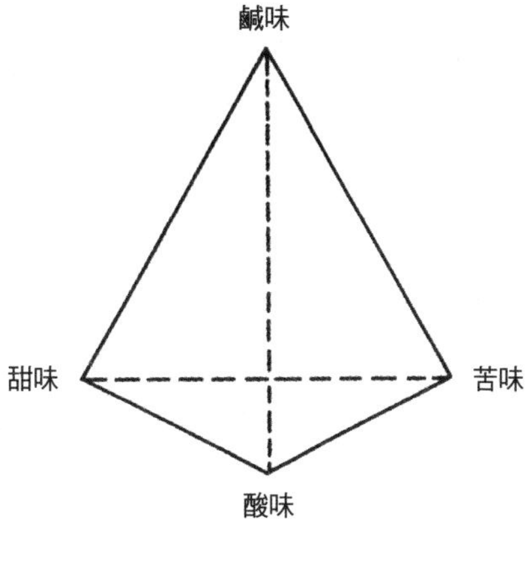

味覺四面體（Henning 1916），此圖轉錄於帕夫曼等人的研究（1971：97）。

Chapter 2　生產

1. Edelman 1971. 此一稱作「碳水化合物」的天然物質家族，是由碳、氫、氧所組成（其中包含了糖，而蔗糖為當中最重要的一種）。在所有禾本科植物、某些植物的根及許多樹木的汁液中，都可以找到蔗糖的蹤跡。光合作用會讓二氧化碳與水結合，製造出糖（蔗糖）和其他澱粉與糖類。人類無法製造出蔗糖，只能攝取。攝取碳水化合物再加上吸入的氧氣，能讓葡萄糖（血糖）轉變成能量，並同時呼出二氧化碳：「因此，攝取蔗糖實際上就是蔗糖形成過程的逆反。」（Hugill 1978: 11.）
2. 在已知的六種甘蔗品種中，有四種是經人類馴化的植物，其中又以「秀貴甘蔗」最常見且最為重要（Warner 1962）。之所以有如此多的可栽種蔗種，主要歸功於人們對於世界上最重要商品原料進行了大量的應用研究。數世紀以來，蔗糖一直位居全球食品進口前六位。

3. Deerr 1949: I, 63.

4. R. J. Forbes 1966: 103.

5. S. G. Harrison 1950: n.p.; R. J. Forbes 1966: 100–1.

6. 醫療用竹黃（也稱 tabasheer，tabaxir），或阿拉伯語稱為 Sakkar Mambu 的植物樹脂，深受人們重視。此植物樹脂會在硬化後，呈透明或白色、固體狀，嘗起來有甜味。其也可以像糖一樣，用於藥劑調配。根據《簡編牛津英語辭典》，「tabaxir」這個字在烏爾都語（Urdu）中意味著「白堊」或「灰泥」；而在馬格里布阿拉伯語（Maghribi Arabic）的方言中，此字也有相似意思。「sugar」一字被認為源自於梵文的「śarkarā」，意思為「碎石」或「砂礫」。十七世紀，西歐的醫生稱蔗糖為某種類型的鹽，因此 tabashir 也被稱為「阿拉伯鹽」（Salz aus den glücklichen Arabien）、「阿拉伯樂土的鹽」。儘管兩者特質大相徑庭，但我們仍能理解何以它們會被混淆——因為當時這兩種物質都很罕見，且許多作者在提到此些物質時，往往是根據二手、甚至是第三手的資訊。而相似的混淆情況，也出現在《聖經》中所提到既不是嗎哪、也不是蜂蜜的甜味描述。在《聖經》時期的近東，似乎不太可能知道蔗糖，但學者對於此點的意見並不一致。例子請見 Shapiro 1957。

7. 巴恩斯（Barnes）寫道：「甘蔗主要採取增殖法（vegetative）來大量繁殖。所謂的增殖法指種植未成熟甘蔗的部分莖段，而這個莖段被稱為苗（seed）、種苗（seed cane）、蔗莖切段（seed pieces）或節段（sett）。而甘蔗雌花經自然或人工授粉所得的真正種子，無法使用在商業作物的栽種上……透過無性繁殖或增殖法所栽種出來的甘蔗，會和母株一模一樣。不過，確實也曾出現同一品種的甘蔗在未知原因下，從芽點長出變異種的罕見之例。而此些從甘蔗苗上新長出來的變異種，則會經篩選作為商業用。」（Barnes 1974: 257.）

8. Hagelberg 1976: 5.

9. 同上。

10. 「Molasses」一字（還有法文的 mélasse、西班牙文的 melaza、葡萄牙文的 melaço 等），源自於拉丁文的「mel」，即蜂蜜。而英文的「treacle」，則是來自於拉丁文的 theriaca（源自於希臘文的 thērion，野生動物之意），指治療有毒叮咬的藥糖劑或化合物。而蓋倫和迪奧斯科里德斯所開創的「theriacs」（解蛇毒的解毒劑，也有糖漿之意），經常包含了毒蛇肉。最終，「theriacs」（或 treacle）成為歐洲藥物中的珍貴成分，且在十九世紀之前，總是列於官方藥典中。F・克蘭（F. Crane）在《紀錄與疑問》（*Notes and Queries*，一七六二年二月二十二日）中提到，只有在英國，「treacle」這個字才具有「molasses」的意思，這應該是因其應用範圍擴大，讓其從特定化合物成為一種普遍物質。最重要的是（對我而言），treacle 是利用蜂蜜製成；molasses 則是用於取代蜂蜜的產品（或許是因為 molasses 的價格迅速下跌）。而此一曾經用於指稱特定化合物的名詞，也從而轉變成一種物質。歷史上最早發現以 treacle 來表示 molasses 的記載，出現在一六九四年：《簡編牛津英文辭典》引用韋斯馬卡特（Westmacott）的《稿本・草本植物篇》（*Script. Herb*）：「用保存良好的 molossus 或常見的 treacle 來增加甜味。」該詞彙繼續被使用在描述藥物上。然而，molasses 一詞從未在英國流行，反倒是以 treacle（或金黃糖漿）來稱此液體較為風行。而「金黃糖漿」則之後再來介紹。精製的 molasses 如同相近的蜂蜜，可以是淺黃色的，也可以是深黃色的，濃度也有多種變化。

在十九世紀末期，以格拉斯哥為根據地的英國糖業巨擘泰萊集團（Tate and Lyle），完善了「金黃糖漿」，並將其推上登峰造極的地位。如同艾克洛德（Aykroyd 1967: 7）所指出的，此種堪稱現代歷史上最重要的調製食品，憑藉著《聖經》故事（儘管其巧妙地把蜂蜜和糖漿混為一談），被傳播出去。黃金糖漿的容器上，印著一隻被參孫（Samson）殺掉、並被成群蜜蜂圍繞的獅子，而這些蜜蜂在死獅身上築巢、產製蜂蜜。非利士人（Philistines）解不出參孫的謎語——「吃的從吃者出來；甜的從強者出來」。但大莉拉（Delilah）卻從參孫口中套出來：「有什麼比蜜還甜呢？有什麼比獅子還強呢？」（《士師記》第十四章十八節。）艾克洛德更補充道：「設計出此一標誌的設計師，忽略了《聖經》故事中所提到的蜜，是蜂蜜而不是糖的事實。」沒錯，他們確實如此，而這也體現了數世紀以來、循序漸進的取代過程。

11. 正如同我們無法詳加討論希臘醫學上所使用的蔗糖或蔗糖相似產物，我們勢必也得忽略印度的醫療用蔗糖。經甘蔗汁結晶化而成、帶有硬度的蔗糖約莫在西元四〇〇年時（也有可能更早），出現在印度的醫療紀錄中。而我們可以肯定的是，蓋倫和其同時代者並不知道此種結晶糖的存在。唯一出現在蓋倫醫學紀錄中的糖（此處討論的是蔗糖），或許是那種柔韌、猶如繩狀、未結晶化的「fanid」（阿拉伯文為 al-fânid，英文為 pennet，penide，penidium）。而此字彙的字源或許與印度文相關。（在約莫出版於西元三七五年的「鮑威爾手稿」[Bower Manuscript] 中所出現的「phanita」，就是梵文的衍生字，指一種液態產品。[參見 Deerr 1949: I, 47.]）西班牙文的「alfeñique」和英文的「alembick」則源自於「penidium」，意思為蒸餾室。而該詞在英文中的早期變體（如 fanid），則是指如太妃糖般的蔗糖（或藥），更類似於之後英文所稱的麥芽糖。關於「fanid」，畢騰傑（1947: 5）描述「一開始就是指將甘蔗汁煮沸和去除浮沫後所得到的固體狀物質，由色澤呈黃褐色至黑色的糖漿麵團所構成，後來的顏色則漸漸呈黃色、甚至是白色的。而其之所以為非結晶體，是基於人們注重其完全冷卻以前所具有的藥效，且它可以被延展成線形或葉子形，再銷售出去。」波密特於一七四八年，完整且具體地描述了麥芽糖，並清楚指出其在當時的歐洲藥典中，與 fanid（pennet 或 diapenidium）為相似的產品：「麥芽糖由白糖或紅糖製成。前者是將白糖煮沸至其變得脆硬，並在冷卻後變得易碎。故先熬煮食材、加熱到一定溫度後，再鋪到事先塗上一層甜杏仁油的大理石上。之後將它製作成漿糊狀，並可依據個人喜好捏塑成任何形狀；而另外一種被誤稱為麥芽糖的糖，則是以紅糖或粗糖粉為原料，淨化並煮沸到足以用手來捏塑成任何形狀的硬度——人們最常將其做成麻花狀。此種糖比其他種類的糖還難製作，因為要拿捏好成分比例、溫度控制得宜，才能製成其所欲的狀態——必須新鮮製作，且成品須呈琥珀般的色澤、爽口且不黏牙。部分糕點師傅為了讓其擁有更美麗的顏色，會用番紅花來染色。」（Pomet 1748: 58.）

倘若根據現在的標準，我們很難公正地看待當時此類糖製品。但值得注意的是，fanid 或 pennet 可以和杏仁油結合，再製作成想要的形狀。在蔗糖之後的發展上，此種「可雕塑」特質發揮了極為重要的功能。

12. 蓋洛威（1977）根據李普曼（1970 [1929]）和迪爾（1949, 1950）的論述，進一步闡述了地中海產業是如何擴散與鞏固的。A・M・華森（A. M. Watson 1974）紀錄了阿拉伯人對地中海農業的貢獻。另外請見 Phillips n.d。
13. Dorveaux 1911: 13.
14. A. M. Watson 1974.
15. Bolens 1972; A. M. Watson 1974.
16. Deerr 1949: I, 74.
17. Berthier 1966.
18. Popovic 1965.
19. 例子請見 Salmi-Bianchi 1969。
20. Deerr 1950: II, 536; Lippmann 1970 [1929].
21. Soares Pereira 1955; Castro 1980.

22. Baxa and Bruhns 1967: 9.
23. Benveniste 1970: 253–56.
24. Galloway 1977: 190 ff.
25. 同上。
26. 同上。
27. Greenfield 1979: 116.
28. Malowist 1969: 29.
29. Heyd 1959 [1879]: II, 680–93.
30. 最早從加納利群島進口蔗糖的紀錄出現在一五〇六年，但費南德茲—阿梅斯托認為應該更早。事實上，他更指出加納利群島的蔗糖產量在一五〇一年超越了馬德拉。
31. Fernández-Armesto 1982: 85.
32. Wallerstein 1974: 333; Braudel 1973: 156.
33. Ratekin 1954.
34. 同上：7頁。瑞特金（Ratekin）追隨李普曼的腳步，將此種設計歸功於史佩賈雷（我認為是錯的）。毛羅（Mauro 1960: 209）重現了一幅一六一三年糖廠的畫作，據傳該座製糖器械是一名神父在祕魯發明了此種工具後（一六〇八年至一六一二年間），將其引入了巴西。這座新的碾磨器由三個垂直輥及掃桿所組成，並逐漸取代了當時所使用的水平兩輥碾磨器械。
35. Ratekin 1954: 10.
36. 同上。瑞特金引用了彼得．馬蒂爾（Peter Martyr）在一五一八年所提出的難以站得住腳的論點，表示有二十八座「糖廠」運作著，同時他也引述艾琳．萊特（Irene Wright 1916）關於聖多明哥蔗糖產業成長方面、更可靠的論點。
37. Ratekin 1954: 13；另外請見 Sauer 1966。
38. 梅斯菲爾德（Masefield 1967:289–90）寫道：「十五世紀，馬德拉與加納利甘蔗產量擴大的第一個成果，就是嚴重威脅了歐洲既存的製造商。在美洲殖民地也加入生產行列後，此威脅更加顯著。到了一五八〇年……西西里的產業已懨懨一息……西班牙的產業也失去活力……南義大利、馬爾他和摩里亞（Morea）、羅德島、克里特和塞普勒斯的中世紀小規模製糖業也全都面臨相同的衰退，最終走向滅亡。無論是馬德拉或加納利的製糖業，都仰賴非洲奴隸的勞力……而使用奴隸或許是讓這些種植者可以將糖價壓得比其他歐洲製糖者低的原因，但馬德拉和加納利也相繼因為巴西和西印度群島的崛起，遭到重創。」

39. K.G.Davies 1974:144.

40. Andrews 1978: 187.

41. 儘管「紅糖」（muscovado、mascabado、moscabado 等）一詞有流傳下來，以形容精煉程度較低的糖，但「白土處理糖」這個詞彙卻消失了。當半結晶化的糖被倒進上下顛倒的圓錐形陶土器皿中時（以瀝出其中的糖蜜與雜質），就能得到一種濕潤而呈白色的黏土狀產品。在進一步排出黏土中的水分後，就能去除掉更多非蔗糖的物質（包括糖蜜和雜質），留下色澤呈白色、頭寬腳細的糖「球」或「圓錐」。其尖端因為聚集了較多不純的雜質，因而顏色較深。而白色的就叫「白土處理糖」，深色的則稱「紅糖」。此兩個詞在上百個關於糖的詞彙中，屬於較為重要的兩種描述性詞彙。英國自然學家漢斯・斯隆爵士（Sir Hans Sloane）紀錄了一則來源不明的故事：在人們拿濕潤的白土處理糖餵食母雞時，發現被母雞踩過的糖，顏色變得更白。而當糖經瀝乾、去除糖蜜與雜質後，黏土的狀態也就消失了。

42. Williamson 1931: 257–60.

43. Beer 1948 [1893]: 62–63.

44. 同上：65頁。

45. Child 1694: 79.

46. Oldmixon 1708: I, xxiii.

47. 引用自奧德米森（1708: I, 17）。十七世紀的政治經濟學家J・波勒斯芬（J. Pollexfen）曾充滿遠見地說道：「我們在對種植園或西印度群島殖民地的貿易中，賣出了大量本國商品與產品，以及糧食和手工藝品，然後換得可以進一步加工的原料，還有其他大量可供出口的商品，尤其是糖和菸草。儘管有些人反對使用這些商品或質疑其必要性，但這些商品已深植於我們之中，故不可能再阻止我們去接觸或擁有它，而我們也應鼓勵那些必須耗費大量船隻與人力的貿易商品——有鑒於我們在漁業貿易上的損失巨大，這些通往新堡（Newcastle）的貿易如今已成為海上貿易的主力，更是航海人賴以維生的方式。倘若我們能杜絕所有走私行為，確保殖民地的貨物能完整送抵英格蘭，那麼所有消費不完的貨物，我們都可以再出口出去。由於那些英屬殖民地百分之百依賴英格蘭，那裡的勞力收穫也自然完全屬於英國——就跟本國勞力一樣，因此我們應當放寬法律、規範和保護制度，並幫助那些蘊藏更多機會、急需更多勞動力（這正是財富的來源）的殖民地，得到比英格蘭、或其他自治區更好的發展：在我們想到某些殖民地的森林與沙漠，竟在人類那極其短暫的一生內便開發得如此繁盛，我們就不得不同意『可移動的財富源自於勞動』這樣的說法，且只要管理得當，黑人與遊民仍然能提供勞力。」（Pollexfen 1697: 86.）

48. Oldmixon 1708: I, 17.

49. Mill 1876 [1848]: 685–86.

50. Davis 1973: 251.

51. 同上。

52. Gillespie 1920: 147.

53. Deerr 1949: I, 86.

54. Tryon 1700: 201–2.

55. Dunn 1972: 189–95.

56. Mathieson 1926: 63.

57. 同上。

58. 冒著可能離題的風險，我點出「自由」勞動力與「奴役」勞動力並非天秤的兩端（儘管在抽象層面而言確實如此）。事實上，就地點、時間和特定環境來看，當時存在著許多半強迫的勞動形式。而資本主義總是與無產階級勞工連結在一起的事實（確切來說，這是出於分析的目的），並不意味著資本家只能透過自由勞力來獲利。

59. 「克倫威爾在自己的信件中，描述了發生在德羅赫達（Drogheda）的進攻，『在他們投降後，所有的軍官都被卸除了武力，而平均每十名軍人之中會有一名被殺掉，其餘的則送往巴貝多。』湯瑪斯．卡萊爾（Thomas Carlyle）對此評論道：『多麼可怕的保護者……儘管不喜歡流血，卻讓巴貝多因此陷入動盪：他前仆後繼地送了如此大量的人口到巴貝多，讓人們甚至開始將巴貝多當成動詞使用。』」（Harlow 1926: 295.）

60. Marx 1939 [1867]: I, 793, 738.

61. Marx 1939 [1867]: I, 793, 738.

62. Gillespie 1920: 74.

63. Thomas and McCloskey 1981: 99.

64. A. Smith 1776: bk. IV, ch. VII, pt. III, 引用自 Thomas and Mc-Closkey 1981: 99。

65. Wallerstein 1980.

66. 關於此一觀點的更清晰，雅致的說明，請見 Wolf 1982: 296 ff.。

67. Banaji 1979.

68. Marx 1969: II, 239.

69. 同上：303頁。

70. Marx 1965 [1858]: 112.

71. Genovese 1974: 69.

72. Genovese 1965: 23.

73. 「大量的財富就這樣建立在，以單一作物為基礎的不穩定經濟模式上——一種結合了封建制度與資本主義之惡，卻不具兩者優點的體制。」（Williams 1942: 13.）

74. Banaji 1979: 17.

75. Thomas 1968.

76. 引用自 Deerr 1950: II, 433–34。

77. Davis 1954: 151.

78. 同上：152－153頁。

79. 同上。

80. 同上：163頁。

81. Marx 1939 [1867]: I, 776, 785.

82. Marx 1968 [1846]: 470.

83. Hobsbawm 1968: 51. 霍布斯邦也在別處補充了自己的論點（同上，144－145頁）：「我們預期、也確實發現了在一八六〇年之後，進口量大幅壓過出口量。但我們同時也發現相當奇怪的一點：在整個十九世紀，英國**沒有**任何出口盈餘，儘管其工業富有壟斷性、政策也以出口為導向、本地市場的需求也不大……而我國出口商品的買家，也反映出英國出口市場的限制，對方要不是對我們的紡織品已經無欲無求，就是人均需求實在太低。此外，這也反映了英國經濟『發展不足』的傾向，且在某種程度上，代表了英國上層與中層階級對奢侈品的需求。如我們所見，在一八一四年至一八四五年間，七〇%的淨進口（價值）來自原物料，二四%則為糧食類，且主要是熱帶或相似產品（茶、糖、咖啡）和酒精。毫無疑問地，英國之所以會消費這麼多產品，是因為我們傳統上是以再出口貿易為導向。正如同棉花產製的成長是因其作為大型國際集散貿易的副產品，糖、茶等商品也同樣出現了驚人的消費量，而這也是導致我們貿易赤字的極大原因。」

我認為此解釋過於簡要。茶與咖啡的消費在十八世紀出現了極大的分歧，而此趨勢一旦成形後，便再也沒有消失。即便咖啡的再出口貿易有維持下去，但茶最終在不列顛群島贏過咖啡，因為在很大程度上，茶是來自大英帝國的商品，而咖啡卻不算，也沒能成為帝國產品。同樣的情況也適用於糖——當其消費因為英國的殖民地而鞏固後，就再也沒有變動過。

84. Sheridan 1974: 19–21；強調字體由筆者所加。

85. Coleman 1977: 118.

86. Deerr 1950: II, 532. 戴維斯（1979: 43–44）極具說服力地總結道：「在長達一百五十年內，蔗糖一直是英國最大宗進口商品，直到一八二〇年代才被棉花趕過。蔗糖全部由美洲、亞洲或非洲進口，沒有英國產的糖，也僅有一點點是來自歐洲。儘管中世紀的歐洲人不需要糖，但當十七世紀的蔗糖價格下滑、且供應充足後，人們對蔗糖的需求變得極為穩固，其必要性更是無可取代。十八世紀，利用種植園與奴隸來產製糖的英屬加勒比海殖民地，成為唯一的蔗糖供給地，但在戰爭期間，有大量的糖來自於英國占領的法屬西印度群島及荷蘭的東印度。一八二〇年代以後，模里西斯和印度也成為重要的產地。

蔗糖具有相當程度的同質性。這也意味著西印度群島與爪哇、模里西斯所產的蔗糖本質相當一致。但由於進口產品的精煉程度並不一樣，因而具有不同的聲譽。一八四四年以前，殖民地商品在差別關稅保護下，成功抵禦外國糖的競爭，但殖民地蔗糖商品的關稅卻相當高（即便在一八四五年關稅減半後）。因此，英國市場上的蔗糖價格不僅僅受新殖民地的加入、作物收成狀況、運輸成本變動所影響，更受一般性進口稅的改變及殖民地偏好所牽動。英國內部的需求展現了強勁的長期成長趨勢，因其大量成長的人口對於蔗糖有著根深蒂固的偏好。

每年進口商品的浮動也反映了作物收成以及（一定程度上）商人的心思。但由於庫存有限，即便是短期的進貨也必須配合消費。逐年的數據顯示了一定程度的價格彈性，英國市場的價格會隨收成狀況及庫存狀況而改變。儘管如此，長期的市場樣貌卻非常不一樣。當一七九一年，歐洲最大供應來源法屬聖多明哥（海地）奴隸起義後，英國部分供應源移往歐洲，蔗糖價格於是大幅上漲，並一直持續到第一次戰爭期間（關稅調漲）。對於這樣的漲勢，消費者看似猝不及防，但緊接著人們又像往常那樣消費蔗糖——即便價格持續上漲。面對戰爭期間不斷升高的糖價，一般消費者卻是花更多的錢去買糖，而當糖價於戰後大幅下滑後，人們的消費量卻沒有大幅暴增，只不過是相關開銷下降而已。在戰後漫長的蕭條期於該世紀中葉結束後，穩定成長的薪水導致了速度更快的蔗糖消費量增長。

此種購買模式反映了相較之下並不具彈性的需求，而這往往只出現在不可替代的商品上。一般而言，每個家庭每週花在這些商品上的錢不會超過幾便士，但這樣微小的量逐漸變得不可或缺，並在人們的收入越來越高、超越貧窮線後，變成更大的誘惑，導致更多的消費需求。蔗糖之所以能長期獨霸於英國進口貨品，是因其使用量居所有進口非必要性糧食之冠，而其相對重要性也只有當基本糧食占據英國進口貿易大宗時，才受到擠壓。」

87. 這樣的計算勢必非常不精確（至少對一七〇〇年而言），因為無論是英格蘭的人口量或蔗糖消費量，都只能憑猜測而得。儘管如此，我們還是可以肯定在當時，每年有一萬三千噸的蔗糖運到英國。倘若有十分之一的英國市民能隨心所欲地享用蔗糖、不用留給比自己還貧苦的人，那麼那些人的蔗糖消費量約為四十磅（每年），或一．七五盎司（每天）。我認為這樣的推測並不瘋狂。

而確實在更早之前，就有人嘗試推測人均消費量。比方說，約瑟夫．馬西（Joseph Massie 1979）的「侵入性政治算數」（incursions into political arithmetic）便根據階級，推測出一七五九年的消費量分歧。馬西的目的是確定西印度群島壟斷的代價，是由英國消費者來買單，而他立下了極好的先例。但根據他所列舉出來的「等級、程度和階級」，及他對消費量的估算，我無法得到任何平均數字。

88. 第一個指出此問題的現代作家，或許是艾瑞克．威廉斯的《資本主義與奴隸制度》（*Capitalism and Slavery* 1944）。但任何一位讀過Ｃ．Ｌ．Ｒ．詹姆斯（C. L. R. James）的《黑雅各賓派》（*The Black Jacobins* 1938）的人，也不會忽視其串起馬克思到詹姆斯、威廉斯的論述。

89. Mintz 1979: 215.

90. Mintz 1977.

91. Mintz 1959: 49.

92. Lewis 1978.

93. Orr 1937: 23. 萊佛里特（Leverett）寫道：「原始社會中並不常出現蛀牙的原因在於，其飲食不會出現易發酵的碳水化合物。儘管有許多造成蛀牙的原因，但最常見的模式是酸性物質侵蝕了牙齒琺瑯質。而此種酸性物質來自於許多不同的微生物，最常見的為將易發酵的碳水化合物（尤其是蔗糖）作為營養來源的變種鏈球菌（streptococcus mutans）……舉例來說，英國就於羅馬占領時期內出現大量的蛀牙病例。而在羅馬人於西元五世紀初期逐漸離開後，蛀牙的比例開始下滑，直到十九世紀下半葉，社會各階級的人們都可以使用蔗糖後，才又顯著增長。」（1982: 26-27.）

Chapter 3　消費

1. 其中一個尤其動人的故事，為奈及利亞作家奇努瓦・阿契貝（Chinua Achebe 1973）所寫的《糖孩子》（*Sugar Baby*），其描述在奈及利亞內戰時期，一名男子對糖的迷戀如何成為他面對個人危機的關鍵。

2. Mckendry 1973: 10.

3. 儘管如此，在十四世紀，英國確實也有出口部分的小麥和大麥。請參見 Everitt 1967b, passim, especially pp. 450 ff.; and Bowden 1967: 593 ff。

4. Drummond and Wilbraham 1958: 41.

5. Appleby 1978: 5.

6. 同上。

7. Drummond and Wilbraham 1958: 88.

8. 當然，此種範圍較大的推論往往比較有風險，且難免有例外。但J・E・T・羅傑斯（J. E. T. Rogers）之所以稱十五世紀為「英國勞工的黃金歲月」是有原因的——由於黑死病導致人口銳減，全國各地的勞動力皆短缺，因而許多地方的工資都成長為兩倍。（Bowden 1967: 594.）「一直到十九世紀，工資勞動者的生活標準才再次升高。」波斯坦寫道。（Postan 1939: 161.）十七世紀時，糧食匱乏的問題嚴重威脅了貧窮者的生存。艾佛里特（Everitt）及鮑登（Bowden）在其搜集並整理成冊的《英格蘭和威爾斯之耕地史》（*The Agrarian History of England and Wales*）中，清楚指出「在一六三〇、四〇、五〇年代，英國經歷了尤其艱苦的歲月，甚至是整個國家有史以來最困難的時光。」（Bowden 1967: 621.）在這段時光後，緊接著就是蔗糖與其他商品（如茶葉）大規模進入英國的時期。

9. Drummond and Wilbraham 1958: 68-69.
10. 同上：51頁。
11. 同上。
12. Murphy 1973: 183.
13. 同上。另外請見附注8。
14. 這些原料（如番紅花）並非全部產自熱帶或亞熱帶地區。而絕大多數的原料都得從海外進口至英國，且全部都很罕見且珍貴。長久以來，人們對其的知識一直很有限，甚至加油添醋地為其增添不少奇幻色彩。根據傳統看法，最早將番紅花帶到康瓦耳（Cornwall）和愛爾蘭地區的是腓尼基商人。而亨特（Hunt 1963）宣稱康瓦耳麵包和蛋糕添加了「番紅花」，也證明了上述看法。此外，愛爾蘭利用番紅花作為衣服染料，即首領穿著的 leine caroich，則據傳為蘇格蘭格子呢（tartan）的起源。後來，英國也開始生產番紅花。
15. Joinville 1957 [1309]: 182.
16. Mead 1967 [1931]: 77.
17. 引用自 Salzman 1931: 461。
18. Our English Home 1876: 86.
19. 同上：85頁。
20. 同上：86頁。
21. Salzman 1931: 417.
22. 同上。

23. 同上。

24. Labarge 1965: 96.

25. 同上：97頁。

26. Crane 1975 and 1976: 473.

27. Labarge 1965: 96.

28. Salzman 1931: 231 n.

29. 同上：202頁。

30. Hazlitt 1886: 183.

31. 同上。

32. Mead 1967: 44.

33. 同上：55頁。

34. 同上：56頁。

35. 同上。

36. Austin 1888: ix.

37. R. Warner 1791: Pt. I, 7.

38. 同上：9頁。

39. Lippmann 1970 [1929]: 352 ff.

40. 同上，224－225頁。在K．J．華特森（K. J. Watson 1978: 20-26）深具啟發的論文中，提到十五世紀至十七世紀間，在義大利與南法大城市所舉辦的盛大貴族婚禮上，重現銅雕的糖雕製品為常見的慶典裝飾。針對此類雕塑，華特森並未找到任何早於十五世紀前的記載，並推測在此之前的糖價，或許是讓此種裝飾無法流行起來（即便是在富人間）的原因。然而，由於我們知道蔗糖在八世紀前來到威尼斯，而精煉技術則於十三世紀傳播到此地，因此或許在更早時期就已有相關糖雕試作。十一世紀時，北非的伊斯蘭地區非常盛行糖雕。華特森提到，義大利的糖雕藝術品往往被稱為「trionfi」（triumphs，勝利）：「經常成為宴會、尤其是婚宴上的桌面裝飾品……一般而言……是為了吸引人們的目光，而不是為了美味而存在……有時會在宴會的尾聲呈現在賓客面前。」（1978:20.）其主題往往與慶典景緻相關，像是勝利的主題、建築、神、出自《聖經》的典故或當代文學、動物。華特森認為此種「宮廷藝術」之所以在十八世紀早期沒落，是因為瓷器技術的出現。此種技術（包括儀式性規範）非常有可能是從北非，透過義大利，接著是法國，散播到北歐。

41. Le Grand d'Aussy 1815 [1781]: II, 317.

42. Drummond and Wilbraham 1958: 57.

43. Our English Home 1876: 70.

44. 同上。

45. W.Harrison1968[1587]:129. 威廉・哈里森的《英國記敘》（*The Description of England*）被認為是一部充分反應伊莉莎白時代下，典型英國生活的作品。此書「就像是《霍林斯赫德編年史》（*Holinshed's Chronicles*）的入門書」（Edelen 1968: xv），其著眼於整體英國社會，豐富描寫了日常景緻。在他的書裡，哈里森只提到糖兩次，第一次是哀嘆所有香料（包括蔗糖）因再次出口而價格暴漲；第二次則是描述權貴者的飲食。

46. Warton 1824: I, clix. 為紅衣主教沃爾西（Thomas Wolsey 1475-1530）著傳的喬治・卡文迪什（George Cavendish），大力讚揚了那些為主教就職盛宴增添魅力的糖雕：「很快地，第二道菜上來了，放眼盡是目不暇給的珍饈佳餚、糖雕和華美的裝飾。我認為那些法國人肯定素未見過，如此澎湃而壯觀的山珍海味——這樣的美景令人死而無憾。栩栩如生的城堡、全然按比例而製的教堂與階梯，猶如巧奪天工畫匠的畫作。目光所至，還有各式奇珍鳥獸，以及色彩斑爛、活靈活現的人物——有的持劍奮戰，有的持弓，有的嬉鬧蹦跳，有的與仕女共舞，有的則持矛針鋒相對，以及太多超越我言語所能形容的雕飾。在這其中，我尤其注意到一個做成西洋棋盤的香料盤，無論是棋盤或下棋者皆唯妙唯肖。由於法國人深諳西洋棋之藝，吾王下命必須模仿得逼真傳神，而宴席間的每樣事物，更要能象徵及傳遞我國國力。」（Cavendish 1959[1641]:70-71.）而「香料盤」指的是以硬糖捏塑成各種形狀的雕塑。另外請見 Wilhelmi Warham, Archiepiscopi Cantuar. Dominica in Passione, Anno Henrici 7. vi- cessimo, & anno Domini 1504. Nono die Martii, in Warner 1791: 107–24。

47. Partridge 1584: cap. 9（無頁碼）。

48. 同上，cap. 13（無頁碼）。

49. Platt 1675: nos. 73–79.

50. McKendry 1973: 62–63.

51. Glasse 1747: 56.

52. Warner 1791: 136. 關於糖雕最有意思的一段描述，莫過於此：「自此之後的很長一段時間裡，英國與法國出現了一種極不尋常的裝飾：以酥皮或糖做成、象徵著『membra virilia』（男性生殖器）和『pudendaque muliebria』（女性生殖器）的裝飾，擺放在賓客面前作為娛樂，且毫無疑問地能引起賓客的笑聲與熱烈討論——就跟我們在糕點上印上座右銘的效果差不多……而此種淫猥的象徵物不只局限於個人飾品或桌面裝飾，在早期，甚至成為駭人的宗教儀式一環。比方說，虔誠的領聖餐者在復活節當天從牧師手中接過的聖餅（consecrated wafer），被製作成極度不得體且淫猥的外觀……」根據華納的紀錄，直到一二六三年，英國教會才終止了在當時顯然很流行的「將聖餅烘焙成睪丸形狀」的作法。（Stat. Synod. Nicolae, Episc. Anegravensis An. 1263.）而在當代美國媒體上也會不時見到，有人企圖復興此種顯然已被所有宗教組織摒棄的奇怪作法。舉例來說，巴爾的摩《太陽報》（*Evening Sun*）就於一九八二年一月的一篇文章中，詳細描述了「成人」薑餅人與「性愛巧克力」的成功。一名糕點師傅說：「有絡繹不絕的顧客走進店來說：『我想要婦科特別版』。有些女性甚至真的帶著這些糖果去看醫生，並在做完檢查後送給自己的醫生。」我打算以人類學家的角度在之後的作品中探討這些相對奇妙的題材。

53. Wallerstein 1974.

54. Schneider 1977: 23.

55. Pellat 1954；另外請見 Hunt 1963。

56. Levey 1973: 74. 我大膽地結合亨寧（1916）提出的味覺四面體和蓋倫的體液學說，以顯示味覺性質間的內在關係。雖然蓋倫提出了超過四種的味覺，但由於體液學似乎是構築在以物理現實為基礎的四面體架構上，因此最常列舉的味覺也只限四種。另一方面，自然世界的四大元素為空氣、火、水和土，而土代表乾，水為潮濕，火為熱，空氣為寒。任意兩種元素的結合，會製造出一種氣質，故總共有四種氣質，對應不同的體液，如下方表格所示：

氣質	特徵	體液
樂觀	熱且潮濕	血液
冷漠	寒且潮濕	黏液
暴躁	熱且乾	黃膽汁
陰鬱	寒且乾	黑膽汁

所有的食物都是由同樣的元素群構成。而一個人的氣質會決定其與某些食物所含的元素，是否

合適。因此，由潮濕和黏液所構成的羊肉，就不適合胃裡黏液過多的老年人食用；氣質冷漠的小孩，則適合攝取適量熱與潮濕的肉類。隨著年歲漸長，其氣質會朝著樂觀或暴躁發展，因此適合改吃冷沙拉、較冷的肉（當然此處指的並非溫度），並在老年時改食用熱且潮濕的肉。當時的人們認為食慾由熱與乾燥所決定；消化則由熱與潮濕調節；食物滯留取決於寒與乾燥；排出則由潮濕及寒所控制。又因為所有食物都有相應特質，自然能以開處方的方式來搭配食用。除此之外，透過「等級」概念，也能更容易理解此系統（舉例來說，萵苣是寒且潮濕的，而包心菜的熱屬性為第一級，但乾燥屬性為第二級）。

在蓋倫的體液醫學裡，提及了「熱」與「寒」的差別（當然，這裡的寒、熱與溫度沒有關係。而許多地方的民俗醫療至今仍保有據此概念發展而來的觀點，Kremers and Urdang 1963: 16-17），並在七世紀後由伊斯蘭學者傳承並發揚光大。在此些半科學的闡述（及其後流傳於歐洲醫藥學數世紀的闡釋）中，肯迪的地位尤其重要。肯迪為哈里發馬蒙（al-Ma'mun）和穆耳台綏姆（al-Mu'taṣim）的醫生。肯迪「貿然地企圖建立一個『結合幾何數列理論和蓋倫那複雜的性質與等級學說』的準確處方理論。透過下面的圖表，可以清楚理解肯迪的幾何處方如何展現音樂和聲般的結構。而根據肯迪的方法，我們可判斷表中混合物的乾燥屬性為第一級。」（D. Campbell 1926: 64.）

小豆蔻	1' 熱	½' 寒	½' 潮濕	1' 乾
蔗糖	2' 熱	1' 寒	1' 潮濕	2' 乾
靛	½' 熱	1' 寒	½' 潮濕	1' 乾
餘甘子	1' 熱	2' 寒	1' 潮濕	2' 乾
總和	4½' 熱	4½' 寒	3' 潮濕	6' 乾

另一方面，顯然蜂蜜和蔗糖的液體屬性並不相同。然而，蔗糖的液體性質或許先是在伊斯蘭世界內自行發展，爾後才散播到歐洲。因此，儘管此兩者的用途經常重疊，卻不是全然可替換，而以蔗糖取代蜂蜜的情況則越來越多。一般而言，帶有甜味的食物往往會被認為是熱的，而其他三種味道則屬於寒。

但在約略瀏覽相關史料後，並沒有證據顯示：甜味被視為一種醫用「特性」、且與能產生甜味的食物相抽離。而我在四種體液（或四種流體、四種身體過程、四元素等等）中尋找四種味道的嘗試也失敗了。不過，針對蔗糖如何融入歐洲體液病理學說的深入研究，或許能透露出人們如何看待蔗糖（尤其是相較於蜂蜜而言）。

57. Levey 1973.

58. 同上。

59. 阿拉伯藥理學對歐洲藥水和飲料的影響，在同時代的辭典中似乎有跡可循。許多詞彙如 sherbet（雪酪）、shrub（灌木）、syrup（糖漿）和 julep（糖漿藥水）都是受此影響而出現的英文單字。而阿拉伯文（還有經阿拉伯世界散播的波斯文）對英文的貢獻，似乎很大程度上也是基於用糖習慣的普及與傳播。

60. Pittenger 1947. 值得注意的是，幾乎所有材料都是白色的。歐洲自古以來便將純潔與白色連結在一起，且經常出現以白糖搭配其他白色食材（雞肉、奶油、米粉、杏仁等）的藥方。而這樣的處方顯然也獲得了與其療效不成比例的熱烈歡迎。

61. Lippmann 1970 [1929]: 368.

62. 其中一派論點是：根據蔗糖的顏色來判斷蔗糖是否無害或純粹（雖然聽起來很傻，但其實有點道理）。請見附注60。「純淨的白糖」仍舊擁有兩層意思，而糖商很樂於結合此兩層意義。

63. Pittenger 1947: 8.

64. Lippmann 1970 [1929]: 395.

65. 畢騰傑（1947）列舉了下列用途：（一）保存；（二）抗氧化劑；（三）溶劑；（四）增稠；（五）安定劑；（六）掩蓋藥物的苦味或令人不快的味道；（七）加在糖漿；（八）鎮痛劑；（九）食物；（十）替代甘油；（十一）加在酏劑中；（十二）黏著藥片；（十三）賦形劑（excipient）；（十四）糖衣；（十五）作為稀釋劑或甜味劑；（十六）甜食的基底；（十七）油糖的基底；（十八）香料糖的基底；（十九）順勢療法液體藥劑的基底；（二十）順勢療法固體藥劑的基底；（二十一）喉糖的基底；（二十二）味覺測試基礎；（二十三）葡萄糖二酸鈣；（二十四）藥用。其中，我認為一、三、四、五、六、七、八、九、十一、十三、十四、十五、十六、十八、二十一和二十四在西元一一四〇年前，被翻譯成拉丁文傳播到歐洲，為歐洲醫藥界所使用；而二、十二、十七、十九和二十也有可能受到採用；只有十、二十二和二十三是較晚出現，或起源於歐洲。儘管我沒有詢問專業藥學史專家對這份清單的看法，但我認為「多數方法都是自七世紀至十二世紀間，由伊斯蘭世界發明或發展出來」的論點，確實是無懈可擊的。

66. Lippmann 1970 [1929]: 456–66.

67. Pittenger 1947: 10.

68. 同上。
69. Lippmann 1970 [1929]: 478. 此處畢騰傑（1947: 10–11）的譯文有所刪減。
70. Vaughan 1600: 24.
71. 同上：28頁。
72. Vaughan 1633: 44.
73. Venner 1620: 103–6.
74. Hart 1633: 96–97.
75. Slare 1715. 英國王政復辟時期的倫敦名醫托馬斯・威利斯（Thomas Willis），留下了許多極其詳細的疾病描述，其更因為糖尿病（尿症，pissing sickness）的研究而廣為人知。他紀錄了糖尿病患者的尿液具有異常甜味，並推測出該特殊情況所代表的意義。人們多認為其為糖尿病的發現者。（參見 Major 1945: 238–42。）威利斯是當時第一批對蔗糖與健康關係提出重大質疑的醫生，也因此遭致史萊爾的敵視。
76. 同上：E4。
77. 同上。
78. 同上：3頁。
79. 同上：7頁。
80. 同上：8頁。
81. 同上：16頁。
82. Oldmixon 1708: II, 159.
83. Anderson 1952: 154; Rosengarten 1973: 75.
84. Moseley 1800: 34.
85. Chamberlayn 1685.「如同中國人會因為我們在茶裡加奶與糖，而視我們為野蠻人，」陶德（Dodd 1856: 411）寫道：「熱帶國家的咖啡飲用者也會因為我們在其最熱愛的烹煮漿果飲品內添加外物，而視我們為野蠻人。維爾斯戴中尉（Welsted）便舉了一個很有趣的例子：『一群貝都因人正在爭論赫斯特・斯坦霍普女勛爵（Lady Hester Stanhope）是否瘋了。一派人堅稱這樣一位慈藹、寬宏大量的女士，絕對不可能喪失理智，而他們的對手則用其他事蹟來反擊。一名留著白鬍鬚的長者示意大家安靜（阿拉伯人鮮少會忤逆長者的號令）。『她瘋了，』老人說。他的聲音低到如同耳語——好似怕此種有違習俗的事蹟可能會繼續散播，老人繼續說道：『因為她在咖啡裡加糖！這就是鐵證。』」

86. Strickland 1878, 引用自 Ukers 1935: I, 43。
87. Ukers 1935: I, 38–39.
88. 同上：I, 41。
89. Drummond and Wilbraham 1958: 116.
90. Heeren 1846 [1809]: 172–73.
91. 例如：Drummond and Wilbraham 1958: 116。
92. Ukers 1935: I, 67. 約翰公司的紀錄顯示了在一六六四年，東印度公司的董事會購買了兩磅兩盎司的「好茶」獻給女王，以免「自己在公司裡的地位不保」。（Ukers 1935: I, 72.）一六六六年，二二．七五磅的茶呈給國王（每磅交易價竟然要五十先令！）而一直到一六六八年，才出現商業訂單紀錄（一百磅的中國茶）。在英國人於一六八四年被荷蘭人驅逐出爪哇後，該公司遂成為茶葉的長期買主。
93. Drummond and Wilbraham 1958: 203.
94. Ukers 1935: I, 133–47.
95. D. Forbes 1744:7.
96. MacPherson 1812: 132.
97. D. Davies 1795: 37.
98. 同上：39頁。
99. Eden 1797: III, 770.
100. Hanway 1767. 在一匿名的小冊子中（但作者顯然為漢威），茶與咖啡受到猛烈抨擊：「倘若您喜歡，請加入他們，算算花掉的錢、休息和洗盤子所花的時間、為茶加糖、在麵包上塗奶油、為了茶桌上的八卦閒話而不得不停下來的時間，這些瑣事占據了大半的冬日白天，而做這些事遠比無所事事還糟糕百倍。」在這樣的批評中，並沒有見到茶與咖啡或許可以讓人們勞動更多的描述。

朵洛西・喬治（Dorothy George 1925: 14）則非常敏銳地分析了漢威此學派的想法。她提到在十八世紀下半葉，英國國內出現了「普遍認為國家正在向下沉淪的疾呼。而此觀點的根據主要有二：一是逐漸興起的奢靡之風所帶來的可怕影響。舉例來說，那些在海外發財而歸國的歐洲人的行事作為、點燈人竟穿著絲襪點燈、工人家庭居然消費茶與咖啡；另一點則是笛福（Defoe）所稱的『順服的偉大法則』（Great Law of Subordination）的衰退。所謂的『順服法則』是指因法國大革命而掀起對雅各賓主義（Jacobinism）的恐懼。儘管此兩觀點立場截然相反，卻巧妙地結合。比方說，衣著華美的點燈者或許可以被視為任兩種觀點下、導致墮落的一個象徵。而該時期對於奢侈及不服從的抨擊，或許更值得我們注意。其顯示了更高的生活標準以及教育程度的些許提升。一七五〇年以後，對精緻服飾、高品質食物和頻繁喝茶習慣的諸多攻擊，與該世紀早期大量消費琴酒的情況截然不同。在普萊斯醫生（Dr. Price）於一七七三年所發表的控訴中，也出現了自相矛盾的情況：『就各方面來看，低層人們的狀況變得更糟了——過去他們根本不曾聽聞的茶、小麥麵包和點心，如今卻好似成為生活必需品。』」

但從我們這個時代回顧，我們可以清楚理解那些為著消費成長所帶來的道德與政治後果而恐慌的人們，注定要在工業革命、帝國擴張、貿易與種植和製造業階級激增的情況下（儘管彼此還未成為競爭對手），成為輸家。

101. Burnett 1966: 37–38.
102. Drummond and Wilbraham 1958: 329.
103. 同上：209頁。
104. Trevelyan 1945: 410; George 1925: 26.
105. Fay 1948: 147.
106. 引用自 Botsford 1924: 27。
107. Drummond and Wilbraham 1958: 112.
108. Ayrton 1974: 429–30.
109. Pittenger 1947: 13.
110. Drummond and Wilbraham 1958: 58.

111. 同上：54頁。

112. Salzman 1931: 413.

113. Mead 1967 [1931]: 155.

114. Our English Home 1876: 73.

115. Salzman1931:417：另外請見 LopezandRaymond 1955。在巴杜齊・培戈洛地（1936; 434-35）十三世紀的帳目中，可以發現有大量各式各樣來自東地中海的糖，來到威尼斯（並以此為轉運點）。在這之中，可以見到經一次、二次、三次「烹煮」（精煉）的糖；型態與品質各異的糖塊（mucchera、caffettino、bambillonia、musciatto 和 domaschino）；糖粉（polvere di zucchero 或單純的 polvere）；各式各樣非高度精製、含有大量糖蜜的糖（玫瑰糖、紫羅蘭糖）等。其中也提到些許糖蜜，但參考價值不大。海德（Heyd 1959 [1879]: II, 690–93）指出至少就其名字而言（mel zucarae、zuccara mellita、miel di calamele、meil sucre等），我們可推測其和蜂蜜非常相似。儘管或許能成功辨別這些糖的差別或用途差異（李普曼 [1970 [1929]: 339 ff.] 便試圖將其分類），但仍需要花更多時間來研究。而藉由轉而去探究英國所發展出來的蔗糖用法與偏好，我希望能為上述議題打下些許根基。

116. Pomet 1748:58–59. 波密特留下了四頁以上的描述性文字，以及一整頁關於西印度群島的甘蔗種植描述，並提及了廠房與煮沸鍋。其中更清楚描述了各種類型的蔗糖，包含：紅糖、皇家糖或德米皇家糖（Royal and Demy-Royal，皇家糖是高度精製的白糖，德米皇家糖也是高度精製的白糖，通常會壓成小塊狀）、黑糖、白糖與紅糖、麥芽糖、糖球等，也詳細交代了其醫療用途。

117. Torode 1966.

118. Drummond and Wilbraham 1958: 332.

119. Burnett 1966: 70.

120. R. H. Campbell 1966: 54.

121. 同上：56頁。

122. Paton, Dunlop, and Inglis 1902: 79.

123. R. H. Campbell 1966: 58–59.

124. Burnett 1966: 62–63.

125. Torode 1966: 122–23.

126. Austin 1888.

127. Mead 1967 [1931]: 159.

128. 同上：160頁。

129. Taylor 1975 和 Burnett 1966 的著作探討到此點。

130. 愛德華一世（一二七二—一三〇七年在位）之子亨利王子那短暫而不快樂的病懨懨一生，也在宮廷御醫的處方下，獲得了些許甜蜜。當時糖的藥性開始受到醫生們注意，但無論是玫瑰糖、紫羅蘭糖、penidia（止咳藥片的前身）、糖漿、甘草糖，都沒能發揮效用；那些為了祈求王子康復，擺在聖人聖壇上的「按王子身材比例而製的蠟燭」也毫無療效；而那十三名徹夜為其禱告、盼其康復的寡婦同樣沒能發揮任何作用。請見 Labarge 1965: 97。

131. Hentzner 1757 [1598]: 109.

132. Rye 1865: 190.

133. Nef 1950: 76.

134. Lippmann 1970 [1929]: 288.

135. Renner 1944: 117–18.

136. Crane 1975and1976:475. 在伊娃．克蘭恩（Eva Grane）針對蜂蜜的精彩絕倫研究中，她指出英國是如此不注重此方面的研究。英國第一本關於蜂蜜的書：約翰．希爾（John Hill）的《蜂蜜的美德》（*The Virtues of Honey*），一直到一七五九年才出現，且只將蜂蜜視作藥物。克蘭恩的研究之所以格外重要，是因為其強調蜂蜜為一種食物、一款藥與造酒原料，而**不是**甜味劑。她也極具說服力地指出或許在十三世紀以前，英國人並沒有那麼偏好甜味。

137. Hentzner 1757 [1598]: 110.

138. Rye 1865: 190. 由於我發現的時間太晚，因而無法將薩斯（Sass 1981）那有趣的論文——其探討了中世紀那些嗜甜如命的英國人，放入討論中。薩斯也極具說服力地解釋，為什麼我們需要更多關於甜味的歷史偏好研究。

139. Drummond and Wilbraham 1958: 116.

140. 同上。

141. Sheridan 1974: 347–48.

142. Mathias 1967.

143. 新飲料掀起了一股文學風潮，但多數都很糟。儘管這首詩的作者不詳，但艾倫·拉姆齊（Allen Ramsay）、羅伯特·費格森（Robert Fergusson）、赫特利·科里奇（Hartley Coleridge）和雪萊（Shelley）等，都曾讚嘆過茶。最早期的擁護者為納亨·泰特（Nahum Tate），他的《百憂解：關於茶的詩》（*Panacea: A Poem upon Tea*）為最知名的作品。這首寫於一七〇〇年的詩作，其內容包括：

在那無聲的讚嘆裡人們視線交會，
面頰流淌著明晃的喜悅。
吟遊詩人趨近，
再無畏於魅惑妖姬的美酒，
因此乃健康之水，靈魂之飲！
承載著美德與優雅，
如瓊漿玉露般美妙，
如忘憂草般祥和。
既非出自酒神之手，
連天上樂園的祝福，
也為凡人手中之物而心生妒恨，
啊，賽蓮（Syren）對毀滅的愛戀也為之轉移！
啊，悲傷的歡笑將永遠不停！

雖然這些「文學」令人尷尬，但其創作動機也引起有關社會歷史的有趣討論。蔗糖顯然激發了相似的文學氾濫。例如，塞繆爾．約翰遜（Samuel Johnson）曾針對詹姆士．葛蘭傑（James Grainger）那冗長的關於糖的詩作（《甘蔗集．四卷本》[*The Sugar Cane. In Four Books*]），嘲諷地表示，自己或許也應該寫一些西洋芹花園或包心菜小徑的作品。但這些說教式作品對商品的社會觀感影響，絕對不容小覷。

144. Burnett 1969: 275.

145. Sombart 1967 [1919]: 99.

146. Shand 1927: 39.

147. 同上。

148. 同上。

149. 同上：43頁。

150. Dodd 1856: 429.

151. Simmonds 1854: 138.

152. 儘管奧迪為了強調無產階級飲食習慣所具有的非社交性，曾引用一份在一戰前、採訪利物浦碼頭工人妻子的訪談紀錄。該名女性表示自己不會用茶來招待朋友，因為「女人並不會感激這樣的一杯茶。」（Oddy 1976: 218.）

153. Drummond and Wilbraham 1958: 299.

154. Taylor 1975: xxix–xxxi.

155. Oddy 1976: 219.

156. 同上：219－220頁。

157. Reeves 1913: 97.

158. Drummond and Wilbraham 1958: 299.

159. Reeves 1913: 103.

160. Oddy 1976: 216.

161. Rowntree 1922: 135.

162. Reeves 1913: 98.

163. Oddy 1976: 217.

164. 同上：13頁。

165. 「過去人均蔗糖消費量為二十磅。現在，此數字成長了五倍。一八三六年，曼徹斯特那些處境較好的工廠勞動者，其每週的茶葉消費量約為〇．五盎司，糖的消費量則為七盎司。而今日工作內容相似的勞工們，其每週消費三盎司的茶，和將近三十五盎司的各種形式的糖。在過去一百年間，成長五倍的蔗糖消費量，為英國飲食中最驚人的改變。當然，這或許是蔗糖價格暴跌所致。一百年前，蔗糖的價格約為每磅六便士。現在價格只剩一半不到。」（Orr 1937: 23.）

166. 一個至今仍未被遺忘的甜點。在瑪格麗特．德拉布勃利（Margaret Drabble）所寫的《冰河季》（*The Ice Age*）中，主角廉（Len）被如此描述：「卡士達是窮人的鮮奶油。而廉就跟自己同輩人一樣，直到長大成人以前，從未嘗過鮮奶油的滋味：在他終於習慣真實的食物以前，有那麼一年或更長的時間裡，他總是暗自愛著煉乳。」（Drabble 1977: 97.）

167. Burnett 1969: 190.

168. Klein, Habicht, and Yarborough 1971.

Chapter 4　權力

1. Ragatz 1928: 50.
2. Ellis 1905: 66–67.
3. 同上：78頁。
4. Rogers 1963 [1866]: 463.
5. Pares 1960: 40.
6. K. G. Davies 1974: 89.
7. Davis 1973: 251–52.
8. 引用自 DeVries 1976: 177。
9. 同上。
10. 同上：179頁。「我們可以無止盡地列舉，」伊莉莎白．吉爾博（Elizabeth Gilboy）寫道，「類似的言論。」其並引用威廉．

坦普爾爵士（Sir William Temple）的話：「……唯一能鍛鍊他們（勞動者），使其更勤奮的方法，就是讓他們為了取得生活必需物資，不得不利用除去吃飯和睡覺以外的所有時間持續勞動。」（Gilboy 1932: 630.）而德福里斯所引用的內容，是出自於一七六四年一本作者不詳、標題為《思稅金》（*Considerations on Taxes*）的小冊子。

11. 同上。
12. 同上。
13. Hobsbawm 1968: 74.
14. 曾被馬克思嚴厲批判的殖民主義擁護者愛德華・吉本・韋克菲爾德（Edward Gibbon Wakefield），樂觀地評論了擴大市場能帶來的益處。尤其有意思的地方在於，他認為蔗糖（與其他所有事物相比）能減少殖民母國內的農業生產成本：「人類並非因英國的洗衣女工若沒有茶和糖，就無法坐下享用早餐，才遠航世界；而是因為人類已遠航全球，才讓茶和咖啡成為一名洗衣女工不可或缺的早餐內容。而貿易權力則伴隨著個人與社會的需求（更大程度是就符號人類學而言）。每一次的需求或欲望成長，都會發展出能帶來滿足的手段……而西印度群島的黑人們在重獲自由後，又立刻為著薪水投入工作的唯一理由，就是基於他們對服飾的熱愛。人們說，他們之所以工作，就是為了換得小飾品與服飾……個人尚且如此，更何況是國家。在英國，自從殖民地讓英國人出現越來越多的欲望、開創出足以滿足其欲望的新市場後，此種偉大的進步就不曾間斷過。隨著美洲所生產的糖與菸草越來越多，英國也出現越來越多能力出色的玉米耕作者。**因為在英國，人們喝著蔗糖、抽著菸草，並以更少的勞力、更少的雙手來栽種玉米；而現在，有越來越多英國人吃麵包、飲甜品且抽菸草。**」（Wakefield 1968 [1833]: 509；強調字體由筆者所加。）
15. Williams 1944: 37.
16. Pares 1950.
17. Pares 1960: 39–40.
18. Williams 1944: 96.
19. 同上。
20. Drummond and Wilbraham 1958: 111.
21. Young 1771: II, 180–81.

22. Porter 1851: 541.

23. 同上。

24. 同上：546頁。顯然沒有英國人認為「那些擁有奴隸的種植者及其債權人，因奴隸解放而獲賠兩千萬英鎊」很奇怪。而那些被剝奪勞動力的奴隸，卻沒有得到任何賠償。明確表達自己擔心「過度獎勵」前奴隸的波特，以令人吃驚的當代思維留下了這段話。

25. Lloyd 1936: 114–15. 喬治·歐威爾（1984 [1937]: 85–86）第一手地觀察到此一問題，並以其慣有的敏銳留下相關評論。在分析一場關於維持生命的最低飲食需求辯論時，他引用數據，指出在一名礦工的家庭開銷中，每週花八鎊購買蔗糖，因此說道：「所以，他們的飲食基礎就是白麵包、人造奶油、罐頭醃牛肉、加了糖的茶和馬鈴薯——多麼粗劣的飲食。倘若將更多錢花在有益健康的事物，如橘子、全麥麵包，或如《新政治家》（*New Statesman*）上所刊登的那封信的作者般，直接吃生紅蘿蔔而省下燃油費，豈不是更好？是的，沒錯，但重點在於沒有一個正常人會這麼做。一個正常人面對全麥麵包和生紅蘿蔔，會情願餓死。非常奇怪而邪惡的一點就在於，當我們所擁有的錢越少，我們將錢花在健康食物的傾向就越低。一名百萬富翁或許會愉快地用橘子汁配粗糧餅乾當早餐，但失業的人可不會如此……當你失業，或者說當你營養不良、愁容滿面、無聊且悲慘時，你根本不想吃無趣的健康食品。你更情願『美味』些的食物。市面上總有一些廉價而令人欣喜的誘惑。來吃點便宜的薯片吧！出門買份兩便士的冰淇淋！去燒水來泡杯好喝的熱茶吧！……麵包、人造奶油和加了糖的茶無法帶給我們任何營養價值，但至少對多數人而言，它們相較於全麥麵包和白開水就是**比較好**。」

26. Anonymous 1752: 5.

27. Malinowski 1950 [1922], Firth 1937, Richards 1939.

28. Mintz 1979. 此處，我對英國的統治階級並不感興趣，只對其企圖透過投資獲利而產生的內部分化（因雙方利益對立）感興趣。在擁有自由身的情況下，只剩下自身勞力支配權的無產階級與一無所有者，卻還是要將勞力販售給資本家；在被奴役的狀況下，奴隸與不擁有自身勞力支配權的一無所有者，則在監禁的約束下，不得不從。就前一種情況而言，此種勞動力稱為工薪勞力，支付者為資本所有者；就後一種情況來說，所有的勞力都是奴隸所有者的無償勞力盈餘。「勞動價值由定量的維生媒介（means of subsistence）價值所決定。因而勞動價值會隨著維生媒介的價值，或成就產出所需的勞動力數量而變動。」（Marx 1939 [1867]: 172.）隨著菸草、茶、蔗糖等商品的普及，以及之後大幅下跌的商品價格（影響更強），英國勞動者選擇消費更多相關產品。總體而言，他們用越來越少的薪資，去換取越來越多的此類商品。我曾經指出，此種飲食與心理結果是融混在一起的，而這樣的結果是否符合所有工人的最佳利益，則是懸而未決的問題。而另一個堪稱此種進程的間接、且有意思的切入點，則是發展出精確且可互換的評估方法——利用卡路里來衡量物質與人力（這也能賦予馬克思的勞動力概念一份嶄新意義）：一單位的工作，可以準確地利用一單位的糖（以卡路里來計算）表示，反之亦然。而對於那些我曾引用其話語的蔗糖熱情擁護者而言，若說他們完全無法理解此種「重量」或「質量」勞動力的表述（於此世紀交替之際，作為營養學的一環而出現的發展），是不太可能的。營養與井然有序勞力間的關係，或許早就出現在加勒比海的蔗糖種植園裡，且事實上（如同其他形式的勞力壓榨），也早於歐洲糖廠所使用的自由勞力市場。

透納（Turner 1982: 27）評論道：「有初步證據可指出，利用宗教醫療方法來以飲食規訓身體，是符合資本主義精神的。」透納的假設在飲食與資本主義的崛起間，存有某些程度的「選擇性親和」（elective affinity），但其更抽象的概念與我此處的論述角度非常不同。

29. Forster 1767: 41.

30. 例如：Gilboy 1932; McKendrick, Brewer, and Plumb 1982。

31. Dowell 1884: 32–33.

Chapter 5　飲食人生

1. 此點毫無疑問。在已開發國家裡，蔗糖占窮人總食物熱量來源的比率，遠高於富人。儘管此一論點的證據並不充分，但似乎沒有人企圖反駁此點。在戰時，西方國家的蔗糖往往採配給制，其中一個原因在於蔗糖往往爲進口（除某些產甜菜糖的地區除外），因而可能受到干擾；另一原因則在於，確保所有人都能獲得一點糖，是比較睿智的政治措施。但對那些糖占總熱量攝取約三〇%的人而言（Stare 1975），蔗糖從市場上近乎消失的情況，就如同酒精、菸草和刺激性飲料的消失一樣痛苦。

2. 「我不明白我們為什麼要因為坦承糖蜜對美國獨立的重要性，而感到不好意思，」約翰．亞當斯於一七七五年寫道，「許多偉大的事件都是肇因於更小的因素。」此十三個殖民地對糖蜜與蘭姆酒（糖蜜加工製成品）的需求極為顯著。直到革命以後，美國人才逐漸地放棄自己對糖蜜、蘭姆酒和茶的喜愛，並極大程度地成為楓糖、玉米糖漿、威士忌和咖啡的愛好者。而蔗糖的消費量也於十九世紀大幅攀升。另外，關於大英帝國內的蘭姆酒與糖蜜貿易，請見 Sheridan 1974: 339–59。

3. Bannister 1890: 974.

4. 擁有的數據已經多到足以出好幾本書，但這並非本書的重點。在諸多書籍研究中，羅伯特．F．史密斯（Robert F. Smith）的《美國與古巴：一九一七年至一九六〇年的商業與外交》（*The United States and Cuba: Business and Diplomacy, 1917–1960*），嚴謹地分析了美國力量如何影響蔗糖在美國外交政策發展中的地位。然而，目前尚未見到關於蔗糖與美國國會關係的書籍。

5. Sheridan 1974: 24–25.

6. Shand 1927: 45. 原話的譯文可見 Brillat-Savarin 1970 [1825]: 101。

7. 當然，這樣的猜測也會衍生出許多難以回答的問題。但多數西方世界擁有最精緻味蕾的人，常常給予法餐和中餐極高的評價，而此兩種菜系的用糖方式——無論是糖的用量、糖在餐點中的出場序位、使用的蔗糖形式等，都與美式、英式或德式料理截然不同。倘若更加大膽地進一步推論：與其他料理相比，甜味在中式與法式料理中的出現往往較為**意外**，且整體使用量也較少。讀者不應該被中式料理的甜辣菜餚，或法國的酥皮糕點所誤導。在這兩個國家內，蔗糖的消費量都比較低，儘管此差異正迅速消弭中。

8. 「在約莫五十年、或甚至更久的時間裡，蔗糖平均占美國人攝食總熱量的一五%至二〇%……關於個體實際攝取量的研究指出，由於成長期與青少年時期的能量需求較高，因此在那些時期內，糖攝取量占總熱量的比率也較高，成年與晚年時期的比率則較低……因此，正常的蔗糖攝取量占總熱量的比率，**落在一〇%至三〇%間**，平均則為一五%至二〇%。**有鑒於目前並沒有可靠的反例，因而這樣的蔗糖攝取率或許是相當貼切的，甚至可以在合理範圍內，將數字再略微提高**。」（Stare 1975: 240；強調字體出筆者所加。）此文作者是榮譽教授費德烈克．J．史泰爾（Frederick J. Stare），而不是本書中經常提起、身為十八世紀蔗糖熱情擁護者的史萊爾醫生。

9. Hagelberg 1974: 10 ff.

10. 同上。

11. Stare1948.1975. 此類比較很難完全精確，因為作物產量有高度變異性，更無法在避免嚴重扭曲的情況下加以平均。儘管如此，在最好的情況下，蔗糖的高卡路里產出（與所有其他作物相比），以及其帶給環境的驚人能量，使它成為極具效率的食物。

12. 海格伯爾認為，全球的非離心分蜜蔗糖的消費量並未減少，儘管他承認「白糖的直接消費量」正在成長，尤其在各都市內。而相關討論還有太多，我無法在此一一呈現。

13. Timoshenko and Swerling 1957: 235. 他們（提摩盛科和斯維林）寫道，歐洲甜菜根產業的崛起，提供了「重要熱帶商品市場被相對先進國家的現代科學技術嚴重侵蝕的最早案例」（引用自 Hagelberg 1976: 13）。自此之後，這樣的情況也發生在其他的熱帶商品身上。

14. Page and Friend 1974: 100–3.

15. International Sugar Council 1963: 22.

16. Wretlind 1974: 81; Hagelberg 1976: 26.

17. Stare 1975；請見附注 8。

18. Wretlind 1974: 84.

19. Cantor 1978: 122.

20. Cantor and Cantor 1977: 434.

21. Page and Friend 1974: 96–98.

22. 再一次重申，這些為耗損數據。而平均消費量無法適切反映個體攝取量的差異，以及經濟、社會、地域、種族和年齡層間的分化。倘若能獲得關於此問題的可靠數據，將對未來的政策制定大有貢獻。

23. 蔗糖與脂肪間存有多面向的連結，而我希望在之後的作品中進一步探討此一主題。坎特和坎特（Cantor and Cantor 1977）具前瞻性的論文，已拋出許多值得深思的議題。

24. Douglas 1972: 62.

25. 琳達・戴佐爾（Linda Delzell）在《女士》雜誌（*Ms.*）一篇名為〈一起吃飯的家庭……或許並不想如此〉（Family That Eats Together … Might Prefer Not To）的文章裡，分享了她的心得：「身為一名和家人住在明尼亞波利斯（Minneapolis）的全職家庭主婦」，她和家人總是各自負責自己的營養需求，因為她從三年前就放棄替全家計畫並準備晚餐。「十三歲的大衛，」她說，「以燕麥片、牛奶、花生醬、葡萄乾、冷凍披薩、橘子汁和麥當勞的漢堡、薯條、奶昔維生。有時候我都差點覺得他要變成一片大披薩了。」但她還補充：「五呎九吋的他，是一名身材結實的運動好手。」（*Ms.*, October 1980.）戴佐爾表示，為了全家一起用餐，所有人「需要從長計議、犧牲個人偏好、想方設法調動行程，甚至得用強迫的手段。但當我們努力去這麼做時，卻只換得孩子的抱怨，先生也因此壓力更大，我自己則倍感挫折。目前這樣的改變意味著，我們能相處的時間更多了（儘管不是在吃飯的時候），且心情上也更輕鬆。」

26. 我的目的並不是將現代社會下、多數人普遍感受到的時間不夠用問題，歸罪到任何一個人的身上。但對我而言極有可能的是：那些以「發現」新消費來主導整個社會運作的人，不太在意該如何擁有閒暇時間。

27. 此（經粗略修正的）例子是借用自林德爾（Linder 1970）的著述，而其著作值得更多關注。

28. 儘管就蔗糖史而言，這似乎是個有點遙遠的議題。但我的論點在於：時間與蔗糖的關係密切相關。在我思考此一連結時，我想到了愛德華・湯普森那篇非常經典的論文（Edward Thompson 1967），還有已故的哈瑞・布雷弗曼的作品（Harry Braverman 1974）。但任何對此關聯深感興趣者，都免不了要回到馬克思的「商品拜物教」（commodity fetishism）和「異化論」（alienation）上。

29. Page and Friend 1974: 100–3.

30. Fischler 1980: 946.

31. Cantorinlit.5/1/80. 坎特（1975）討論了其中部分議題。

32. Pyler 1973.

33. Sugar Association n.d. (1979?): 9.

34. 大約在一九八〇年，報紙開始出現關於無熱量「糖」的研究報導。但大幅成長的ＨＦＣＳ使用率以及低熱量的阿斯巴甜（Nutra-Sweet，苯丙胺酸）的商業發展，則於近期受到了更多關注。

35. 坎特（1981）點出在此世紀末，玉米甜味劑的市場占有率出現驚人成長，如下方表格所示：

	1965 年	1967 年	1980年	1990年
甜菜根	25.5%	22.9%	20.5%	
甘蔗	59.6%	61.9%	46.3%	
玉米	13.3%	14.0%	32.1%	（47.5）%
蔗糖	85.2%	84.8%	66.8%	（52.5）%

36. 「因為味覺、經濟考量、地位或其他特殊原因而出現的物質替換（interconversion），主宰著我們的發展活動……食物及其相關產業在大規模的（飲食）文化變遷中，扮演了極為重大的角色（可謂另一種形式的轉換）。」（Cantor 1969.）一九八一年，坎特再對替換性概念提出更新的解釋。

37. Cantor 1981: 302.

38. 此一論點可以連結到稍早提過的蔗糖—脂肪組合，以及那奇怪但顯然為真的甜味與性別關聯。儘管我會在之後的作品中探討此一主題，但此刻或許值得一提的是，我相信這些廣告形容詞與文化上習以為常的男女象徵性差異，有著鮮明的對比。

39. Cantor and Cantor 1977: 430, 441.

40. 同上：442頁。

41. Barthes 1975: 58. 林西．范．格爾德（Lindsy van Gelder）在一九八二年十二月的《女士》雜誌上，深深悲嘆著無孔不入的食物，尤其哀嘆那些喜歡邊吃飯邊和朋友聚會的都市人：「在紐約市，完全找不到一個你在傍晚五點以後，能帶著孩子好好坐下來，且不需要點一份甜食，更不會有服務生在旁邊虎視眈眈的地方。」其那篇〈無關飲食的習慣培養〉（Inventing Food-Free Rituals）的文章論點，和戴佐爾捨棄家庭烹飪的想法（請見附注25）截然相反：戴佐爾無法輕鬆地為家人煮飯；格爾德則不知道該如何不要和朋友在吃飯時碰面。

42. Cantor and Cantor 1977: 442–43.

43. Tiger 1979: 606.

44. 同上。

45. 無人食物商店（自動販賣機）的普及，刺激了蔗糖的消費。原因之一是，蔗糖延長了物品上架期，且能節省人力。在讀到這份資料時，一名美國大學的同事寫道：「為了省錢和擴大空間，行政人員將圖書館零食部裡用來放牛奶、果汁的保冷櫃以及優格機搬走，將那間房間變成自習室。此舉引發學生怨聲載道，於是行政人員在連通到別棟大樓的走廊上，新增了幾台販賣機。但這些販賣機只能買到糖果、BBQ口味的洋芋片、起司花生口味的奶油零食等。我發現，和過去那些需要每日補貨並冷藏的商品相比，這些機器不需要頻繁地上架補貨（關鍵差異想必在於蔗糖具有保存與加工優勢）。而結果極為有趣：儘管牛奶和優格可以讓那份從家裡帶來的三明治午餐變得更完整（至少就我個人的習慣而言），但它們的替代商品卻根本不適合出現在正餐中。」

在海外，涼爽刺激性飲料的普及，則以不同的方式干擾了非西方國家的飲食與生活作息。在多數曾經為英國殖民地的國家裡，「可口可樂取代茶」的象徵意義極為有趣：多數國家在一或兩個世紀前才變成熱愛茶的地方，而第二次的「再轉變」，則展示了美國的力量；在蘇聯及中華人民共和國，冰涼刺激性飲料的成功，也帶有相似的意義。而那些從飲料推銷員轉變成外交與軍事政策制定者，或針對此些政策發表評論的新聞媒體評論員（如溫伯格 [Weinberger] 和薩非爾 [Safire]），則值得我們留意。具體例子請見 Louis and Yazijian 1980。

46. Ortiz 1947: 267–82.

參考書目

Achebe, C. 1973. *Girls at war and other stories*. Garden City, N.Y.: Doubleday.

Adams, John. 1819. *Novanglus, or political essays published in . . . the years 1774 and 1775 . . .* Boston: Hewe and Goss.

Adams, R. M. 1977. World picture, anthropological frame. *American Anthropologist* 79(2):265–79.

Anderson, E. 1952. *Plants, man and life*. Boston: Little, Brown.

Andrews, K. R. 1978. *The Spanish Caribbean*. New Haven: Yale University Press.

Anonymous. 1752. *An essay on sugar*. London: E. Comyns.

Anonymous. 1777. *An essay on tea, sugar, white bread . . . and other modern luxuries*. Salisbury, England: J. Hodson.

Appleby, A. 1978. *Famine in Tudor and Stuart England*. Stanford, Calif.: Stanford University Press.

Artschwager, E., and Brandes, E. W. 1958. *Sugar cane: origin, classification characteristics, and descriptions of representative clones*. U.S. Department of Agriculture Handbook No. 122. Washington, D.C.: Government Printing Office.

Austin, T., ed. 1888. *Two fifteenth-century cookery-books*. London: N. Trubner.

Aykroyd, W. R. 1967. *Sweet malefactor*. London: Heinemann.

Ayrton, E. 1974. *The cookery of England*. Harmondsworth: Penguin.

Balducci Pegolotti, F. di. 1936. *La practica della mercatura*, ed. A. Evans. Mediaeval Academy of America Publication No. 24. Cambridge, Mass.: The Mediaeval Academy of America.

Balikci, A. 1970. *The Netsilik Eskimo*. New York: Natural History Press.

Banaji, J. 1979. Modes of production in a materialist conception of history. *Capital and Class* 7:1–44.

Bannister, R. 1890. Sugar, coffee, tea and cocoa: their origin, preparation and uses. *Journal of the Society of Arts* 38:972–96, 997–1014, 1017–36, 1038– 52.

Barnes, A. C. 1974. *The sugar cane*. New York: John Wiley.

Barthes, R. 1975 [1961]. Toward a psychosociology of contemporary food consumption. In *European diet from preindustrial to modern times*, ed. Elborg and Robert Forster, pp. 47–59. New York: Harper and Row.

Baxa, J., and Bruhns, G. 1967. *Zucker im Leben der Völker*. Berlin: Dr. Albert Bartens.

Beauchamp, G. K.; Maller, O.; and Rogers, J. G., Jr. 1977. Flavor preferences in cats (*Felis catus* and *Panthera* sp.). *Journal of Comparative and Physiological Psychology* 91(5):1118–27.

Beer, G. L. 1948 [1893]. *The commercial policy of England toward the American colonies*. Columbia University Studies in History, Economics and Public Laws. Vol. 3, No. 2. New York: Peter Smith.

Beidler, L. M. 1975. The biological and cultural role of sweeteners. In *Sweeteners: issues and uncertainties*. National Academy of Sciences Academy Forum, Fourth of a Series, pp. 11–18.Washington, D.C.: National Academy of Sciences.

Benveniste, M. 1970. *The crusaders in the Holy Land*. Jerusalem: Hebrew University Press.

Berthier, P. 1966. *Les anciennes sucreries du Maroc et leurs reseaux hydrauliques*. Rabat, Morocco: Imprimeries Françaises et Marocaines.

Bolens, L. 1972. L'eau et l'irrigation d'après les traités d'agronomie andalous au Moyen-Age (XIe–XIIe siècles). *Options Méditerranées* 16:65–77.

Botsford, J. B. 1924. *English society in the eighteenth century as influenced from overseas*. New York: Macmillan.

Bowden, W. 1967. Agricultural prices, farm profits, and rents. In *The agrarian history of England and Wales*. Vol. 4, *1500–1640*, ed. Joan Thirsk, pp. 593–695. Cambridge: Cambridge University Press.

Braudel, F. 1973. *Capitalism and material life, 1400–1800*. New York: Harper and Row.

Braverman, H. 1974. *Labor and monopoly capital*. New York: Monthly Review Press.

Brillat-Savarin, J.-A. 1970 [1825]. *The philosopher in the kitchen*.Harmondsworth: Penguin.

Burnett, J. 1966. *Plenty and want*. London: Thomas Nelson.

———. 1969. *A history of the cost of living*. Harmondsworth: Penguin.

Campbell, D. 1926. *Arabian medicine and its influence on the Middle Ages*. Vol 1. London: Kegan Paul, Trench, Trubner and Co.

Campbell, R. H. 1966. Diet in Scotland, an example of regional variation. In *Our changing fare*, ed. T. C. Barker, J. C. McKenzie, and J. Yudkin, pp. 47–60. London: MacGibbon and Kee.

Cantor, S. 1969. Carbohydrates and their roles in foods: introduction to the symposium. In *Carbohydrates and their roles*, ed. H. W. Schultz, R. F. Cain, and R. W. Wrolstad, pp. 1–11. Westport, Conn.: Avi.

———. 1975. Patterns of use. In *Sweeteners: issues and uncertainties*. National Academy of Sciences Academy Forum, Fourth of a Series, pp. 19–35. Washington, D.C.: National Academy of Sciences.

———. 1978. Patterns of use of sweeteners. In *Sweeteners and dental caries*, ed. J. H. Shaw and G. G. Roussos. Special Supplement Feeding, Weight and Obesity Abstracts, pp. 111–28. Washington, D.C.: Information Retrieval Inc.

———. 1981. Sweeteners from cereals: the interconversion function. In *Cereals: a renewable resource*, ed. W. Pomerantz and L. Munck, pp. 291–305. St. Paul, Minn.: American Association of Cereal Chemists.

Cantor, S., and Cantor, M. 1977. Socioeconomic factors in fat and sugar consumption. In *The chemical senses and nutrition*, ed. M. Kare and O. Maller, pp. 429–46. New York: Academic Press.

Castro, A. Barros de. 1980. Brasil, 1610: mudanças técnicas e conflitos sociais. *Pesquisa e Planejamento Econômico* 10(3):679–712.

Cavendish, G. 1959 [1641]. *The life and death of Cardinal Wolsey*. Oxford: Oxford University Press.

Chamberlayn, J. 1685. *The manner of making coffee, tea and chocolate*. London.

Child, Sir J. 1694. *A new discourse of trade*. 2nd ed. London: Sam. Crouch.

Childe, V. G. 1936. *Man makes himself*. London: Watts.

Chrispeels, M. J., and Sadava, D. 1977. *Plants, food and people*. San Francisco: W. H. Freeman.

Cohen, M. N. 1977. *The food crisis in prehistory*. New Haven: Yale University Press.

Coleman, D. C. 1977. *The economy of England, 1450–1750.* London and New York: Oxford University Press.

Crane, E. 1975 and 1976. *Honey*. London: Heinemann.

Crane, F. 1762. Treacle. *Notes and Queries*, 3rd ser., 21–22 February 1762, pp. 145–46.

Curtin, P. 1969. *The Atlantic slave trade*. Madison, Wis.: University of Wisconsin Press.

Davies, D. 1795. *The case of labourers in husbandry*. London: G. G. and J. Robinson.

Davies, K. G. 1974. *The North Atlantic world in the seventeenth century*. Europe and the world in the age of expansion. Vol. 4, ed. B. C. Shafer. Minneapolis: University of Minnesota Press.

Davis, R. 1954. English foreign trade, 1660–1700. *Economic History Review* 7:150–66.

———. 1973. *The rise of the Atlantic economies*. Ithaca, N.Y.: Cornell University Press.

———. 1979. *The Industrial Revolution and British overseas trade.* Leicester, England: Leicester University Press.

Deerr, N. 1949. *The history of sugar*. Vol. 1. London: Chapman and Hall.

———. 1950. *The history of sugar*. Vol. 2. London: Chapman and Hall.

Delzell, L. E. 1980. The family that eats together . . . might prefer not to. *Ms*. 8:56–57.

DeSnoo, K. 1937. Das trinkende Kind im Uterus. *Monatschrift für Geburtshilfe and Gynäkologie* 105:88.

DeVries, J. 1976. *Economy of Europe in an age of crisis, 1600–1750*. Cambridge: Cambridge University Press.

Dodd, G. 1856. *The food of London*. London: Longman, Brown, Green, and Longmans.

Dorveaux, P. 1917. *Le sucre au moyen age*. Paris: Honoré Champion.

Douglas, M. 1972. Deciphering a meal. *Daedalus* 101:61–82.

Dowell, S. 1884. *A history of taxation and taxes in England*. London: Longmans, Green.

Drabble, M. 1977. *The ice age*. New York: Popular Library.

Drummond, J. C., and Wilbraham, A. 1958. *The Englishman's food: a history of five centuries of English diet*. London: Jonathan Cape.

Dunn, R. S. 1972. *Sugar and slaves*. Chapel Hill: University of North Carolina Press.

Edelen, G. 1968. Introduction. In *The description of England*, by William Harrison, ed. Georges Edelen. Ithaca, N.Y.: Cornell University Press.

Edelman, J. 1971. The role of sucrose in green plants. In *Sugar: chemical, biological and nutritional aspects of sucrose*, ed. J. Yudkin, J. Edelman, and L. Hough, pp. 95–102. London: Butterworth.

Eden, Sir F. M. 1797. *The state of the poor*. 3 vols. London: J. Davis, for B. and J. White.

Ellis, E. 1905. *An introduction to the history of sugar as a commodity*. Philadelphia: J. C. Winston.

Evans, A. 1936. See Balducci Pegolotti, F. di.

Everitt, A. 1967a. Farm labourers. In *The agrarian history of England and Wales. Vol. 4. 1500–1640*, ed. Joan Thirsk, pp. 396–465. Cambridge: Cambridge University Press.

———. 1967b. The marketing of agricultural produce. In *The agrarian history of England and Wales*. Vol. 4, *1500–1640*, ed. Joan Thirsk, pp. 466–592. Cambridge: Cambridge University Press.

Falconer, W. 1796. Sketch of the history of sugar in the early times, and through the Middle Ages. *Memoirs of the Literary and Philosophical Society of Manchester* 4(2):291–301.

Fay, C. R. 1948. *English economic history mainly since 1700*. Cambridge: Cambridge University Press.

Fernández-Armesto, F. 1982. *The Canary Islands after the conquest*. Oxford: Clarendon.

Firth, R. 1937. *We the Tikopia*. London: George Allen and Unwin.

Fischler, C. 1979. Gastro-nomie et gastro-anomie. *Communications* 31: 189– 210.

———. 1980. Food habits, social change and the nature/culture dilemma. *Social Science Information* 19(6):937–53.

Forbes, D. 1744. *Some considerations on the present state of Scotland.* Edinburgh: W. Sands, A. Murray, and J. Cochran.

Forbes, R. J. 1966. *Studies in ancient technology*. Vol. 5. Leiden: E. J. Brill.

Forster, T. 1767. *An enquiry into the causes of the present high prices of provisions*. London.

Galloway, J. H. 1977. The Mediterranean sugar industry. *Geographical Review* 67(2):177–92.

Gelder, L. van. 1982. Inventing food-free rituals. *Ms.* 11:25–26.

Genovese, E. D. 1965. *The political economy of slavery*. New York: Pantheon.

———. 1974. *Roll, Jordan roll: the world the slaveholders made*. New York: Pantheon.

George, M. D. 1925. *London life in the eighteenth century*. London: Kegan Paul, Trench, and Trubner.

Gilboy, E. B. 1932. Demand as a factor in the Industrial Revolution. In *Facts and factors in economic history: articles by former students of Edwin Francis Gay*, pp. 620–39. New York: Russell and Russell.

Gillespie, J. E. 1920. *The influence of overseas expansion on England to 1700.* Columbia University Studies in History, Economics and Public Laws, Vol. 91. New York: Columbia University Press.

Glasse, H. 1747. *The art of cookery made plain and easy*. London.

———. 1760. *The compleat confectioner: or, the whole art of confectionery*. Dublin: John Exshaw.

Greenfield, S. 1979. Plantations, sugar cane and slavery. In *Roots and branches*, ed. M. Craton. Toronto: Pergamon.

Hagelberg, G. B. 1974. *The Caribbean sugar industries: constraints and opportunities*. Antilles Research Program, Yale University. Occasional Papers 3. New Haven: Antilles Research Program.

———. 1976. *Outline of the world sugar economy*. Forschungsbericht 3. Berlin: Institut für Zuckerindustrie.

Hanway, J. 1767. *Letters on the importance of the rising generation of the labouring part of our fellow-subjects*. 2 vols. London.

Harington, Sir J. n.d. [1607]. *The Englishmans doctor or the school of Salernum.* London: John Helme and John Press.

Harlow, V. T. 1926. *A history of Barbados, 1625–1685*. London: Clarendon.

Harris, D. R. 1969. Agricultural systems, ecosystems and the origins of agriculture. In *The domestication and exploitation of plants and animals*, ed. P. J. Ucko and G. W. Dimbleby, pp. 3–15. Chicago: Aldine.

Harrison, S. G. 1950. Manna and its sources. *Kew Royal Botanical Garden Bulletin* 3:407–17.

Harrison, W. 1968 [1587]. *The description of England*, ed. Georges Edelen. Ithaca, N.Y.: Cornell University Press.

Hart, J. 1633. *Klinike or the diet of the diseased.* London: John Beale.

Hazlitt, W. C. 1886. *Old English cookery books and ancient cuisine*. London: E. Stock.

Heeren, A. 1846 [1809]. *A manual of the history of the political system of Europe and its colonies*. London: Henry G. Bohn.

Henning, H. 1916. *Der Geruch*. Leipzig: Johann Ambrosius Barth.

Hentzner, P. 1757 [1598]. *A journey into England.* Strawberry Hill, England.

Heyd, W. von. 1959 [1879]. *Histoire du commerce du Levant*. 2 vols. Amsterdam: Adolf M. Hakkert.

Hobsbawm, E. 1968. *Industry and empire*. The Pelican Economic History of Europe. Vol. 4. Harmondsworth: Penguin.

Hugill, A. 1978. *Sugar and all that . . . a history of Tate & Lyle*. London: Gentry.

Hunt, S. R. 1963. Sugar and spice. *Pharmaceutical Journal* 191:632–35.

Huntingford, G. W. B. 1953. The Masai group. In *Ethnographic Survey of Africa, East Central Africa*. Part VIII, *The Southern Nilo-Hamites*, ed. D. Forde, pp. 102–26. London: International African Institute.

International Sugar Council. 1963. *The world sugar economy: structure and policies*. Vol. 2, *The world picture*. London: Brown, Wright and Truscott.

James, C. L. R. 1938. *The black Jacobins*. London: Secker and Warburg.

Jerome, N. W. 1977. Taste experience and the development of a dietary preference for sweet in humans: ethnic and cultural variations in early taste experience. In *Taste and development: the genesis of sweet preference*. Fogarty International Center Proceedings. No. 32, ed. J. M. Weiffenbach, pp. 235–48. Bethesda, Md.: U.S. Department of Health, Education, and Welfare.

Joinville, J. de. 1957 [1309]. Chronicle. In *Memoirs of the Crusades*, trans. F. T. Marzials. New York: E. P. Dutton.

Kare, M. 1975. Monellin. In *Sweeteners: issues and uncertainties*. National Academy of Sciences Academy Forum, Fourth of a Series, pp. 196–206. Washington, D.C.: National Academy of Sciences.

Klein, R. E.; Habicht, J. P.; and Yarborough, C. 1971. Effects of protein-calorie malnutrition on mental development. *Advances in Pediatrics* 18: 75– 87.

Kremers, E., and Urdang, G. 1963. *History of pharmacy*. Revised by Glenn Sonnedecker. Philadelphia: J. B. Lippincott.

Labarge, M. W. 1965. *A baronial household of the thirteenth century*. London: Eyre and Spottiswoode.

Le Grand d'Aussy, P. J. B. 1815 [1781]. *Histoire de la vie privée des Français*. 3 vols. Paris: Laurent-Beaupré.

Leverett, D. H. 1982. Fluorides and the changing prevalence of dental caries. *Science* 217:26–30.

Levey, M. 1973. *Early Arabic pharmacology*. Leiden: E. J. Brill.

Lewis, Sir W. A. 1978. *The evolution of the international economic order*. Princeton, N.J.: Princeton University Press.

Linder, S. 1970. *The harried leisure class*. New York: Columbia University Press.

Lippmann, E. von. 1970 [1929]. *Geschichte des Zuckers*. Niederwalluf bei Wiesbaden: Dr. Martin Sandig.

Lloyd, E. M. H. 1936. Food supplies and consumption at different economic levels. *Journal of the Proceedings of the Agricultural*

Society 4(2):89–110 ff.

Lopez, R. S., and Raymond, I. 1955. *Medieval trade in the Mediterranean world.* New York: Columbia University Press.

Louis, J. C., and Yazijian, H. C. 1980. *The cola wars*. New York: Everest House.

McKendrick, N.; Brewer, J.; and Plumb, J. H. 1982. *The birth of a consumer society*. Bloomington, Ind.: Indiana University Press.

McKendry, M. 1973. *Seven centuries of English cooking*. London: Weidenfeld and Nicolson.

MacPherson, D. 1812. *The history of the European commerce with India.* London: Longman, Hurst, Rees, Orme & Brown.

Major, R. 1945. Thomas Willis. In *Classic descriptions of disease*, ed. R. Major, pp. 238–42. Springfield: Charles C Thomas.

Malinowski, B. 1950 [1922]. *Argonauts of the Western Pacific*. London: George Routledge and Son.

———. 1935. *Coral gardens and their magic*. 2 vols. London: Geo. Allen and Unwin.

Maller, O., and Desor, J. A. 1973. Effect of taste on ingestion by human newborns. In *Fourth symposium on oral sensation and perception*, ed. J. F. Bosma, pp. 279–91. Washington, D.C.: Government Printing Office.

Malowist, M. 1969. Les débuts du système de plantations dans la période des grandes découvertes. *Africana Bulletin* 10:9–30.

Marshall, L. 1961. Sharing, talking and giving: relief of social tensions among !Kung Bushmen. *Africa* 31:231–49.

Marx, K. 1939 [1867]. *Capital.* Vol. 1. New York: International Publishers.

———. 1965 [1858]. *Pre-capitalist economic formations*. New York: International Publishers.

———. 1968 [1846]. Letter to P. V. Annenkov, Dec. 28, 1846. In *Karl Marx and Frederick Engels, Selected Works*. New York: International Publishers.

———. 1969. [Ms.] *Theories of surplus-value* (Vol. 4 of *Capital*), Part 2. London: Lawrence and Wishart.

Masefield, G. B. 1967. Crops and livestock. In *Cambridge Economic History of Europe*. Vol. 4, ed. E. E. Rich and C. H. Wilson, pp. 275–80. Cambridge: Cambridge University Press.

Mathias, P. 1967. *Retailing revolution*. London: Longmans.

———. 1979. *The transformation of England: essays in the economic and social history of England in the eighteenth century*. New York: Columbia University Press.

Mathieson, W. L. 1926. *British slavery and its abolition*. London: Longmans, Green.

Mauro, F. 1960. *Le Portugal et l'Atlantique au XVIIe siècle*. Paris: Ecole Pratique des Hautes Etudes.

Mead, W. E. 1967 [1931]. *The English medieval feast*. London: George Allen and Unwin.

Mill, J. S. 1876 [1848]. *Principles of political economy*. New York: D. Appleton.

Mintz, S. W. 1959. The plantation as a sociocultural type. In *Plantation systems of the New World*. Social Science Monographs 7, pp. 42–50. Washington, D.C.: Pan American Union.

———. 1977. The so-called world system: local initiative and local response. *Dialectical Anthropology* 2:253–70.

———. 1979. Slavery and the rise of the peasantry. *Historical Reflections* 6(1):215–42.

Moseley, B. 1800. *A treatise on sugar with miscellaneous medical observations.* 2nd ed. London: John Nichols.

Moskowitz, H. 1974. The psychology of sweetness. In *Sugars in nutrition*, ed. H. L. Sipple and K. W. McNutt, pp. 37–64. New York: Academic Press.

Mount, J. L. 1975. *The food and health of western man*. New York: Wiley.

Murphy, B. 1973. *A history of the British economy, 1086–1970*. London: Longman.

Nef, J. U. 1950. *War and human progress*. Cambridge, Mass.: Harvard University Press.

Oberg, K. 1973. *The social economy of the Tlingit Indians*. American Ethnological Society Monograph 55. Seattle: University of Washington Press.

Oddy, D. 1976. A nutritional analysis of historical evidence: the working-class diet 1880–1914. In *The making of the modern British diet*, ed. D. Oddy and D. Miller, pp. 214–31. London: Croom and Helm.

Oldmixon, J. 1708. *The British Empire in America*. 2 vols. London.

Orr, J. B. (Lord). 1937. *Food, health and income*. London: Macmillan.

Ortiz, F. 1947. *Cuban counterpoint*. New York: Knopf.

Orwell, G. 1984 [1937]. *The road to Wigan Pier*. Penguin: Harmondsworth.

Our English home: its early history and progress. 3rd ed. 1876. Oxford and London: James Parker.

Page, L., and Friend, B. 1974. Level of use of sugars in the United States. In *Sugars in nutrition*, ed. H. L. Sipple and K. W. McNutt, pp. 93–107. New York: Academic Press.

Pares, R. 1950. *A West-India fortune*. London: Longmans, Green.

———. 1960. *Merchants and planters*. Economic History Review Supplements 4, Economic History Society. Cambridge: Cambridge University Press.

Partridge, R. 1584. *The treasure of commodious conceites, and hidden secrets, commonly called the good huswives closet of provision for the health of her houshold.* London.

Paton, D. N.; Dunlop, J. C.; and Inglis, E. M. 1902. *A study of the diet of the labouring classes in Edinburgh*. Edinburgh: Otto Schulze and Co.

Pegolotti, F. di Balducci. See Balducci Pegolotti, F. di.

Pellat, C. 1954. Ğāhiẓiana, I. Le Kitāb al-Tabaṣṣur bi-l-Tiğāra attribué à Ğāhiz. *Arabica. Revue d'Etudes Arabes* 1(2):153–65.

Pereira, M. Soares. See Soares Pereira, M.

Pfaffman, C.; Bartoshuk, L. M.; and McBurney, D. H. 1971. Taste psychophysics. In *Handbook of sensory physiology*. Vol. 4, *Chemical senses*, Part 2, ed. L. Beidler, pp. 82–102. Berlin: Springer.

Phillips, W. D., Jr. n.d. [1982?]. Sugar production and trade in the Mediterranean at the time of the Crusades. Manuscript (photocopy). 24 pp.

Pimentel, D.; Hurd, L. E.; Bellotti, A. C.; Forster, M. J.; Oka, I. N.; Sholes, O. D.; and Whitman, R. J. 1973. Food production and the energy crisis. *Science* 182 (4111):443–49.

Pittenger, P. S. 1947. *Sugars and sugar derivatives in pharmacy*. Scientific Report Series No. 5. New York: Sugar Research Foundation, Inc.

Platt, Sir H. 1596. *Delightes for ladies*. London.

———. 1675. *Delightes for ladies*. 11th ed. London.

Pollexfen, J. 1697. *A discourse of trade, coyn and paper credit*. To which is added the argument of a Learned Counsel [Sir Henry

Pollexfen]. London.

Pomet, P. 1748. *A complete history of drugs*. 4th ed. London.

Popovic, A. 1965. Ali Ben Muhammad et la révolte des esclaves à Basra. Ph.D. diss., Université de Paris.

Porter, G. R. 1831. *The nature and properties of the sugar cane*. Philadelphia: Carey and Lea.

———. 1851. *The progress of the nation*. London: John Murray.

Postan, M. M. 1939. The fifteenth century. *Economic History Review* 9: 160– 67.

Pyler, E. J. 1973. *Baking science and technology*. 2nd ed. Chicago: Siebel Publishing Co.

Ragatz, L. J. 1928. *The fall of the planter class in the British Caribbean, 1763–1833*. New York: Century.

Ratekin, M. 1954. The early sugar industry in Española. *Hispanic American Historical Review* 34:1–19.

Reed, W. 1866. *The history of sugar and sugar-yielding plants*. London: Longmans, Green.

Reeves, Mrs. M. S. P. 1913. *Round about a pound a week*. London: G. Bell.

Renner, H. D. 1944. *The origin of food habits*. London: Faber and Faber.

Richards, Audrey I. 1932. *Hunger and work in a savage tribe*. London: Geo. Routledge and Sons Ltd.

———. 1939. *Land, labour and diet in Northern Rhodesia*. London: Oxford University Press.

Ritter, K. 1841. Über die geographische Verbreitung des Zuckerrohrs (*Saccharum officinarum*) in der altem Welt vor dessen Verpflanzung in die neue Welt. *Abhandlungen der Königlichen Akademie der Wissenschaften zu Berlin, aus dem Jahre 1839*, pp. 306–412.

Robertson Smith, W. 1889. *Lectures on the religion of the Semites*. New York: D. Appleton.

Rogers, J. E. T. 1963 [1866]. *History of agriculture and prices in England*. 4 vols. Oxford: Oxford University Press.

Roseberry, W. 1982. Balinese cockfights and the seduction of anthropology. *Social Research* 49(4):1013–28.

Rosengarten, F. 1973. *The book of spices*. New York: Pyramid.

Rowntree, B. S. 1922. *Poverty: a study of town life*. New ed. New York: Longmans, Green.

Rozin, E. 1973. *The flavor-principle workbook*. New York: Hawthorn.

Rozin, E., and Rozin, P. 1981. Culinary themes and variations. *Natural History* 90(2):6–14.

Rozin, P. 1976a. Psychobiological and cultural determinants of food-choice. In *Appetite and food intake*. Life Sciences Research Report 2. Dahlem Workshop on Appetite and Food Intake, ed. T. Silverstone, pp. 285–312. Berlin: Dahlem Conferenzen.

———. 1976b. The use of characteristic flavorings in human culinary practice. In *Flavor: its chemical, behavioral and commercial aspects*, ed. C. M. Apt, pp. 101–27. Boulder, Col.: Westview.

Rye, W. B. 1865. *England as seen by foreigners*. London: John Russell.

Salmasius, C. 1977 [1633]. *Bericht von 1663 aus Paris: Über den Zucker.* Manuskript-fragment aus dem Nachlass des Claudius Salmasius. Berlin: Institut für Zuckerindustrie.

Salmi-Bianchi, J.-M. 1969. Les anciennes sucreries du Maroc. *Annales: Economies, Sociétés, Civilisations* 24:1176–80.

Salzman, L. F. 1931. *English trade in the Middle Ages*. Oxford: Clarendon Press.

Sass, Lorna J. 1981. The preference for sweets, spices, and almond milk in late medieval English cuisine. In *Food in perspective*. Ed. Alexander Fenton and Trefor Owen, pp. 253–60. Edinburgh: John Donald Publishers.

Sauer, C. O. 1952. *Agricultural origins and dispersals*. New York: American Geographical Society.

———. 1966. *The early Spanish Main*. Berkeley and Los Angeles: University of California.

Schneider, J. 1977. Was there a precapitalist world system? *Peasant Studies* 6(1):20–29.

Shand, P. M. 1927. *A book of food*. London: Jonathan Cape.

Shapiro, N. 1957. Sugar and cane sugar in Hebrew literature. *Hebrew Medical Journal* 2:89–94, 128–30 (numbered in reverse; bilingual publication).

Sheridan, R. 1974. *Sugar and slavery*. Lodge Hill, Barbados: Caribbean Universities Press.

Simmonds, P. L. 1854. *The commercial products of the vegetable kingdom*. London: T. F. A. Day.

Slare, F. 1715. *Observations upon Bezoar-stones. With a vindication of sugars against the charge of Dr. Willis, other physicians, and common prejudices*. London: Tim Goodwin.

Smith, Adam. 1776. *An inquiry into the nature and causes of the wealth of nations*. Dublin: printed for Whitestone, Chamberlaine, W. Watson [etc.].

Smith, R. F. 1960. *The United States and Cuba: business and diplomacy, 1917–1960.* New Haven: College and University Press.

Smith, W. Robertson. See Robertson Smith, W.

Soares Pereira, M. 1955. *A origem dos cilindros na moagem da cana*. Rio de Janeiro: Instituto do Açúcar e do Álcool.

Sombart, W. 1967 [1919]. *Luxury and capitalism*. Ann Arbor: University of Michigan Press.

Stare, F. J. 1948. Fiasco in food. *Atlantic Monthly* 181:21–22.

———. 1975. Role of sugar in modern nutrition. *World Review of Nutrition and Dietetics* 22:239–47.

Steinhart, J. S., and Steinhart, C. E. 1974. Energy use in the U.S. food system. *Science* 184(4134):307–16.

Strickland, A. 1878. *Lives of the queens of England*. 6 vols. London: G. Bell & Sons.

Sugar Association, Inc. n.d. [1979?]. *Why sugar?* Washington, D.C.: The Sugar Association, Inc.

Symons, D. 1979. *The evolution of human sexuality*. New York: Oxford University Press.

Taylor, A. J. 1975. Introduction. In *The standard of living in Britain in the Industrial Revolution*, ed. A. J. Taylor, pp. xi-lv. London: Methuen.

Thomas, R. P. 1968. The sugar colonies of the old empire: profit or loss for Great Britain? *Economic History Review* 21(1):30–45.

Thomas, R. P., and McCloskey, D. 1981. Overseas trade and empire, 1700–1860. In *The economic history of Britain since 1700*, ed. R. Floud and D. McCloskey, pp. 87–102. Cambridge: Cambridge University Press.

Thompson, E. P. 1967. Time, work discipline and industrial capitalism. *Past and Present* 38:56–97.

Tiger, L. 1979. Anthropological concepts. *Preventive Medicine* 8:600–7.

Timoshenko, V. P., and Swerling, B. C. 1957. *The world's sugar: progress and policy*. Stanford, Calif.: Stanford University Press.

Torode, A. 1966. Trends in fruit consumption. In *Our changing fare*, ed. T. C. Barker, J. C. McKenzie, and J. Yudkin, pp. 115–34. London: MacGibbon and Kee.

Trevelyan, G. M. 1945. *English social history*. London: Longmans, Green.

Tryon, T. [Physiologus Philotheus]. 1700. *Friendly advice to gentlemen-planters of the East and West Indies*. London.

Turner, B. S. 1982. The discourse of diet. *Theory, Culture and Society* 1(1):23–32.

Ukers, W. H. 1935. *All about tea.* 2 vols. New York: The Tea and Coffee Trade Journal Co.

Van Gelder, L. See Gelder, L. van.

Vaughan, W. 1600. *Naturall and artificial directions for health*. London.

———. 1633. *Directions for health*. 7th ed. London.

Venner, T. 1620. *Via recta ad vitam longam, or a plaine philosophical discourse*. London.

Wakefield, E. G. 1968 [1833]. England and America. In *The collected works of Edward Gibbon Wakefield*, ed. M. F. L. Prichard, pp. 317–430. Glasgow and London: Collins.

Wallerstein, I. 1974. *The modern world-system: capitalist agriculture and the origins of the world-economy in the sixteenth century*. New York: Academic Press.

———. 1980. *The modern world-system: mercantilism and the consolidation of the European world-economy, 1600–1750*. New York: Academic Press.

Warner, J. N. 1962. Sugar cane: an indigenous Papuan cultigen. *Ethnology* 1(4):405–11.

Warner, R. 1791. *Antiquitates culinariae; or curious tracts relating to the culinary affairs of the Old English*. London: Blamire.

Warton, T. 1824. *The history of English poetry from the close of the eleventh to the commencement of the eighteenth century*. Vol. 1. London: T. Tegg.

Watson, A. M. 1974. The Arab agricultural revolution and its diffusion, 700–1100. *Journal of Economic History* 34(1):8–35.

Watson, K. J. 1978. Sugar sculpture for grand ducal weddings from the Giambologna workshop. *Connoisseur* 199(799):20–26.

Williams, E. 1942. *The Negro in the Caribbean*. Bronze Booklet No. 8 Washington, D.C.: The Associates in Negro Folk Education.

———. 1944. *Capitalism and slavery*. Chapel Hill, N.C.: University of North Carolina Press.

Williamson, J. A. 1931. *A short history of British expansion*. 2nd ed. New York: Macmillan.

Wolf, E. R. 1982. *Europe and the people without history*. Berkeley, Calif.: University of California Press.

Wretlind, A. 1974. World sugar production and usage in Europe. In *Sugars in nutrition*, ed. H. L. Sipple and K. W. McNutt, pp. 81–92. New York: Academic Press.

Wright, I. A. 1916. *The early history of Cuba*. New York: Macmillan.

Young, A. 1771. *The farmer's tour through the east of England*. 4 vols. London: W. Strahan.

甜與權力

Sweetness and Power: The Place of Sugar in Modern History

作　　者　西敏司
譯　　者　李祐寧
主　　編　呂佳昀

總 編 輯　李映慧
執 行 長　陳旭華（steve@bookrep.com.tw）

封面設計　許晉維
排　　版　新鑫電腦排版工作室
印　　製　成陽印刷股份有限公司
法律顧問　華洋法律事務所　蘇文生律師

定　　價　550 元
初　　版　2020 年 1 月
三　　版　2024 年 8 月

出　　版　大牌出版／遠足文化事業股份有限公司
發　　行　遠足文化事業股份有限公司
（讀書共和國出版集團）
地　　址　23141 新北市新店區民權路 108-2 號 9 樓
電　　話　+886-2-2218-1417
郵撥帳號　19504465 遠足文化事業股份有限公司

電子書 E-ISBN
9786267491454（EPUB）
9786267491447（PDF）

國家圖書館出版品預行編目（CIP）資料

甜與權力 / 西敏司 著 ; 李祐寧 譯 . -- 三版 . -- 新北市 : 大牌出版 , 遠足文化發行 , 2024.08
352 面 ; 17×22 公分
譯自：Sweetness and power : the place of sugar in modern history
ISBN 978-626-7491-46-1（平裝）
1. CST: 飲食風俗　2. CST: 糖　3. CST: 糖業　4. CST: 文化史

538.71　　113009623